योग के मूलभूत सिद्धान्त
(Fundamentals of Yoga)

Diploma, B.A., B.Sc., M.A., M.Sc., NET, YCB, SET, RET

आदि योग से संबंधित परीक्षाओं के लिए उपयोगी

इंजी. अनिल अग्रवाल

अंजुमन प्रकाशन

Title : Yog Ke Moolbhoot Siddhant
Author : Engr. Anil Agrawal

Published By-
Anjuman Prakashan
942, Mutthiganj, Prayagraj, 211003
www.anjumanpublication.com
anjumanprakashan@gmail.com

Price in India: 300/-

Printed and bound in India.
Paperback, First published by Anjuman Prakashan in 2024

ISBN : **978-81-19562-51-0**

Typeset by Anjuman Prakashan

निर्वाणषट्कम् (आत्मषट्कम्)
आत्मानुभूति

मनोबुद्ध्यहङ्कारचित्तानि नाहं न च श्रोत्रजिह्वे न च घ्राणनेत्रे।
न च व्योमभूमिर्न तेजो न वायुः चिदानन्दरूपः शिवोऽहं शिवोऽहम् ॥१॥

न च प्राणसंज्ञो न वै पञ्चवायुर्न वा सप्तधातुर्न वा पञ्चकोशः।
न वाक्पाणिपादौ न चोपस्थ पायू चिदानन्दरूपः शिवोऽहं शिवोऽहम् ॥ २॥

न मे द्वेषरागौ न मे लोभमोहौ मदो नैव मे नैव मात्सर्यभावः।
न धर्मो न चार्थो न कामो न मोक्षः चिदानन्दरूपः शिवोऽहं शिवोऽहम् ॥३॥

न पुण्यं न पापं न सौख्यं न दुःखं न मन्त्रो न तीर्थं न वेदा न यज्ञाः।
अहं भोजनं नैव भोज्यं न भोक्ता चिदानन्दरूपः शिवोऽहं शिवोऽहम् ॥४॥

न मृत्युर्न शङ्का न मे जातिभेदः पिता नैव मे नैव माता न जन्म।
न बन्धुर्न मित्रं गुरुर्नैव शिष्यः चिदानन्दरूपः शिवोऽहं शिवोऽहम् ॥५॥

अहं निर्विकल्पो निराकाररूपो विभुत्वाच्च सर्वत्र सर्वेन्द्रियाणाम्।
न चासङ्गतं नैव मुक्तिर्न बन्धः चिदानन्दरूपः शिवोऽहं शिवोऽहम् ॥६॥

॥ इति श्रीमच्छङ्कराचार्यविरचितं निर्वाणषट्कं संपूर्णम् ॥

भूमिका

योग का ज्ञान सागर की भाँति विस्तृत व गहरा है। उस सागर रूपी ज्ञान को इस पुस्तक रूपी गागर में भरने का प्रयास किया गया है। प्रस्तुत **'योग के मूलभूत सिद्धान्त'** पुस्तक के प्रथम इकाई में योग का इतिहास और उसके विकास क्रम को बताया गया है। विभिन्न ग्रंथों के अनुसार योग का अर्थ व परिभाषाओं का वर्णन किया गया है। आधुनिक युग में योग की प्रासंगिकता और सीमाओं का वर्णन किया गया है। योग के उद्देश्यों के साथ-साथ इसके लक्ष्य का भी निरूपण करते हुए योग के क्षेत्र में व्याप्त भ्रान्तियों का निवारण भी किया गया है।

प्रस्तुत पुस्तक के द्वितीय इकाई में वेदों, उपनिषदों, प्रस्थानत्रयी, षड्दर्शन रामायण (अरण्यकांड), महाभारत (शान्ति पर्व) के सामान्य परिचय का वर्णन पाठकों के ज्ञान में वृद्धि करने का काम करेगा। इसके साथ-साथ यहाँ पर भारतीय संस्कृति के स्तंभ पुरुषार्थ चतुष्टय की अवधारणा तथा साधना चतुष्टय एवम् त्रिगुण की अवधारणा का भी समावेश किया गया है। योग के छात्रों को ध्यान में रखते हुए पुस्तक को परीक्षा हेतु भी उपयोगी बनाया गया है। पुस्तक के तृतीय व चतुर्थ इकाई में योगियों के संक्षिप्त जीवन परिचय और योग के विकास एवं प्रचार-प्रसार में उनका वर्णन किया गया है।

प्रत्येक पाठक चाहता है कि उसे कम-से-कम पुस्तकों में अधिक-से-अधिक सामग्री पढ़ने को मिले। पाठकों की इस इच्छा को ध्यान में रखते हुए प्रस्तुत **'योग के मूलभूत सिद्धान्त'** पुस्तक के पंचम इकाई में सभी प्रमुख योग के स्कूलों (धाराओं) का भी वर्णन किया गया है। जिनमें ज्ञानयोग, भक्ति योग, कर्मयोग, राजयोग, हठयोग व मन्त्र योग प्रमुख हैं। इसके साथ-साथ पुस्तक में जैन धर्म और बौद्ध धर्म में योग का भी वर्णन किया गया है।

प्रस्तुत पुस्तक विद्यालय, महाविद्यालय, विश्वविद्यालय के योग-विद्यार्थियों एवं योग शिक्षकों के लिए बहुत उपयोगी साबित होगी, ऐसा मेरा अटल विश्वास है।

इंजी. अनिल अग्रवाल

आभार

आप सभी पाठकों के सामने 'योग के मूलभूत सिद्धान्त' के प्रथम संस्करण को प्रस्तुत करते हुए प्रसन्नता की अनुभूति कर रहा हूँ। इस संकलन लेखन कार्य की सफलता के लिए मैं सबसे पहले दयालु परमात्मा के प्रति अपनी कृतज्ञता व्यक्त करता हूँ, जिनकी पावन प्रेरणा व अनुपम कृपा से इस कार्य को सम्पन्न कर पाया हूँ।

जीवन के प्रथम गुरु अर्थात् माता-पिता के लिए ईश्वर का धन्यवाद व्यक्त करता हूँ कि मुझे ऐसे माँ- बाप के घर जन्म मिला, जहाँ से मुझे विपरीत परिस्थितियों में संघर्ष व कड़ी मेहनत करने का मनोबल मिला है। मुझमें इन गुणों को विकसित करने वाली प्रातः स्मरणीय माताश्री पूज्या स्व.कुसुम देवी व पिताश्री पूज्य स्व.कुंजीलाल को कोटि-कोटि प्रणाम करता हूँ तथा मैं इस लेखन कार्य को माताजी व पिताजी के चरणों में समर्पित करता हूँ।

मुझमें प्रेरणा का संचार करने वाले, मुझे सदैव प्रोत्साहित करने वाले, जीवन की प्रत्येक कठिनाई से मुझे बाहर निकालने वाले, जिनके निर्देशन को मैं अपने प्रत्येक शब्द में अनुभूत करता हूँ। ऐसे परमादरणीय, प्रातः वन्दनीय, परमपूज्य गुरूदेव स्व. मनोहर नाथ महाराज तथा परमपूज्य गुरूदेव जितेन्द्र नाथ महाराज जी का हृदय की गहराई से आभार व्यक्त करता हूँ। इनकी अमूल्य प्रेरणा से ही मैं इस कार्य को पूर्ण कर पाया हूँ। अपने लेखन कार्य की प्रत्येक पंक्ति में मैं पूज्य गुरुदेव की वाणी को प्रत्यक्ष रूप से अनुभव करता हूँ। ईश्वर से गुरुजी के अच्छे स्वास्थ्य व दीर्घायु जीवन की कामना करता हूँ।

मैं अपने आप को सौभाग्यशाली समझता हूँ कि मुझे योग गुरु के रूप में परम् आदरणीय स्व. डॉ. आर.सी. वर्मा जी का सान्निध्य मिला।

पुस्तक-रचना के कार्य में अनेक व्यक्तियों का सहकार्य अनिवार्य होता है। चोइथराम कॉलेज ऑफ़ प्रोफ़ेशनल स्टडीज़ के योग विभाग के पीजी डिप्लोमा व एमए इन योग के विद्यार्थियों की प्रेरणा से ही इस पुस्तक लेखन कार्य को संपन्न कर पाया हूँ। चोइथराम कॉलेज ऑफ़ प्रोफ़ेशनल स्टडीज़ के योग विभाग के एम ए (योग) के साधक श्रीमती मधु ठाकुर एवं डॉ. विनोद गुप्ता पुस्तक-रचना में शुरु से अन्त तक प्रयत्नशील रहें। में उन दोनों तथा सभी के प्रति अपनी कृतज्ञता व्यक्त करता हूँ और दयालु परमात्मा से उनके उत्तम स्वास्थ्य व दीर्घायु होने की कामना करता हूँ।

इसके साथ ही मैं उन सभी गुरुओं के प्रति भी अपनी कृतज्ञता ज्ञापित करता हूँ,

जिनका मुझे प्रत्यक्ष या अप्रत्यक्ष रूप से मार्ग दर्शन मिला है। इसके अतिरिक्त मैं अपने कुछ सहयोगी मित्रों का भी ह्रदय से आभार व्यक्त करता हूँ, जिनके द्वारा निरन्तर मिलने वाली ऊर्जा व प्रोत्साहन से मैं इस कार्य को पूर्ण कर पाया हूँ। इसके अलावा भी बहुत सारे ऐसे व्यक्ति हैं जिन्होंने मुझे इस कार्य को पूर्ण करने के लिए प्रत्यक्ष या अप्रत्यक्ष रूप से मेरा सहयोग किया है। सभी का नाम लिख पाना सम्भव नहीं है। अत: उन सभी के प्रति अपनी कृतज्ञता व्यक्त करता हूँ।

इंजी. अनिल अग्रवाल

देवी अहिल्या विश्वविद्यालय, इंदौर

प्रो.रेणु जैन (कुलपति)

संदेश

प्राचीनकाल के ऋषियों तथा मनीषियों द्वारा प्रतिपादित "योग" परम्परा, सम्पूर्ण विश्व में भारतीय संस्कृति की अमूल्य देन है। योग न केवल शरीर को स्वस्थ रखता है बल्कि व्यक्ति की मानसिक चेतना के विकास के साथ-साथ उसको आध्यात्मिक शीर्ष पर ले जाने में भी प्रमुख भूमिका अदा करता है। वर्तमान समय में जब मनुष्य का जीवन अत्यन्त व्यस्त हो चला है, जिन्दगी की भाग-दौड़ में स्वास्थ्य की उपेक्षा होती जा रही है, ऐसे में योग एक चमत्कार से कम नहीं है। इसी उदेश्य के पूर्ति के लिए देवी अहिल्या विश्वविद्यालय में योग से जुड़े विभिन्न पाठ्यक्रम तैयार किए गये हैं। यह जानकर अति प्रसन्नता हुई कि इंजी. अनिल अग्रवाल ने **"योग के मूलभूत सिद्धान्त" (Fundamentals of Yoga)** नामक पुस्तक की रचना की है। यह पुस्तक वास्तव में विद्यालयों, महाविद्यालयों के विद्यार्थियों तथा योग शिक्षकों के लिए उपयोगी सिद्ध होगी।

योग के इस सनातन ज्ञान को सरल रूप में प्रस्तुत करने के लिए मैं हृदय से इनके उज्ज्वल भविष्य की कामना करती हूँ तथा इस कार्य के लिए इन्हें साधुवाद देती हूँ।

इंदौर

दिनांक : 20.08.2024

अश्विनी वर्मा, प्रबंध न्यासी चोइथराम नेत्रालय

शुभेच्छा

यह जानकर मुझे प्रसन्नता हुई कि इंजी. अनिल अग्रवाल ने **"योग के मूलभूत सिद्धान्त" (Fundamentals of Yoga)** नामक पुस्तक की रचना की है। मेरा विश्वास है कि यह पुस्तक वास्तव में विद्यालयों, महाविद्यालयों के विद्यार्थियों, योग शिक्षकों तथा योग साधकों के लिए सहयोगी व उपयोगी सिद्ध होगी।

योग आध्यात्मिक अनुशासन एवं अत्यंत सूक्ष्म विज्ञान पर आधारित ज्ञान है जो मन और शरीर के बीच सामंजस्य स्थापित करता है। यह स्वस्थ जीवन जीने की कला एवं विज्ञान है। इसलिए योग अभ्यास से व्यक्ति का शारीरिक, मानसिक व आध्यात्मिक विकास सम्भव है। इंजी. अनिल अग्रवाल द्वारा रचित पुस्तक योग **"योग के मूलभूत सिद्धान्त" (Fundamentals of Yoga)** अवश्य ही इस उद्देश्य को पूरा करेगी।

मुझे आशा ही नहीं पूर्ण विश्वास है कि यह पुस्तक अवश्य ही समाज में योग के प्रचार-प्रसार तथा उसके ज्ञान व लाभ को हर योगाभ्यासी व जन-मानस तक पहुँचाने में सहायक सिद्ध होगी, साथ ही अन्य योग-प्रेमियों को प्रेरणा स्त्रोत बनेगी।

आपके सराहनीय लेखन के इस शुभ कार्य तथा भविष्य में सफलता के लिए के लिए ढेरों शुभकामनाएं।

डॉ. रीता जैन

संदेश

योग भारतीय संस्कृति का एक अभिन्न हिस्सा है। योग संपूर्ण विश्व के स्वास्थ्य और हित के लिए एक समग्र दृष्टिकोण प्रदान करता है। आज योग एक ऐसा साधन है जिससे अपने मन को शांत व शरीर को स्वस्थ रख सकते हैं। योग ऐसी क्रिया है जिसके माध्यम से व्यक्ति निरोगी जीवन जी सकता है। इसी उदेश्य के पूर्ति के लिए विश्वविद्यालय में योग से जुड़े विभिन्न पाठ्यक्रम तैयार किए गये हैं।

मुझे यह जानकर अत्यन्त प्रसन्नता हो रही है कि **"योग के मूलभूत सिद्धान्त (Fundamentals of Yoga)** नामक पुस्तक का प्रकाशन किया जा रहा है। में पुस्तक के सफल प्रकाशन की कामना करते हुए आशा करती हूँ कि यह पुस्तक वास्तव में महाविद्यालयों के विद्यार्थियों, योग शिक्षकों तथा योग साधकों के लिए सहयोगी व उपयोगी सिद्ध होगी।

इंजी. अनिल अग्रवाल के इस पुस्तक में संकलित रचनात्मक, ज्ञानवर्धक पाठ्य सामग्री के इस शुभ कार्य तथा भविष्य में उनकी सफलता के लिए के लिए साधुवाद देती हूँ।

R Jain

विषय सूची

प्रथम इकाई

द्वितीय इकाई

तृतीय इकाई

चतुर्थ इकाई

पंचम इकाई

1.1 योग का इतिहास और विकास

प्राचीन मोहरों में योग मुद्रा में अंकित पुरुष

1.1.1 प्रस्तावना

भारतीय चिन्तन में अनवरत आत्म ज्ञान तथा सत्य की खोज पर वैचारिक मन्थन परम्परागत होता रहा है। योग विद्या के माध्यम से वास्तव में साधक आत्म तत्व का ज्ञान तथा अपने चरम लक्ष्य (समाधि) की प्राप्ति करता है। योग वस्तुत: प्राचीनतम ग्रन्थों से निकला नवनीत है। हमारे ऋषि-मुनियों ने योग विद्या की विविध शाखाओं को मानव के कल्याण के लिए प्रतिपादित किया है। वेदों, उपनिषदों, पुराणों दर्शन तथा टीका कालों में योग का प्रचलन कहीं न कहीं अवश्य था।

1.1.2 योग का उद्भव

योग अति प्राचीन शास्त्र है। योग के आदि स्रोत को जानने के लिए दो साधन हैं

१. प्राचीन पुरातत्व के अवशेष और

२. साहित्य

सिन्धु घाटी की सभ्यता से प्राप्त पुरातत्व के अवशेषों से उस काल के भारत में योग विद्या के प्रचलन की पुष्टि होती है। उसी प्रकार प्राचीन सूत्र-साहित्य एवं लोकप्रिय उपदेशात्मक पौराणिक साहित्य, दोनों प्रकार के साहित्य में योग के स्वरूप, उसके विस्तार व गहराई का पता चलता है। भारत में योग के 5000 वर्षपूर्व के सन्दर्भ भी मिलते हैं। ऐसा माना जाता है कि योग का आरम्भ सभ्यता के विकास के साथ ही शुरू हो गया था। सिंधु संस्कृति की खोज के बाद ही योग की उत्पत्ति का ज्ञान प्राप्त हुआ। पुरातात्विक खोज हड़प्पा और ड़ोमोहन-जोदड़ो की खुदाई में कुछ अवशेष मिले, उनमें कुछ योगासनों में अंकित मुमूर्तियाँ मिलीं। इससे अनुमान लगाया जाता है कि वैदिक काल के ही पूर्व योग साधना का प्रचलन था।

वेदों और उपनिषदों में योग का उल्लेख मिलता है। इसके अतिरिक्त ऐसे कई ग्रंथ हैं, जो

पूर्ण रूप से योग से ही संबंधित हैं। जहाँ तक प्राचीन ग्रंथों का सवाल है, इनके काल को निर्धारित करना कठिन होगा, क्योंकि इन ग्रंथों के रचनाकाल को लेकर इतिहासकार एकमत नहीं हैं। हालाँकि यह भी संभव है कि योग पद्धति वैदिक काल से पूर्व भी प्रचलन में हो और इसे बाद में लेखबद्ध किया गया हो।

भगवत गीता श्रीकृष्ण-अर्जुन संवाद

1.1.3 योग का इतिहास

योग की परम्परा अत्यन्त प्राचीन है, इसमें कोई सन्देह नहीं है, लेकिन वह कितनी प्राचीन है? उसका प्रारम्भ किसने किया और कब किया? यह गहन शोध व अनुसन्धान का विषय है। प्राचीन साहित्य में मिले उल्लेखों से ज्ञात होता है कि योग परम्परा को किसने प्रारम्भ किया है।

जैसे गीता के चतुर्थ अध्याय के आरम्भ में श्रीकृष्ण अर्जुन को उपदेश देते हुए कहते हैं:

इमं विवस्वते योगं प्रोक्तवानहमव्ययम्।
विवस्वान्मनवे प्राह मनुरिक्ष्वाकवेऽब्रवीत्॥

(श्री.भ.गी.४.१)

एवं परम्पराप्राप्तमिमं राजर्षयो विदुः।
स कालेनेह महता योगो नष्टः परन्तप॥

(श्री.भ.गी.४.२)

स एवायं मया तेऽद्य योगः प्रोक्तः पुरातनः।
भक्तोऽसि मे सखा चेति रहस्यं ह्येतदुत्तमम्॥

(श्री.भ.गी.४.३)

अर्थात् भगवान श्रीकृष्ण ने अर्जुन को कहा कि मैंने ही इस योग का उपदेश सृष्टि के आरम्भ में सबसे पहले विवस्वान अर्थात् सूर्य को बतलाया। इसके पश्चात् विवस्वान ने यह योग ज्ञान अपने पुत्र मनु को व मनु ने यह ज्ञान अपने पुत्र इक्ष्वाकु को दिया। इस प्रकार वंश परम्परा से प्राप्त होने वाले कर्मयोग के इस ज्ञान को अनेक राजऋषियों ने अपने पूर्वजों से सीखा और जाना, परन्तु कालान्तर के प्रभाव से यह योग लुप्तप्राय हो गया था। क्योंकि तुम मेरे भक्त व सखा हो, इसलिए आज मैंने पुनः तुम्हारे सामने सभी रहस्यों में उत्तम इस पुरातन योग के ज्ञान को प्रस्तुत किया है।

योग परम्परा के सम्बन्ध में इससे यह ज्ञात होता है कि भगवान ने स्वयं इस परम्परा को प्रारम्भ किया था अर्थात् योग विद्या सृष्टि के प्रारम्भ से ही विद्यमान थी, इस मान्यता को और अधिक बल मिलता है।

अत्यन्त समृद्ध प्राचीन भारतीय वाङ्मय के अध्ययन अनुसन्धान करने पर यह बात स्पष्ट हो जाती है कि **'हिरण्यगर्भ'** ही योग के आदि प्रवक्ता हैं, अन्य कोई नहीं। इस सन्दर्भ में वेद और अन्य ग्रंथ में निम्नानुसार उल्लेख मिलता है:-

- ऋग्वेद के दसवें मण्डल में कहा गया है:-

हिरण्यगर्भः समवर्त्तनाताग्रे भूतस्य जातः पतिरेक आसीत्।
स दाधार पृथिवीं द्यामुतेमां कस्मै देवाय हविषा विधेम।।

(ऋग्वेद १०.१२१.१)

अर्थात् हिरण्यगर्भ से ही सबसे पहले सृष्टि का निर्माण हुआ। उसी ने पृथ्वी, स्वर्ग आदि सभी को धारण किया। क्योंकि हिरण्यगर्भ को सभी विद्याओं एवं कलाओं का आदि प्रवर्तक माना जाता है।

- बृहद्योगियाज्ञवल्क्य स्मृति में भी कहा गया है:-

हिरण्यगर्भो योगस्य वक्ता नान्यः पुरातनः।

अर्थात् 'हिरण्यगर्भ' ही योग के आदि प्रवक्ता है, अन्य कोई नहीं।

- महाभारत में हिरण्यगर्भ को योग का उत्पत्तकर्ता बताते हुए कहा गया है:-

सांख्यस्य वक्ता कपिलः परमर्षिः स उच्यते।
हिरण्यगर्भो योगस्य वक्ता नान्यः पुरातनः।।

(महाभारत 12.337.60)

अर्थात् सांख्य के वक्ता परमर्षि कपिल और योग के वक्ता हिरण्यगर्भ हैं। इन विषयों में इनसे प्राचीन व पुरातन वक्ता अन्य कोई नहीं है।

- हिरण्यगर्भ के बारे में महाभारत में ही एक श्लोक और मिलता है कि:-

हिरण्यगर्भो द्युतिमान् य एषच्छन्दसि स्तुतः।
योगैः सम्पूज्यते नित्यं स च लोकं विभुः स्मृति।।

(महाभारत 12.342.96)

अर्थात् यह द्युतिमान हिरण्यगर्भ वही है जिनकी वेद में स्तुति की गई है। इनकी योगी लोग नित्य पूजा करते हैं और संसार में इन्हें विभु कहते हैं।

- गुरु-शिष्य परंपरा के आरंभ का वर्णन मुंडकोपनिषद् में मिलता है। ब्रह्मा, जो ब्रह्मांड के निर्माता और विश्व के संरक्षक हैं, उन्हें देवताओं में सर्वप्रथम माना जाता है। उन्होंने ही अपने ज्येष्ठ पुत्र अथर्व को योग का ज्ञान दिया, जिसे ब्रह्म विद्या या योग विद्या कहते हैं। फिर अथर्व ने अंगिरस, अंगिरस ने भारद्वाज और भारद्वाज ने सत्यवाह को इसका ज्ञान दिया। इस प्रकार से यह परंपरा उत्तरोत्तर बढ़ती रही **(मुण्डकोपनिषद् १.१.१ से ३)**।

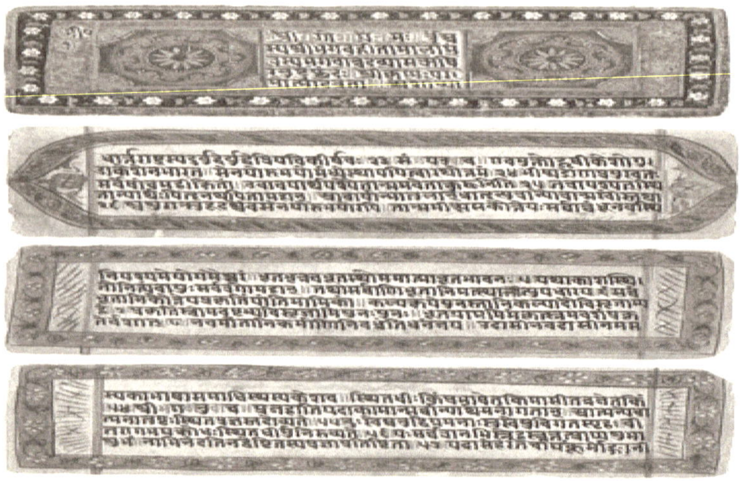

भगवत गीता की संस्कृत पाण्डुलिपि

1.1.4 योग का इतिहास काल अनुसार

जब हम इतिहास के विभिन्न कालों का वर्णन करने वाले साहित्य को पढ़ते हैं या पुरातात्विक महत्व के अवशेष देखते हैं, तो हम यह जानकर विस्मय से भर जाते हैं कि 'योग' को प्रत्येक काल में महत्ता दी गई है। योग को हमेशा से महत्वपूर्ण सार्वभौमिक और सर्वश्रेष्ठ माना जाता रहा है। योग का आरंभ कब हुआ, इसकी सटीक जानकारी मिलना सम्भव प्रतीत नहीं होता। कुछ प्रमाण इसकी पुष्टि करते हैं कि इसका अस्तित्व 5,000 वर्ष पूर्व उपस्थित था, किंतु कुछ लोगों का यह भी अनुमान है कि योग की परम्परा 10,000 वर्ष पुरानी हो सकती है। इसका प्रामाणिक इतिहास सामान्य रूप से पाँच कालों में विभक्त किया जा सकता है:-

- पूर्व वैदिक काल (ईसा पूर्व 3000 से पहले)

- वैदिक काल या वैदिक युग
- पूर्व-शास्त्रीय योग
- शास्त्रीय योग
- उत्तर-शास्त्रीय योग

• पूर्व वैदिक काल (ईसा पूर्व 3000 से पहले)

अभी हाल तक, पश्चिमी विद्वान ये मानते आये थे कि योग का जन्म क़रीब 500 ईसा पूर्व हुआ था जब बौद्ध धर्म का प्रादुर्भाव हुआ। लेकिन हड़प्पा और मोहन-जोदड़ो में जो उत्खनन हुआ, उससे प्राप्त योग मुद्राओं से ज्ञात होता है कि योग का चलन 5000 वर्ष पहले से ही था।

• वैदिक काल या वैदिक युग (3000 ईसा पूर्व से 500 ईसा पूर्व)

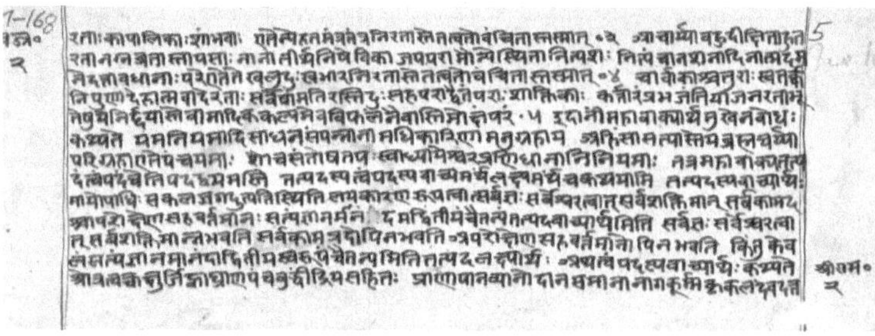

वेद पाण्डुलिपि

इस काल को वेदों की उत्पत्ति के कारण जाना जाता है। ऋग्वेद एक पवित्र ग्रंथ है, जो आज के आधुनिक हिन्दू धर्म का आधार है। इस वेद में दैवीय शक्तियों की उपासना करने वाले पवित्र मन्त्रमन्त्र दिए गए हैं। अन्य तीन वेद हैं- यजुर्वेद (यज्ञ का ज्ञान), सामवेद (मन्त्रों का ज्ञान) और अथर्ववेद (जीवन की आचार संहिता)। इन वेदों में योग शिक्षाएँ दी गई हैं, जिसे वैदिक योग कहते हैं।

इस काल में लोग योगियों के बताए गए मार्ग पर चलते थे और पवित्र पद्धति से जीवन-यापन करते थे। इन योगियों ने अपने गहन अध्यात्म और ध्यान से परम सत्य का ज्ञान प्राप्त किया था। यह काल एकांत और दूसरों से अलग रहने वाले योगियों के लिए जाना जाता है।

• पूर्व-शास्त्रीय योग (500 ईसा पूर्व से 200 ईसा पूर्व)

इस काल के प्रमुख ग्रंथ उपनिषद् हैं। इन्हें वेदांत भी कहते हैं, क्योंकि ये वेदों के अंतिम भाग हैं। साथ ही इन्हें वेदान्त इस कारण से भी कहा जाता है, क्योंकि उनमें योग का अंतिम लक्ष्य या उद्देश्य अथवा सार निहित है।

इनमें तीन विषय प्रतिपादित किए गए हैं:-

१. जीव (जीवात्मा)

२. जगत (संसार)

३. ईश्वर (भगवान या सृष्टि के रचयिता)

व्यक्ति आत्मसाक्षात्कार के माध्यम से जीवात्मा को पहचानकर परम ज्ञान (ब्रह्म) को प्राप्त करता है। उपनिषदों में वेदों के ज्ञान की व्याख्या की गई है। वेदों के आरम्भिक भाग में उल्लिखित आनुष्ठानिक बलि के विचार को इनमें आत्मज्ञान, कर्म (कर्म योग) और ज्ञान (ज्ञान योग) के माध्यम से अहं की बलि देने, अर्थात् त्याग रूप में परिणत कर दिया गया है। उपनिषदों, महाभारत और भगवद्गीता में योग के बारे में बहुत चर्चा हुई है। योग और विशेषकर ध्यान के आयाम बौद्ध और जैन धर्म में भी मिलते हैं।

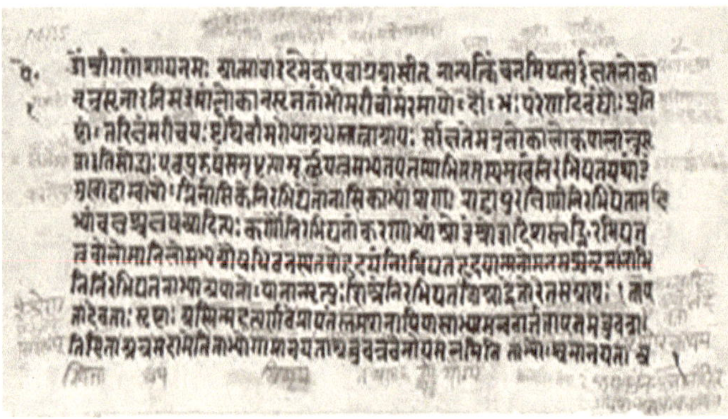

उपनिषद् पाण्डुलिपि

• शास्त्रीय योग (200 ईसा पूर्व से 500 ईसा)

योग का विचार और उसका अभ्यास पूर्व-शास्त्रीय युग में बहुत अधिक स्पष्ट रूप से परिभाषित और वर्णित नहीं किया जाता था। महर्षि पतंजलि ने सर्वप्रथम शास्त्रीय युग में जो इसका व्यवस्थित रूप प्रस्तुत किया, जब उन्होंने अपने ग्रंथ योगसूत्र की रचना की। यह रचना पाँचवी से दूसरी शताब्दी ई.पू. की मानी जाती है। पतंजलि के योगसूत्र में अष्टांग योग का प्रतिपादन किया गया है। इसे शास्त्रीय या पारम्परिक योग के नाम से

भी जाना जाता है। ये मनुष्य को ज्ञान या समाधि की ओर अग्रसर करते हैं। पतंजलि के अष्टांग योग में जिन आठ अंगों का उल्लेख किया गया है, वे हैं:-

1. यम- सामाजिक संयम/आचार या नैतिक मूल्य
2. नियम- व्यक्तिगत संयम/अध्ययन, पवित्रता और सहिष्णुता संबंधी संयम
3. आसन- शारीरिक मुद्राएँ
4. प्राणायाम- श्वसन पर नियंत्रण करके या उसे नियमित करके जीवन शक्ति या प्राण शक्ति का नियंत्रण
5. प्रत्याहार- ध्यान लगाने के लिए इन्द्रियों का निग्रह
6. धारणा- एकाग्रता
7. ध्यान- ध्यान लगाना
8. समाधि- आध्यात्मिक लीनता

मध्य कालीन भारत में योग

- **उत्तर-शास्त्रीय योग या मध्य युग (500 ईसा से 1500 ईसा)**

शास्त्रीय युग से लेकर वर्तमान समय तक के योग को उत्तर-शास्त्रीय योग या मध्य युग माना जाता है। इस काल में योग पर कई ग्रंथ और साहित्य रचे गए। अब योग में अध्यात्म तथा अनुभव के बीच सामंजस्य स्थापित करने का प्रयास किया जाता है। महर्षि पतंजलि के बाद कई योग गुरु हुए और उन्होंने योग का उपयोग स्वस्थ जीवन और दीर्घायु प्राप्त करने के लिए किया। भौतिक शरीर और उसके पालन-पोषण को महत्वपूर्ण माना जाने लगा, क्योंकि यह माना गया कि शरीर ही वह माध्यम है, जिसके द्वारा आत्मा को ज्ञान की प्राप्ति होती है। इसी काल में तंत्र योग अस्तित्व में आया। यह मनुष्य को मानसिक और शारीरिक रूप से शक्तिशाली बनाने के लिए शुद्धि और पवित्रीकरण की विधि अपनाता है, ताकि वह ज्ञान की उच्च स्थिति पर पहुँचने के योग्य

हो जाए। तन्त्र योग और इसके शरीर केन्द्रित अभ्यासों से हठ योग का जन्म हुआ।

1.1.5 योग का विकास

19वीं शताब्दी के उत्तरार्द्ध और 20वीं शताब्दी के आरंभ में कुछ जाने-माने योग गुरुओं ने योग को पाश्चात्य देशों तक पहुँचाया। इस युग को आधुनिक युग के नाम से भी जाना जाता है। इनमें सर्वप्रमुख गुरु स्वामी विवेकानंद थे। इसे आधुनिक योग का आरंभ माना जा सकता है। आधुनिक योग के लिए 1893 का वह दिन महत्वपूर्ण माना जा सकता है, जब संयुक्त राज्य अमेरिका के शिकागो शहर में विश्व धर्म सम्मेलन का आयोजन हुआ। इस सभा में स्वामी विवेकानंद ने सम्मेलन में मौजूद श्रोताओं को बहुत अधिक प्रभावित किया। भारत के कई महान व्यक्तित्वों के सतत प्रयासों के कारण योग उत्तरोत्तर प्रगति करता रहा, जैसे महर्षि दयानन्द सरस्वती, टी. कृष्णामचारी (अष्टांग योग), बी.के.एस. आयंगर (आयंगर योग), स्वामी शिवानन्द (शिवानंद योग), श्री योगेंद्रजी (द योगा इंस्टीट्यूट), स्वामी कैवल्यानंदजी (कैवल्यधान हेल्थ एंड रिसर्च इंस्टीट्यूट), योगी श्यामाचरण लाहिड़ी तथा उनके शिष्य परमहंस योगानन्द (योगदा सत्संग सोसाइटी), स्वामी धीरेन्द्र ब्रह्मचारी, स्वामी सत्यानंदजी (बिहार स्कूल ऑफ़ योगा), महर्षि महेश योगी, श्री रवि शंकर जी (द आर्ट ऑफ़ लिविंग), स्वामी रामदेव जी पतंजलि योगपीठ, हरिद्वार), श्रीराम शर्मा आचार्य (शान्तिकुँज), डॉ. एच. आर. नागेंद्र (S-VYASA) और जग्गी वासुदेवजी (ईशा योग सेंटर) आदि। अब योग विषय के अध्ययन हेतु विश्वविद्यालय अनुदान आयोग ने स्वीकृति प्रदान कर दी है। अनेक संस्थान व विश्वविद्यालय योगशिक्षा में प्रमाणपत्र, डिप्लोमा, स्नातकोत्तर व पी-एच.डी. आदि पाठ्यक्रमों का संचालन कर रहे हैं। 11 दिसम्बर, 2014 को भारतीय प्रधानमंत्री श्री नरेन्द्र मोदी ने संयुक्त राष्ट्र संघ की महासभा में **21 जून को अन्तरराष्ट्रीय योग दिवस** मनाने का प्रस्ताव रखा था जिसे 193 देशों में से 175 देशों ने बिना किसी मतदान के स्वीकार कर लिया। यूएन ने योग की महत्ता को स्वीकारते हुए माना कि **'योग मानव स्वास्थ्य व कल्याण की दिशा में एक सम्पूर्ण द्रष्टिकोण है।'**

1.1.6 सारांश

आजकल सारे संसार में योग साधना से लाखों व्यक्तियों को लाभ हो रहा है, जिसे प्राचीन काल से लेकर आजतक योग के महान आचार्यों द्वारा संरक्षित और प्रचारित

किया गया है। योग साधना का हर दिन विकास हो रहा है तथा यह अधिक जीवन्त होती जा रही है। अब समकालीन समय में, हर किसी को स्वास्थ्य के संरक्षण, रख-रखाव और संवर्धन के लिए योग प्रथाओं के बारे में विश्वास है।

योग किसी विशेष धर्म या समुदाय का पालन नहीं करता है। जो भी योग का अभ्यास करता है, वह इसके लाभों को प्राप्त कर सकता है, भले ही उसकी आस्था, जातीयता या संस्कृति कुछ भी हो। योग की विभिन्न परम्पराएँ, दर्शन, ज्ञान व भक्तियोग आदि योग के अंतिम लक्ष्य की ओर ले जाते हैं।

ૐ

1.2 योग का अर्थ और परिभाषाएँ

1.2.1 प्रस्तावना

योग को प्रायः आसन व प्राणायाम के परिप्रेक्ष्य में ही जाना जाता है। परन्तु योग केवल आसन, प्राणायाम तक ही सीमित नहीं है। योग का क्षेत्र अत्यन्त व्यापक है। योग भारतीय दर्शन का आध्यात्मिक अभ्यास व अनुशासन है, जो व्यक्ति की चेतना को प्रकाशित करने एवं परमसत्ता से जोड़ने में सहायक होता है। यह एक ऐसी कला है, जो जीवन को श्रेष्ठ ढंग से जीने का मार्ग प्रशस्त करती है। यह हमारे शारीरिक, भावनात्मक, बौद्धिक, आध्यात्मिक इत्यादि सभी पक्षों हेतु उपयोगी है।

योग का महत्व इसके व्यावहारिक और विज्ञान पर आधारित होने में निहित है, क्योंकि यह प्रत्यक्ष अनुभव और मूर्त परिणामों पर बल देता है। यह कोई धर्म नहीं है, बल्कि स्वयं से प्रश्न करने और आत्मविश्लेषण करने की एक प्रक्रिया है। हालाँकि योग की स्थिति में पहुँचने के लिये विभिन्न मार्ग एवं विधियाँ बताई गई हैं, किन्तु इन सभी का लक्ष्य एक ही है- आत्मज्ञान की प्राप्ति।

योगविद्या भारत वर्ष की अमूल्य धरोहर है। मनुष्य जीवन का मुख्य उद्देश्य है, मोक्ष या कैवल्य की प्राप्ति। जीवन की सार्थकता इसी में है। इस मानव शरीर के जीवित रहते हुए उस परम चैतन्यस्वरूप आत्मतत्व को जान लिया जाए। क्योंकि यदि जीवन में सब कुछ किया परन्तु मोक्ष प्राप्ति के लिए कोई साधना नहीं की तो यह जीवन निरर्थक ही रहा। क्योंकि यह मनुष्य जीवन साधना के लिए मिला है।

1.2.2 योग का सामान्य परिचय

योग का सामान्य परिचय निम्न अनुसार किया जा सकता है:-

- **योग संन्यासी वेश नहीं, समता का अभ्यास है**

प्रायः यह देखा जाता है कि योगी का नाम सुनते ही सामान्यतया व्यक्ति में गेरुए वस्त्र धारण किये हुए किसी सन्यासी, जटाधारी महात्मा की तस्वीर उभरती है। वस्तुतः किसी वेश विशेष से योग का सम्बन्ध नहीं है। योग के अभ्यास के लिए वैसा आवश्यक भी नहीं है। यह अन्त: जीवन का समत्व भाव है, समता का अभ्यास है।

- **योग जीवन से पलायन नहीं, जीवन जीने की कला है**

जीवन की वास्तविकताओं से पलायन नहीं है। यह जीवन की समग्र अर्हताओं के विकास द्वारा सन्तुलित व संयमित जीवन जीने का मार्ग है।

- **योग अकर्मण्यता नहीं, परम पुरुषार्थ है**

कर्तव्य व दायित्वों से विमुख होकर मात्र भाग्यवादी, अकर्मण्य या पुरुषार्थहीन होना योग नहीं है। योग अनासक्त जीवन जीते हुए स्वयं की पहचान है। स्वयं की क्षमताओं के विकास के लिए परम पुरुषार्थ है।

- **योग तामसिक तप नहीं, सात्विक साधना है**

शरीर को व्यर्थ कष्ट देना जैसे घण्टों एक पैर पर खड़े रहना, साँस को रोककर ज़मीन के अन्दर बिना हवा पानी के रहना, नाड़ी या हृदय की धड़कन को रोकना आदि योग नहीं है , परन्तु अपने मन, श्वास, शरीर तथा भावों की शुद्धि कर चेतना का अनुभव करना योग है।

- **योग प्रदर्शन नहीं, अन्तः की पवित्रता है**

योग हाथ की सफ़ाई , जादू-टोना, चमत्कार, प्रतियोगिता अथवा प्रदर्शन की वस्तु नहीं है। कोई दौड़ या परेड भी नहीं है।

योग का मापदण्ड कोई बाहर की वस्तु नहीं होकर अन्त: की पवित्रता व निर्मलता है।

- **योग आसन नहीं, आध्यात्मिक प्रशिक्षण है**

योग शारीरिक क्रियाओं अथवा आसनों तक सीमित नहीं है। कठिन आसन करने वाला ही बड़ा योगी होगा ऐसी धारणा ठीक नहीं है।

योग शारीरिक प्रशिक्षण ही नहीं है, इसके साथ मूलतः मानसिक, भावनात्मक व आध्यात्मिक प्रशिक्षण है।

- **योग कोरा दर्शन नहीं, सम्यक् समन्वय है**

योग बौद्धिक व्यायाम नहीं है। तर्क-वितर्क नहीं है। यह परम तत्व के बोध हेतु विचार अभ्यास का सम्यक समन्वय है।

- **योग साम्प्रदायिक नहीं, असाम्प्रदायिक है**

योग किसी व्यक्ति, वर्ग या वंश विशेष की वस्तु नहीं है। यह मानव मात्र के उत्थान का आत्मिक प्रयास है। हज़ारों वर्षों के अभ्यास व अनुभव से अनुप्राणित है।

- **योग रहस्यवाद नहीं, परीक्षित पद्धति है**

योग कोई जटिल, अकल्पनीय या रहस्यपूर्ण प्रक्रिया नहीं है। सरल, स्पष्ट व परीक्षित पद्धति है। यह सोई शक्तियों को जगाने का विज्ञान है। इसे योग्य गुरु के निर्देशन में कोई भी व्यक्ति सीखकर अभ्यास कर सकता है।

1.2.3 योग का अर्थ

योग आध्यात्मिक अनुशासन एवं अत्यंत सूक्ष्म विज्ञान पर आधारित ज्ञान है जो मन और शरीर के बीच सामंजस्य स्थापित करता है। यह स्वस्थ जीवन की कला एवं विज्ञान है। यह मानसिक अनुशासन का विज्ञान है जो मन को शांत और एकाग्र करता है। यौगिक ग्रंथों के अनुसार, योग अभ्यास व्यक्तिगत चेतनता को सार्वभौमिक चेतनता के साथ एकाकार कर देता है। जिसने योग में इस अस्तित्व के एकत्व का अनुभव कर लिया है, उसे योगी कहा जाता है। योगी पूर्ण स्वतंत्रता प्राप्त कर मुक्तावस्था को प्राप्त करता है। इसे ही मुक्ति, निर्वाण, कैवल्य या मोक्ष कहा जाता है। संस्कृत वाङ्मय के अनुसार योग शब्द युज् धातु में घञ् प्रत्यय लगने से निष्पन्न हुआ है। पाणिनीय व्याकरण के अनुसार यह तीन अर्थों में प्रयुक्त होता है।

1) युज् समाधौ– समाधि

युज समाधौ का अर्थ है- समाधि की सिद्धि के लिए जुड़ना या समाधि की प्राप्ति के लिए जो भी साधनायें शास्त्रों में बताई गयी हैं, उन साधनाओं को अपने जीवन में अपनाना ही योग का पहला अर्थ है।

2) युजिर योगे– जोड़ना

जोड़ युजिर योगे का अर्थ है- जुड़ना, जोड़ना, मिलना या मेल करना। दूसरे अर्थ में युजिर योगे का अर्थ है- संयोग करना। अर्थात् इस दुःख रूप संसार से वियोग तथा ईश्वर से संयोग का नाम ही योग है।

3) युज् संयमने- सामंजस्य

युज् संयमने का अर्थ है- संयमन अर्थात् मन का संयम या मन का नियमन। दूसरे अर्थ के रूप में इस का अर्थ है- सामंजस्य बिठाना। इस प्रकार योग का अर्थ हुआ - योग साधनाओं को अपनाते हुए मन को नियन्त्रित कर, मन व शरीर में सामंजस्य स्थापित कर आत्मा का परमात्मा से मिलन ही योग है।

1.2.4 योग की परिभाषाएँ

योग का भारतीय जीवन पद्धति में अपना महत्वपूर्ण स्थान है। योग की विविध परिभाषाएँ निम्न प्रकार से हैं :-

- **योगसूत्र के अनुसार**

योगसूत्र के प्रणेता महर्षि पतंजलि हैं। योगसूत्र में चार पाद है। समाधि पाद, साधना पाद, विभूति पाद और कैवल्य पाद। महर्षि पतंजलि ने समाधि पाद के दूसरे सूत्र में योग की परिभाषा इस प्रकार दी है–

योगश्चित्तवृत्तिनिरोधः।। (प.यो.सू. १.२)

अर्थात् चित्त की वृत्तियों का सर्वथा अभाव ही योग है। चित्त का तात्पर्य मन, बुद्धि, अहंकार का सम्मिलित रूप है। चित्त में जो प्रतिबिम्ब बनता है, वही वृत्तियाँ हैं। चित्त दर्पण के समान है। विषयों का प्रतिबिम्ब उसमें पड़ता है उस समय चित्त विषयाकार हो जाता है। चित्त को विषयाकार होने से रोकना या विषयों का अभाव होना ही योग है।

- **श्रीमद् भगवद्गीता के अनुसार**

भारतीय आध्यात्मिक ग्रन्थों में श्रीमदभगवद्गीता को बहुत अधिक महत्वपूर्ण ग्रंथ माना जाता है। श्रीमद्भगवद्गीता से योग की दो महत्वपूर्ण परिभाषाएँ यहाँ दी गई हैं:

योगस्थः कुरु कर्माणि सगं त्यक्त्वा धनञ्जय।
सिद्ध्यसिद्ध्योः समो भूत्वा समत्वं योग उच्यते।।

(श्री.भ.गी.२.४८)

अर्थात् हे धनंजय, तुम योग में पूरी तरह स्थित होकर फल की इच्छा को त्यागकर कार्य की सिद्धि (सफलता) या असिद्धि (असफलता) दोनों ही अवस्थाओं में अपने आप को समभाव (एक समान भाव) में रखना ही योग अर्थात् समत्व योग है। अर्थात् योग साधक का चित्त सभी द्वंदों व्दन्व्दो में जैसे सुख-दुःख, लाभ-हानि, जय-पराजय, शत्रु-मित्र, शीत-उष्ण आदि में समान बना रहता है। यह समत्व बुद्धि ही योग है।

यदि आज इस श्लोक को हम अपने व्यवहार में धारण कर लेते हैं तो सौ प्रतिशत हम

जीवन में कभी भी हताश अथवा निराश नहीं हो सकते। मात्र इस श्लोक के मानने से हमारा पूरा जीवन आनन्द से परिपूर्ण हो सकता है।

बुद्धियुक्तो जहातीह उभे सुकृतदुष्कृते।
तस्माद्योगाय युज्यस्व योगः कर्मसु कौशलम्।।

(श्री.भ.गी. २.५०)

अर्थात् भक्ति में संलग्न मनुष्य इस जीवन में ही अच्छे तथा बुरे कर्मों से स्वयं को मुक्त कर लेता है। अतः योग के लिए प्रयत्न करो, क्योंकि संपूर्ण कार्य-कौशल यही है। कर्मों में कुशलता ही योग है। कर्मों में कुशलता से अभिप्राय यहाँ कर्मों को इस प्रकार से करने में है, कि वे कर्म बन्धन का कारण न बन सकें, बल्कि कर्म मुक्ति दिलाने वाले हों। उक्त श्लोक में श्रीकृष्ण अर्जुन को कहते हैं कि जब किसी कार्य को करते हुए सफलता व असफलता को आधार बनाया जाता है तो उसका परिणाम हमेशा नकारात्मक ही होता है। इसलिए प्रत्येक कार्य को समबुद्धि से युक्त होकर ही करना चाहिए। ऐसा करने से व्यक्ति कर्मफल के बन्धन में कभी नहीं फंसता। यदि आप चाहते हैं कि आपके जीवन में दुःख न आएँ तो सभी कर्मों को फल की आकांक्षा से रहित होकर करना प्रारम्भ करें।

- **कैवल्योपनिषद के अनुसार**

श्रद्धा भक्ति ध्यान योगादवैहि।।

(कै.उप.२)

अर्थात् श्रद्धा भक्ति और ध्यान के द्वारा आत्मा को जानना ही योग है।

- **महोपनिषद के अनुसार**

मनः प्रश्मनोपायो योग इत्यभिधीयते।।

(महो.उप. ५.४२)

अर्थात् मन के प्रशमन का उपाय ही योग है। मन का प्रशमन अर्थात् मन का रम जाना या स्थिर हो जाना ही योग है।

- **सांख्य दर्शन के अनुसार**

पुरुष प्रकृत्योतियोगेऽपि योग इत्यभिधीयते।

अर्थात् प्रकृति और पुरुष का वियोग स्थापित कर पुरुष का अपने रूप (स्वरूप) में स्थिर हो जाना योग है।

- **याज्ञवल्क्य स्मृति के अनुसार**

संयोग योगयुक्तो इति युक्तो जीवात्मा परमात्मनो।

अर्थात् जीवात्मा परमात्मा के मिलन को योग कहते हैं। अज्ञानता के कारण यह

जीवात्मा संसार चक्र में फंसा रहता है। ज्ञान के उदय होने पर उसका परमात्मा से मिलन हो जाता है, फलस्वरूप उसके सभी दुःख समाप्त हो जाते हैं।

- **महर्षि व्यास के अनुसार योग**

योगः समाधिः।

महर्षि व्यास ने योग को परिभाषित करते हुए कहा है कि समाधि ही योग है।

- **पण्डित श्री राम शर्मा आचार्य जी के अनुसार**

जीवन जीने की कला ही योग है।

1.2.5 सारांश

योग शब्द संस्कृत के "युज्" धातु से बना है, जिसका अर्थ है- जोड़ना। जीवन के मुख्य उद्देश्य की प्राप्ति के लिए मन से, शरीर से जो अनुष्ठान करने होते हैं, वही योग है। महर्षि पतंजलि ने योग को इस प्रकार परिभाषित किया है- **"चित्त की वृत्तियों का सर्वथा अभाव ही योग है।"** वहीँ श्रीकृष्ण ने श्रीमद्भगवद् गीता में कर्मों की कुशलता के रूप में परिभाषित किया है।

योग वह साधना है जिसमें आत्मा व परमात्मा का ज्ञान पूर्वक संयोग होता है। वेद, पुराण व उपनिषद् व दर्शनों में योग की महिमा का वर्णन किया गया है। सभी में योग को मोक्ष, निर्वाण, समाधि प्राप्ति का साधन माना गया है। योग सभी साधनाओं में सर्वश्रेष्ठ साधना पद्धति है, जो कि शारीरिक, मानसिक, आध्यात्मिक लाभ प्रदान करते हुए मोक्षप्रदायी है।

ॐ

1.3 योग का लक्ष्य और उद्देश्य

1.3.1 प्रस्तावना

वस्तुत: जिस समय योग विद्या का प्रतिपादन किया गया था, उस समय यह सामान्य जन की पहुँच से बाहर थी। उस समय योग साधना को मोक्ष प्राप्ति के उद्देश्य से की जाने वाली साधना के रूप में ही जाना-समझा जाता था, किन्तु वर्तमान में परिस्थितियाँ बदल गई हैं। आज योग का चिकित्सीय स्वरूप उभर कर हमारे सामने आ रहा है।

योग से आध्यात्मिक विकास

1.3.2 योग का लक्ष्य और उद्देश्य

वर्तमान परिप्रेक्ष्य में योग के उद्देश्यों का विवेचन निम्नलिखित बिन्दुओं के आधार पर किया जा सकता है:-

- **राजयोग की प्राप्ति**

योग का परम लक्ष्य आत्मज्ञान या मोक्ष या मुक्ति या निर्वाण या कैवल्य प्राप्त करना है। आधुनिक युग में यदि देखा जाए तो योग का उद्देश्य शारीरिक स्वास्थ्य या मानसिक स्वास्थ्य प्राप्त करना, धन अर्जित करना, शारीरिक सौन्दर्य की प्राप्ति, यश प्राप्ति तक ही सीमित रह गया है। किन्तु ये सभी गौण हैं। योग का उद्देश्य उस परम तत्व की प्राप्ति है। तीन पुरुषार्थ की पूर्ति करते हुए अन्ततोगत्वा मोक्ष की प्राप्ति ही योग का उद्देश्य है।

- **व्यक्तित्व का सर्वांगीण विकास**

योग का उद्देश्य हमारे जीवन का समग्र विकास करना है या इसे ऐसे कह सकते हैं कि

जीवन का सर्वांगीण विकास करना हैं। सर्वांगीण विकास से तात्पर्य यहाँ शारीरिक, मानसिक, नैतिक, आध्यात्मिक व सामाजिक विकास से है। शारीरिक, एवं मानसिक निरोगता, स्वस्थता व कुविचारों, कुसंस्कारों से मुक्ति मिलती है। सुसंस्कारिता, सुविचार के द्वारा अच्छे व्यक्तित्व का निर्माण होता है। जीवन उच्च व दिव्य बनता जाता है। जब इन अभ्यासों को लम्बे समय तक नियमित रूप से पूर्ण श्रद्धा भाव से किया जाता है तो साधक के आन्तरिक एवं बाह्य स्तर में अनेक परिवर्तन लक्षित होने लगते हैं।

- **समग्र स्वास्थ्य संवर्धन**

आयुर्वेद की भाँति ही योग का भी एक प्रमुख उद्देश्य, जो व्यक्ति स्वस्थ है, उसके स्वास्थ्य का और अधिक संवर्धन तथा संरक्षण करना है। विभिन्न यौगिक अभ्यासों जैसे षट्कर्म (धौति, वस्ति, नेति, नौलि, त्राटक एवं कपालभाँति), आसन, प्राणायाम इत्यादि से शरीर की शुद्धि होकर दृढ़ता की प्राप्ति होती है तथा मानसिक तनाव एवं भावनात्मक विक्षोभ दूर होकर आन्तरिक शान्तिशान्ति की प्राप्ति होती है। परिणामस्वरूप शरीर में समुचित प्राणशक्ति का संचार होता है, सभी अंग-प्रत्यंग सुचारु रूप से कार्य करते हैं और अन्ततः समग्र स्वास्थ्य की प्राप्ति होती है।

- **आरोग्य की प्राप्ति**

रोगों से मुक्ति प्रदान करने में भी योग के अभ्यास अत्यन्त लाभकारी सिद्ध हो रहे हैं। वर्तमान यांत्रिक एवं भौतिकवादी जीवन में योग का चिकित्सकीय स्वरूप ही जनसामान्य के बीच अधिक लोकप्रिय है। विभिन्न प्रकार के शारीरिक रोगों जैसे कि क़ब्ज़ , मधुमेह, मोटापा, माइग्रेन, अस्थमा, अम्लपित्त, संधिवात इत्यादि में तथा मनोरोगों (तनाव, चिन्ता, अवसाद इत्यादि) में भी शुद्धि क्रिया, आसन, मुद्रा प्राणायाम आदि का सफलतापूर्वक प्रयोग किया जा रहा है। नेति क्रिया कान, नाक एवं गले से सम्बद्ध रोगों को दूर करने में अत्यन्त प्रभावशाली है।

- **सामाजिक उद्देश्य**

योग शारीरिक व मानसिक विकास के साथ-साथ सामाजिक विकास में भी अपनी महत्वपूर्ण भूमिका अदा करता है। योग मानव को ऊँच-नीच, अमीरी-ग़रीबी से निकाल कर एक श्रेष्ठ इंसान बनने में सहायता प्रदान करता है। योग क्रियाओं में जब विभिन्न जातियों के समूहों के व्यक्ति आपस में मिलते हैं तो उनमें सामाजिकता की भावना जागृत होती है। अतः हम कह सकते हैं कि सामाजिक विकास भी योग का एक मुख्य उद्देश्य है, इसका पालन भी ईमानदारी से होना चाहिए। इसमें यम (अहिंसा, सत्य, अस्तेय, ब्रह्मचर्य और अपरिग्रह) महत्वपूर्ण भूमिका निभाते हैं।

- **चारित्रिक उद्देश्य**

योग में व्यक्ति को श्रेष्ठ आचरण अपनाने पर बल दिया जाता है क्योंकि एक अच्छे

चरित्र का मालिक ही परमात्मा से अधिक निकट होता है। योग में ध्यानात्मक आसनों के द्वारा व्यक्ति में अच्छे चारित्रिक गुणों का विकास होता है। एक योग करने वाला व्यक्ति सत्यवादी, परोपकारी, ईमानदार व दूसरों की सहायता को सदैव तत्पर रहता है। यम और नियम हमारे व्यवहार तथा चरित्र को शुद्ध, सात्विक और निर्मल बनाते हैं।

- **आध्यात्मिक उद्देश्य**

योग का मुख्य उद्देश्य है व्यक्ति का आध्यात्मिक विकास करना। यौगिक क्रियाओं व आसनों जैसे ध्यानात्मक आसन व्यक्ति को गहन ध्यान की तरफ़ ले जाते हैं तथा इस अवस्था में व्यक्ति स्वयं को परमात्मा के अधिक समीप समझता है। योग से ओतप्रोत व्यक्ति शीघ्र ही स्वयं को परमात्मा के साथ जोड़ लेता है। प्राचीन समय में ऋषि, मुनि व महान योगी यौगिक क्रियाओं व योगासनों द्वारा ही आत्मा को परमात्मा में लीन कर लेते थे। योग की शक्ति मनुष्य को आध्यात्मिक रूप से इतना सुद्रढ़ बना देती थी कि उन पर प्रकृति की विपदा का भी असर नहीं पड़ता था।

कुण्डलिनी जागरण

- **मानसिक स्थिरता**

व्यक्ति को अपने मन को वश में रखना चाहिए। जब तक मन व्यक्ति के वश में नहीं आता तब तक व्यक्ति मन को शक्तिशाली नहीं बना सकता तथा अपना ध्यान भी एक स्थान पर एकाग्र नहीं कर पाता है तथा अपने कार्यों में असफल हो जाता है। योग का लक्ष्य मन को स्थिर करना है। प्राणायाम की सहायता से हम प्राण अर्थात् जीवन शक्ति पर नियंत्रण करना सीखते हैं। यह हमें अपने श्वसन के प्रति सचेत होना सिखाता है। इसकी सहायता से हम अपने चित्त (मन) को जागरूक बनाकर उस पर नियंत्रण रखना सीख सकते हैं।

- **क्लेशों को दूर करना**

योग का लक्ष्य व्यक्ति के जीवन के क्लेशों, दुःखों और पीड़ाओं दूर करना है। महर्षि पतंजलि कृत योगसूत्र में वर्णित क्रियायोग का उद्देश्य है, क्लेशों को क्षीण कर सर्वांगीण विकास करना, जो मनुष्य जीवन में कलुषता लाते हैं, दुःख देते हैं। मनुष्य जीवन की आकुलता, कलुषता, पीड़ा, चिन्ता, तनाव आदि को समाप्त कर सम्पूर्ण स्वास्थ्य की प्राप्ति योग का मुख्य उद्देश्य है, जिससे कि सम्पूर्ण मनुष्य जाति दिव्य शान्ति एवं समरसता को प्राप्त कर सकें। इस प्रकार क्रियायोग का उद्देश्य क्लेशों को कम करके कैवल्य की प्राप्ति है।

महर्षि पतंजलि कृत योगसूत्र में वर्णित क्रियायोग पर दृष्टि करें तो क्रियायोग का उद्देश्य कर्मयोग, भक्तियोग तथा ज्ञानयोग की प्राप्ति है। तप को अपनाकर कर्म करने की प्रवृत्ति होती है और मनुष्य कर्मयोगी बनता है। स्वाध्याय का उद्देश्य है, ज्ञान की प्राप्ति और ईश्वर प्रणिधान का उद्देश्य है, भक्ति की प्राप्ति। इस प्रकार कर्म, ज्ञान, भक्ति का समन्वय मनुष्य के लिए आवश्यक है जो कि मनुष्य जीवन को उच्च व दिव्य बनाता है।

1.3.3 सारांश

आधुनिक युग में यदि देखा जाए तो योग का उद्देश्य शारीरिक स्वास्थ्य या मानसिक स्वास्थ्य प्राप्त करना, धन अर्जित करना, शारीरिक सौन्दर्य की प्राप्ति, यश प्राप्ति तक ही सीमित रह गया है। किन्तु ये सभी गौण हैं। योग का उद्देश्य उस परम तत्व की प्राप्ति है। तीन पुरुषार्थ की पूर्ति करते हुए अन्ततोगत्वा मोक्ष की प्राप्ति ही योग का उद्देश्य है।

ॐ

1.4 आधुनिक युग में योग की प्रासंगिकता और सीमाएँ

1.4.1 प्रस्तावना

हम सभी इस बात से सहमत हैं कि सदा से ही मानव सुख की खोज करता आया है। वह पढ़ता है, नौकरी करता है, परिवार बनाता है क्यों? इसका जबाव है सुख के लिये। सुख या प्रसन्नता ही वह प्रेरणा है, वह प्रेरक कारक है जो व्यक्ति को कुछ करने के लिए प्रेरित करती है।

भारत के प्राचीन ऋषि-मुनियों ने मनुष्य का और जगत का पूरा परिप्रेक्ष्य समझने के लिये योग को साधन चुना, मन को विज्ञानशाला बनाया, उन्होंने स्वयं पर प्रयोग किये एवं आन्तरिक व बाहय प्रकृति के रहस्यों को प्रकट किया। योग शरीर को साधकर मन को नियंत्रित करने की कला सिखाता है। यह प्राणों के माध्यम से शरीर व मन अर्थात् स्थूल व सूक्ष्म दोनों से जुड़ा है। योग शारीरिक, मानसिक और प्राणिक शक्तियों को परस्पर सन्तुलित करना सिखाता है।

वस्तुत: जिस समय योग विद्या का प्रतिपादन किया गया था, उस समय यह सामान्य जन की पहुँच से बाहर थी। उस समय योग साधना को मोक्ष प्राप्ति के उद्देश्य से की जाने वाली साधना के रूप में ही जाना-समझा जाता था, किन्तु वर्तमान में परिस्थितियाँ बदल गई हैं। सर्वसाधारण के बीच योग अत्यन्त लोकप्रिय होता जा रहा है। लोग इसकी महत्ता को समझ गये हैं और योग के अभ्यास जैसे षट्कर्म, आसन, मुद्रा, प्राणायाम आदि तो विशेष रूप से लोगों द्वारा किये जाते हैं। आज योग का चिकित्सीय स्वरूप उभर कर हमारे सामने आ रहा है, जिसमें अनेक शारीरिक, मानसिक, भावनात्मक रोगों के निदान में योग की अनेक तकनीकों का सफलतापूर्वक प्रयोग किया जा रहा है।

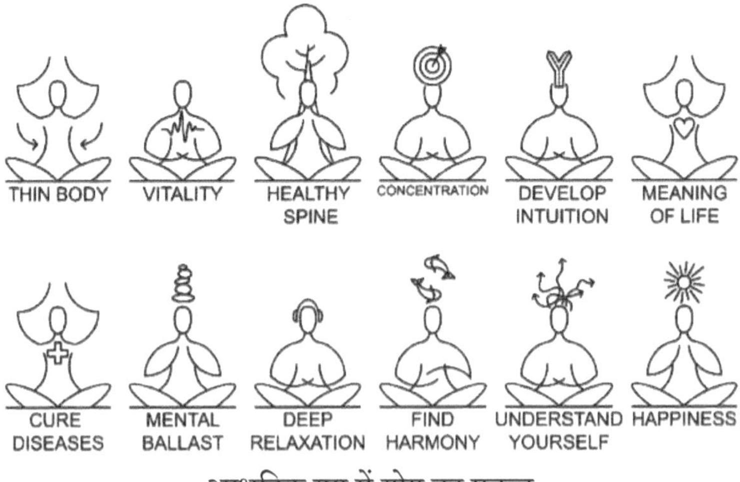

आधुनिक युग में योग का महत्व

1.4.2 योग की प्रासंगिकता और सीमाएँ

वर्तमान परिप्रेक्ष्य में मानव जीवन अनेक क्षेत्रों में योग की प्रासंगिकता और सीमाओं का विवेचन निम्नलिखित बिन्दुओं के अन्तर्गत किया जा सकता है:-

१) रोगोपचार के क्षेत्र में

२) पारिवारिक क्षेत्र में

३) सामाजिक क्षेत्र में

४) आर्थिक क्षेत्र में

५) आध्यात्मिक क्षेत्र में

६) स्वास्थ्य के क्षेत्र में

७) मानसिक स्वास्थ्य के क्षेत्र में

८) नैतिक एवं चरित्र के क्षेत्र में

- **रोगोपचार के क्षेत्र में**

आधुनिक युग विज्ञान एवं तकनीकी विकास का युग है। इस युग में मानव ने आधुनिक उपकरणों, अंतरिक्ष-यानों, पर्सनल कंप्यूटरों एवं संचार के इंटरनेट सरीखे प्रभावी साधनों के रूप में अपरिमित शक्ति एवं संपदा अर्जित कर ली है। वैज्ञानिक उपलब्धियों, वैभव एवं सुख-साधनों के होते हुए भी सामान्य व्यक्ति के जीवन की गुणवत्ता में इन उपलब्धियों के अनुपात में मानसिक अथवा शारीरिक सुधार नहीं हुआ है। तथाकथित प्रगति ने तनाव एवं प्रदूषण देकर जीवन को कष्टप्रद बना दिया है, जिनके कारण स्वास्थ्य एवं सुख पर संकट मंडरा रहा है।

रोगों से मुक्ति प्रदान करने में भी योग के अभ्यास अत्यन्त लाभकारी सिद्ध हो रहे हैं। वर्तमान यांत्रिक एवं भौतिकवादी जीवन में योग का चिकित्सकीय स्वरूप जनसामान्य के बीच अधिक लोकप्रिय है। विभिन्न प्रकार के शारीरिक रोगों जैसे कि क़ब्ज़ , मधुमेह, मोटापा, माइग्रेन, अस्थमा, अम्लपित्त, संधिवात इत्यादि में तथा साथ ही मनोरोगों (तनाव, चिन्ता, अवसाद इत्यादि) में भी शुद्धि क्रिया, आसन, मुद्रा प्राणायाम आदि का सफलतापूर्वक प्रयोग किया जा रहा है। नेति क्रिया कान, नाक एवं गले से सम्बद्ध रोगों को दूर करने में अत्यन्त प्रभावशाली है। योग का उद्देश्य शरीर व मन को रोगमुक्त करना है।

आसन मानसिक तथा शारीरिक स्थिरता, आरोग्य तथा शरीर में हल्कापन का अनुभव लाता है। विभिन्न यौगिक अभ्यासों का शरीर व मन दोनों पर प्रभाव पड़ता है। मनोकायिक रोगों में योग मुख्य भूमिका निभाता है। मन और शरीर का सीधा सम्बन्ध है। योग के अभ्यासों से शरीर को साधकर मन को साधा जा सकता है।

षट्कर्मों के नियमित अभ्यास से अनेक रोग दूर होते हैं। धौति-क्रिया के फलस्वरूप खाँसी, दमा, तिल्ली, कुष्ठ तथा अन्य बीसों प्रकार के कफ-सम्बन्धि रोग निसंदेह नष्ट हो जाते हैं। इसके अतिरिक्त दोषयुक्त जीवन शैली तथा आहार की अनुचित प्रवृत्तियों के कारण शरीर के ऊतकों में विषैले पदार्थ एवं अशुद्धियाँ उत्पन्न होती हैं और इस कारण शारीरिक क्रियाओं में असंतुलन उत्पन्न हो जाता है। जिसके परिणाम स्वरूप मानव शरीर में अस्थमा, ब्रॉन्काइटिस, सिरदर्द, माइग्रेन, एलर्जी, त्वचा रोग, उदर आदि रोग बढ़ते जा रहे हैं। ऐसी स्थिति में शरीर को स्वस्थ रखने हेतु उसका शुद्धिकरण आवश्यक है।

- **पारिवारिक क्षेत्र में**

व्यक्ति का परिवार, समाज की एक महत्वपूर्ण इकाई होता है। व्यक्ति के विकास की नींव एक परिवार ही होता है। योगाभ्यास से आये अनेक सकारात्मक परिणामों से यह भी ज्ञात हुआ है कि यह विद्या व्यक्ति में पारिवारिक मूल्यों एवं मान्यताओं को भी जाग्रत करती है। योग के अभ्यास व इसके दर्शन से व्यक्ति में प्रेम, आत्मीयता, अपनत्व एवं सदाचार जैसे गुणों का विकास होता है और निःसंदेह ये गुण एक स्वस्थ परिवार की आधारशिला होते हैं।

वर्तमान में घटती संयुक्त परिवार प्रथा व बढ़ती एकल परिवार प्रथा ने अनेक प्रकार की समस्याओं को जन्म दिया है। आज परिवार का सदस्य संवेदनहीन, असहनशील, क्रोधी, स्वार्थी होता जा रहा है जिससे परिवार की धुरी धीरे-धीरे कमज़ोर होती जा रही है। लेकिन योगाभ्यास से इस प्रकार की दुष्प्रवृत्तियाँ स्वतः ही समाप्त हो जाती हैं। भारतीय शास्त्रों में तो गृहस्थ जीवन को गृहस्थ योग की संज्ञा देकर जीवन में इसका विशेष महत्व बतलाया गया है। योग दर्शन में निर्देशित यम (अहिंसा, सत्य, अस्तेय, ब्रह्मचर्य और अपरिग्रह) और नियम (शौच, संतोष, तप, स्वाध्याय व ईश्वर प्रणिधान) पारिवारिक वातावरण को सुसंस्कारित और समृद्ध बनाते हैं।

- **सामाजिक क्षेत्र में**

एक स्वस्थ नागरिक से स्वस्थ परिवार बनता है तथा एक स्वस्थ व संस्कारित परिवार से एक आदर्श समाज की स्थापना होती है। इस आदर्श समाज की स्थापना में योग की भूमिका महत्वपूर्ण है। योग मनुष्य को शारीरिक व मानसिक रूप से स्वस्थ बनाता है और एक स्वस्थ व्यक्ति ही स्वस्थ समाज का निर्माण कर सकता है। प्रतिस्पर्धा के इस आधुनिक युग में व्यक्ति विशेष पर सामाजिक गतिविधियों का नकारात्मक प्रभाव पड़ रहा है। व्यक्ति धन कमाने व विलासिता के साधनों को संजोने के लिए हिंसक, आतंकी व भ्रष्टाचार की प्रवृत्ति को बिना किसी हिचकिचाहट के स्वीकार रहा है।

ज्ञानयोग, कर्मयोग व भक्ति जैसे साधन हमारे समाज पर सीधा प्रभाव डालते हैं। कर्म, भक्ति व ज्ञान का समन्वय जीवन को उच्च बनाता है। कर्मों में कुशलता तभी आती है, जब भक्ति के द्वारा विवेकज्ञान की प्राप्ति होती है तथा कर्म निष्काम भाव से होने लगते हैं जिससे आदर्श समाज की स्थापना की जा सकती है। **"सभी सुखी हों, सभी निरोगी हों"** इसी उद्देश्य के साथ योग समाज को एक नई दिशा प्रदान कर रहा है।

- ## आर्थिक क्षेत्र में

मानव जीवन में आर्थिक स्तर और योग विद्या का सीधा संबन्ध है। मनुष्य जीवन के चार पुरुषार्थ धर्म, अर्थ, काम और मोक्ष हैं। इन पुरुषार्थ के मूल में आरोग्य की प्राप्ति कर धर्म के साथ-साथ अर्थ का उपार्जन किया जा सकता है। शास्त्रों में वर्णित **"पहला सुख निरोगी काया, दूसरा सुख घर में हो माया"** इसके आधार पर योग विशेषज्ञों ने पहला धन निरोगी शरीर को माना है। अपने आर्थिक स्तर को वही मनुष्य उच्च स्तर का बना सकता है जो निरोगी होगा।

योगाभ्यास से व्यक्ति की कार्यक्षमता का विकास होता है। योग क्षेत्र में काम करने वाले योग प्रशिक्षक भी योग विद्या से धन अर्जित कर रहे हैं। आज देश ही नहीं विदेशों में भी अनेक योगकेन्द्र चल रहे हैं जिनमें शुल्क लेकर योग सिखाया जा रहा है। प्रत्येक वर्ष विदेशों से सैकड़ों पर्यटक भारत आकर योग प्रशिक्षण प्राप्त करते हैं, इससे भी आर्थिक लाभ पहुँच रहा है। इस प्रकार से आर्थिक दृष्टि से योग अपना एक विशेष महत्व रखता है।

- ## आध्यात्मिक क्षेत्र में

योग का एकमात्र उद्देश्य आत्मा-परमात्मा के मिलन द्वारा समाधि की अवस्था को प्राप्त करना है। योग के अन्तर्गत यम, नियम, आसन, प्राणायाम, प्रत्याहार, धारणा, ध्यान और समाधि को साधक चरणबद्ध ढंग से पार करता हुआ कैवल्य को प्राप्त कर जाता है। इस महान लक्ष्य की प्राप्ति का माध्यम हमारा मन है। यह मन ही है, जो कि बन्धन और मोक्ष का कारण है। जैसा कि शास्त्रों में वर्णित है- **मन एव मनुष्याणां कारणं बन्ध मोक्षयोः।** अर्थात् मन ही बन्धन और मोक्ष का कारण है, इसलिए योग साधना में मन को ईश्वरोन्मुख बना कर तत्वज्ञान की प्राप्ति की जा सकती है। योग युक्त होते ही हमारी इन्द्रियाँ अन्तर्मुखी होने लगती हैं। योग का अभ्यास करते-करते तत्व ज्ञान प्राप्त हो जाता है। योग वस्तुतः पुरुषार्थ चतुष्टयचतुष्टय की प्राप्ति का साधन है। योग मोक्ष पद को प्राप्त करने का श्रेष्ठ एवं सर्वोत्तम साधन है।

- **स्वास्थ्य के क्षेत्र में**

वर्तमान समय में भारत ही नहीं अपितु विदेशों में भी योग का स्वास्थ्य के क्षेत्र में उपयोग किया जा रहा है। योग के क्षेत्र में हुए विभिन्न अनुसंधानों से यह सिद्ध हो चुका है कि योग एक ऐसी आध्यात्मिक प्रक्रिया है, जो पूर्णतः वैज्ञानिक है और व्यक्ति के सर्वांगीण विकास हेतु उपयोगी है। आप इसकी विभिन्न शैलियों में से किसी एक अनुकूल शैली का चयन कर शारीरिक एवं मानसिक कष्टों से मुक्ति पा सकते हैं तथा साथ ही अपनी क्षमताओं में अभूतपूर्व वृद्धि भी कर सकते हैं।

योगाभ्यास का मानव शरीर पर प्रभाव निम्न बिन्दुओं के अनुसार देखा गया है:-

1. विषैले पदार्थों का निष्कासन

योगाभ्यास के अन्तर्गत आने वाले षट्कर्मों से व्यक्ति के शरीर में संचित विषैले पदार्थों का आसानी से निष्कासन हो जाता है।

2. शक्ति

योग के कई आसन माँसपेशियों की क्षमता में वृद्धि करते हैं। निरंतर अभ्यास से योग सीधे तौर पर शक्ति, संतुलन और जोड़ो की गतिशीलता को बढ़ाकर आपकी शारीरिक क्षमता का संवर्द्धन करता है।

3. संतुलन

संतुलन शारीरिक योग्यता का एक महत्वपूर्ण कारक या तत्व है, जो सामान्य तौर पर प्रतिदिन की दिनचर्या में उपेक्षित होता है। ऐसे कई आसन हैं, जिनके अभ्यास से हम संतुलन की क्षमता विकसित कर सकते हैं।

4. जोड़ों की गतिशीलता

योगाभ्यास से हम विभिन्न जोड़ों की गतिशीलता में वृद्धि कर सकते हैं। यह गतिशीलता जोड़ों की गतिशीलता से बिल्कुल भिन्न है, जो लोगों में तैराकी, चलने, साइकिल चलाने या दौड़ने से होती है। यह पूर्ण गतिशीलता को बढ़ाती है और चोटों से बचाती है। योगाभ्यास शरीर की कठोरता को कम करने में और दर्द को समाप्त करने में भी मदद करता है।

5. लचीलापन

योग शरीर के लचीलेपन को बढ़ाता है, क्योंकि इसकी मुद्राएँ कठोर नितंबों, पीठ, कंधों और जाँघों के खिंचाव में सहायता करती हैं। शरीर में जकड़न और कठोरता के कारण व्यक्ति को चोट लगने की संभावना अधिक रहती है। माँसपेशियों की लचक में संयोजी ऊतकों, जैसे पट्टों (टेंडन्स) और स्नायुबंधन (लिगामेंट्स) का योगाभ्यास करके

सुधार किया जा सकता है।

- **मानसिक स्वास्थ्य के क्षेत्र में**

प्रतिदिन के योगाभ्यास से मस्तिष्क में उन रसायनों का अंतःस्राव होता है, जो हमें अच्छा अनुभव करवाते हैं। इस प्रकार यह मानसिक स्तर पर स्वास्थ्य संवर्द्धन में मदद करता है। 2010 में एक शोध पत्रिका "जर्नल ऑफ़ अल्टरनेटिव एंड कम्प्लीमेंट्री मेडिसिन" के अनुसार, योग के अभ्यार्थी को योग से अधिक संतुष्टि मिलती है, मन अद्भुत विश्राम की स्थिति में पहुँच जाता है तथा उसके मानसिक तनाव में भी कमी आती है।
शोधकर्ताओं के अनुसार मस्तिष्क का एक रसायन GABA (गामा एमिनोब्युटीक एसिड) इन उन्नत परिणामों का कारण है। मनोदशा में सुधार और तनाव के स्तर में गिरावट, ध्यान और उचित श्वसन क्रिया के अभ्यास का परिणाम है।

- **नैतिक एवं चरित्र के क्षेत्र**

योग साधना द्वारा इन्द्रिय संयम कर नैतिक, चारित्रिक व सद्विचार और आदतों को विकसित किया जा सकता है। योग के अन्तर्गत यदि हम अष्टांग योग की बात करें तो देखेंगे कि इसके व्यावहारिक व चिकित्सकीय पक्ष हैं। अष्टांग योग के अन्तर्गत यम (सत्य, अहिंसा, अस्तेय, अपरिग्रह व ब्रहमचर्य) और नियम (शौच, सन्तोष, तप, स्वाध्याय और ईश्वर प्रणिधान) हमारे व्यवहार की शुद्धि कर नैतिक मूल्यों को विकसित करते हुए उत्तम चरित्र प्राप्त कर जीवन को दिव्य बनाते हैं।
योगानुष्ठान के द्वारा बालक व सभी आयु वर्ग के व्यक्ति में नैतिक एवं चारित्रिक गुण विकसित किये जा सकते हैं। योगानुष्ठान के द्वारा मन एवं शरीर की शुद्धि होती है। योगानुष्ठान करने वाले साधक की बुद्धि विकारों से रहित हो जाती है तथा विवेक ज्ञान की प्राप्ति होती है। सही ग़लत का ज्ञान होने लगता है और इस प्रकार मनुष्य में नैतिक व चारित्रिक गुणों को विकसित करने में योग की अपनी महत्वपूर्ण भूमिका है। योगसूत्र में वर्णित क्रियायोग के तीन पक्ष तप, स्वाध्याय, ईश्वर प्रणिधान यह साधना के तीन अंग हैं। तीनों अंग ऐसे हैं, जिससे व्यक्ति उत्कृष्ट चिन्तन, कुशल कर्म तथा शालीन व्यवहार वाला हो जाता हैं। योगांगों के अभ्यास से इन्द्रिय और विचारों में संयम तथा जीवन सुव्यवस्थित व अनुशासित हो जाता है। नैतिकता एवं चरित्रता के गुण जैसे पुण्य, भलाई, परोपकार, सदाचार के मार्ग पर मनुष्य तीव्र गति से अग्रसर होने लगता है।

1.4.3 सारांश

आधुनिक जीवन शैली स्वास्थ्य के लिए विभिन्न चुनौतियाँ खड़ी करती हैं। आधुनिक जीवन के तीव्र परिवर्तन कई मानसिक, नैतिक, आध्यात्मिक और शारीरिक व्याधियों

को जन्म देते हैं। आजकल जीवन के प्रत्येक क्षेत्र में असमंजस, अव्यवस्था, प्रतिस्पर्धा, व्यवसायीकरण, चिंता और परेशानियाँ ऐसी परिस्थितियों को जन्म देती हैं, जिनमें मनुष्य अपने स्वास्थ्य और स्वच्छता के संरक्षण में असमर्थता अनुभव करता है।
आधुनिक तकनीकी प्रगति ने शारीरिक श्रम को कम करके मानसिक श्रम को बढ़ा दिया है। कई शारीरिक समस्याएँ जैसे अनिद्रा, वायु विकार, अम्लता, मधुमेह और उच्च रक्तचाप इत्यादि अत्यधिक मानसिक श्रम के कुप्रभाव हैं। इन अव्यवस्थाओं का कारण हैं, अनियमित एवं अनुचित आहार, तनावपूर्ण स्थिति में कार्य करना, शारीरिक श्रम न करना और न ही उचित विश्राम करना।
ऐसी अवांछित आदतों को दूर करने का एक ही उपाय है और वह है योग। योग के सिधान्तों और सद्गुणों को अपनाकर व्यक्ति कष्टमुक्त और सुखी जीवन यापन कर सकता है। योग के क्षेत्र में हुए विभिन्न अनुसंधानों से यह सिद्ध हो चुका है कि योग एक ऐसी आध्यात्मिक प्रक्रिया है जो पूर्णतः वैज्ञानिक है और व्यक्ति के सर्वांगीण विकास हेतु उपयोगी है। आप इसकी विभिन्न शैलियों में से किसी एक अनुकूल शैली का चयन कर शारीरिक एवं मानसिक कष्टों से मुक्ति पा सकते हैं, साथ ही अपनी क्षमताओं में अभूतपूर्व वृद्धि भी कर सकते हैं।

ॐ

1.5 योग के बारे में भ्रांतियाँ और उनके समाधान

1.5.1 प्रस्तावना

योग के सम्बंध में कई तरह की भ्रामक धारणाएँ समाज में फैली हुई हैं जो कि पूर्णतः असत्य व भ्रामक धारणाएँ हैं। जबकि इसके विपरीत योग एक सहज, सुलभ मार्ग है। अपने जीवन को, अपने शरीर को और अपने मन को सुन्दर और स्वच्छ बनाने में योग की विशिष्ट भूमिका है। योग जीवन जीने की एक कला के रूप में विकसित हुआ, एक वैज्ञानिक मार्ग है।

1.5.2 योग के बारे में कुछ भ्रांतियाँ और उनके समाधान

वर्तमान में समाज में योग के सन्दर्भ में कुछ प्रचलित भ्रांतियाँ और उनके समाधान निम्नानुसार हैं :-

1. योग सामान्य व्यक्ति के लिए नहीं है
2. योग केवल आसन और प्राणायाम ही है
3. योग एक व्यायाम पद्धति है
4. योग का सम्बंध केवल हिंदू धर्म से है
5. योग केवल आध्यात्मिक लोगों के लिए है
6. योग का अभ्यास केवल सुबह किया जाता है
7. योग केवल महिलाओं के लिए है
8. योग पुस्तकों की सहायता से सीखा जा सकता है
9. गर्भवती महिलाओं को योगाभ्यास नहीं करना चाहिए

- **योग सामान्य व्यक्ति के लिए नहीं है**

सामान्यतः हमारे समाज में योग के संदर्भ में सबसे पहले यह भ्रांति प्रचलित है कि योग सामान्य व्यक्ति के लिए नहीं है। योग केवल साधु-संन्यासियों के लिए है, योग के लिए ब्रह्मचर्य आवश्यक है और योग के लिए घर छोड़कर एकांतवास आवश्यक है। उपरोक्त भ्रांति पूर्णतः असत्य व भ्रामक है। इसके विपरीत योग एक सहज, सुलभ मार्ग है जिसे साधु से लेकर अत्यंत सामान्य व्यक्ति, विवाहित व्यक्ति तथा गृहस्थ तक सभी अपना सकते हैं। हठप्रदीपिका में प्रथम उपदेश के श्लोक क्र.१.६४ में स्पष्ट रूप से उल्लेखित है कि साधक युवक हो, वृद्ध हो या अतिवृद्ध, रोगी हो अथवा दुर्बल। ये सभी आलस्य रहित होकर योगाभ्यास करें तो इन सभी को योग में सफलता मिल सकती है।

• योग केवल आसन और प्राणायाम ही है

योग के सम्बंध में ~~ग़लत्त~~ भ्रामक धारणा यह है कि यह केवल आसन और प्राणायाम ही हैं।

अधिकांश व्यक्ति आसन तथा प्राणायाम को ही योग समझकर एवं इसका अभ्यास करके योग की इतिश्री समझ लेते हैं, जबकि वास्तव में योग एक विस्तृत विषय है। इसका परम लक्ष्य केवल्य या मोक्ष है जो कि व्यक्ति के पुरुषार्थ का सर्वोच्च शिखर है। महर्षि पतंजलि ने योग का विस्तार यम से लेकर समाधि तक अष्टांग मार्ग के रूप में बताया है जिसमें आसन और प्राणायाम उसके दो अंग मात्र हैं। अतः योग केवल आसन, प्राणायाम ही नहीं हैं, योग इससे कहीं बढ़कर है। यह चित्त (मन), शरीर और आत्मा को समन्वित करके एकल इकाई में परिणत करने का माध्यम है। इसका उद्देश्य आन्तरिक शान्तिशान्ति और अपने आस-पास के परिवेश के साथ एकत्व की भावना विकसित करना है और इसके लिए योग आपके चित्त (मन) में निरंतर उपजने वाले विचारों को शान्त करता है, शरीर को स्वस्थ बनाता है तथा स्वयं और अपने आसपास के संसार को उसके वास्तविक रूप में स्वीकार करना सिखाता है।

• योग एक व्यायाम पद्धति है

योग के सम्बंध में प्रायः लोगों की धारणा यह बनी हुई हैं कि योग केवल एक व्यायाम पद्धति है, जिसका उपयोग शारीरिक स्वास्थ्य हेतु किया जाता हैं उक्त भ्रांति पूर्णतः अनुचित है क्योंकि योग का लक्ष्य केवल शारीरिक स्वास्थ्य नहीं अपितु मानसिक, सामाजिक व आध्यात्मिक लाभ प्राप्त करना भी है। योग इन चारों आयामों पर काम करता है। शरीर जीवन का आधार है जिसकी सहायता से व्यक्ति कैवल्य को प्राप्त करता है। अतः इसको स्वस्थ रखना नितान्त आवश्यक है। इस हेतु योग में शारीरिक अभ्यासों व क्रियाओं को जोड़ा गया है किंतु इसका यह तात्पर्य नहीं है कि योग केवल व्यायाम पद्धति हैं, योग का लक्ष्य इससे कहीं ऊँचा है। सत्य यह है कि योग एक समग्र अनुशासन इसे शरीर, मन और आत्मा को संतुलित और समन्वित करने वाला साधन माना जा सकता है।

• योग का सम्बंध केवल हिंदू धर्म से है

योग के सम्बंध में प्रायः लोगों की यह आम धारणा बनी हुई है कि योग का सम्बंध केवल हिंदू धर्म से है।

उक्त भ्रांति पूर्णतः सत्य नहीं है क्योंकि योग एक सहज, सरल मार्ग है। अपने जीवन, शरीर और अपने मन को सुन्दर और स्वच्छ बनाने में योग की विशिष्ट भूमिका है। योग एक जीवन जीने की कला है। इसके विपरीत योग किसी विशिष्ट धर्म, मत या

समुदाय का प्रतिनिधित्व नहीं करता, बल्कि यह हमेशा से ही आपको आन्तरिक रूप से स्वस्थ बनाने की एक पद्धति रही है। अतः हर व्यक्ति अपने आत्म-उत्थान के लिए योग का उपयोग कर सकता है। जो भी व्यक्ति पूरी लगन से योगाभ्यास करता है, वह इसके लाभ प्राप्त कर सकता है, फिर चाहे वह किसी भी धर्म, जाति या संस्कृति से संबंधित हो।

- **योग केवल आध्यात्मिक लोगों के लिए है**

कई लोगों का मानना है कि योग केवल उनके लिए है जो अध्यात्म या धर्म में रुचि रखते हैं।

उक्त भ्रांति भी पूर्णतः असत्य है क्योंकि योग की जड़ें प्राचीन आध्यात्मिक प्रथाओं में हैं , योग का अभ्यास करने के लिए आध्यात्मिक या धार्मिक होना आवश्यक नहीं है। योग एक अभ्यास है जिसका आनंद कोई भी ले सकता है, चाहे उनकी मान्यता कुछ भी हो। यह एक शारीरिक और मानसिक अभ्यास है जो इसे करने वाले के इच्छुक किसी भी व्यक्ति को लाभान्वित कर सकता है।

- **योग का अभ्यास केवल सुबह किया जाता है**

योग के सम्बंध में प्रायः लोगों की यह आम भ्रांति बनी हुई है कि योग केवल सुबह किया जाने वाला अभ्यास है।

योग जीवन जीने कीएक विशेष पद्धति तरीक़ा है। व्यक्ति को योग में ढ़ल जाने की आवश्कता होती है। जीवन का कोई भी ऐसा पक्ष नहीं है, जो यौगिक प्रक्रिया से परे हो। अगर ज़ीवन योगमय बन जाए तो आप सब कुछ कर सकते हैं। आप अपना परिवार चला सकते हैं, कार्यालय जा सकते हैं, अपना व्यवसाय चला सकते हैं। अगर आप अपने जीवन में योग को उतार लें तो बिना किसी बाधा के हर वे कार्य आप कर सकते हैं, जो आप करना चाहते हैं।

योग ग्रंथ और परम्पराएँ भी प्रात:काल योग का अभ्यास करने का परामर्श देते हैं, जिसे "ब्रह्म मुहूर्त" के रूप में जाना जाता है। सूर्योदय से लगभग डेढ़ घंटे पहले का यह समय आध्यात्मिक रूप से ऊर्जावान और ध्यान और गहन आत्मनिरीक्षण के लिए अनुकूल माना जाता है।

ऐसे ही वर्तमान में प्रतिस्पर्धा के इस आधुनिक युग में दिन के लंबे शारीरिक श्रम के बाद शाम को सूर्यास्त के समय योग करना एक मूल्यवान अभ्यास हो सकता है। संध्याकालीन योग के अभ्यास के समय इस बात का विशेष ध्यान रखना होता है कि मुख्य भोजन के बाद कम से कम 3-4 घंटे का अन्तर हो।

सांध्यकालीन का योगाभ्यास दिन भर की थकान को दूर करता है और व्यक्ति को

प्रसन्न और शांत बनाता है। साथ ही सांध्यकालीन का योग आपको सोने में सहायता करने के लिए एक अनुष्ठान का भाग हो सकता है। अतः योगाभ्यास प्रात: और संध्या दोनों समय किया जा सकता है।

- **योग केवल महिलाओं के लिए उचित है**

योग के सम्बंध में लोगों की यह आम भ्रांति बनी हुई हैं कि योग केवल महिलाओं के लिए उचित है।

सच्चाई यह है कि चाहे महिला हो या पुरुष दोनों ही योग कर सकते हैं। योग को अपनाने के लिए किसी धर्म, जाति, लिंग या उम्र के भेदभाव की आवश्यकता नहीं है। योग के लिए एक मुक्त विचारधारा की आवश्यकता है। योग की यही तो विशेषता है कि योग बच्चे, बूढ़े, स्त्री, पुरुष, युवा, स्वस्थ्य, रोगी हर व्यक्ति कर सकता है।

- **योग पुस्तकों की सहायता से सीखा जा सकता है**

वर्तमान में योग के सम्बंध में लोगों की यह आम भ्रांति बनी हुई है कि योग पुस्तकों की सहायता से सीखा जा सकता है।

आप किसी भी बड़ी पुस्तक की दुकान में चले जाइए, वहाँ आपको अनेक योग से संबंधित पुस्तकें मिल ही जाएँगी। सात दिन में योग सीखें, 21 दिन में योगी बनें, आदि-आदि वग़ैरह। ऐसे कई लोग हैं, जिन्होंने पुस्तकों की सहायता से योग सीखने की प्रयास में स्वयं को बहुत हानि पहुँचाई है। सामन्यत: लगता है कि योग सीखना आसान होगा, लेकिन जब आप इसे करेंगे तो पाएँगे कि यह अत्यंत सूक्ष्म और जटिल है। इसे भलिप्रक्रार समझकर और किसी गुरु के मार्गदर्शन में ही करना चाहिए, नहीं तो बड़ी परेशानी भी खड़ी हो सकती है। पुस्तकें आपको योग सीखने के लिए प्रेरणा दे सकती हैं, लेकिन कोई भी पुस्तक आपको योग सिखा नहीं सकती।

- **गर्भवती महिलाओं को योगाभ्यास नहीं करना चाहिए।**

सर्वाधिक प्रचलित भ्रांति यह है कि गर्भवती महिलाओं को योगाभ्यास नहीं करना चाहिए। उक्त भ्रांति असंगत है जबकि सत्य यह है कि चिकित्सक स्वयं भी यह मानते हैं कि गर्भावस्था के दौरान स्वस्थ रहने के लिए महिलाएँ जो सबसे अच्छा उपाय अपना सकती हैं, वह योगाभ्यास ही है। योगाभ्यास के दौरान शरीर में हल्का खिंचाव होता है, जिससे पीठ की पीड़ा कम हो सकती है। श्वसन पर नियंत्रण का अभ्यास गर्भावस्था के समय स्वयं को आराम और शान्तिशान्ति देने की अच्छी तकनीक है। साथ ही इससे गर्भवती महिला भावनात्मक रूप से भी स्वस्थ रहती है।

1.5.3 भ्रामक धारणाओं का मन पर प्रभाव

योग के सम्बंध में जनसामान्य के बीच जो भ्रामक धारणाएँ फैली हुई हैं उनके कारण समाज तथा व्यक्ति के मन पर उनका प्रभाव परिलक्षित होता है जो आगे जाकर योग तथा योगी के सम्बंध में कुप्रचार का रूप ले लेता है। ऐसी भ्रामक धारणाओं का हमारे मन पर प्रभाव निम्नानुसार पड़ता है:-

1. योग के प्रति उदासीनता।
2. यौगिक क्रियाओं तथा उनके अंगों के प्रति भय की प्रतीति।
3. योग के वास्तविक लक्ष्य के प्रति भ्रमपूर्ण स्थिति का निर्मित होना।
4. योग तथा योगी के प्रति हेय दृष्टि का भाव।
5. योग ग्रंथों के प्रति अरुचि उत्पन्न होना।

1.5.4 भ्रामक धारणाओं के निराकरण के उपाय

योग के संबंध में प्रचारित भ्रामक धारणाओं के निराकरण के उपाय निम्न हैं:-

1. योग के प्रति सकारात्मक दृष्टिकोण का प्रचार करना।
2. योगशास्त्रों तथा ग्रंथों को पढ़ने हेतु समाज को प्रेरित करना।
3. योग की सम्यक व उचित जानकारी का प्रचार करना।
4. योग की क्रियाओं व आसनों का उनके लाभों सहित प्रदर्शन करना।
5. सरल एवं सुगम्य भाषा में ग्रंथों का अनुवाद करना तथा समाज में उसका प्रचार-प्रसार करना।

1.5.5 सारांश

इस प्रकार हम देखते हैं योग एक सरल व सामान्य कला है जिसे किसी भी धर्म, जाति या वर्ण का व्यक्ति चाहे वह गृहस्थ हो या ब्रह्मचारी इसके नियमित अभ्यास से लाभ प्राप्त कर सकता है। अतः उपरोक्त सभी भ्रामक धारणाएँ एवं उनके सम्बंध में सही तथ्यों के प्रकाश में हम योग के सम्बंध में प्रचलित भ्रांतियाँ त्याग कर योग के प्रति एक नवीन व सकारात्मक दृष्टिकोण अपना सकते हैं।

ॐ

2.1 वेदों का सामान्य परिचय

वेद ईश्वर कृत रचना है

2.1.1 प्रस्तावना

भारतीय परंपरा ऋषि प्रधान रही है। प्राचीन काल से महान ऋषियों ने अपने ज्ञान बल से अज्ञान को दूर करने का अथक एवं भरसक प्रयास किया है ताकि मानव अज्ञानता के अंधकार से हटकर ज्ञान-रूपी प्रकाश को प्राप्त कर सके जिससे वह अपने जीवन को सार्थक बना सकें। इसीलिए परम ज्ञानी ऋषि एक परम सत्ता को मानकर, उसे जानकर, उसे प्राप्त करने का, उसकी आज्ञा का पालन करने का, सदमार्ग पर चलने का, शान्ति एवं सौहार्दपूर्ण वातावरण का, अंततः मोक्ष प्राप्ति का आह्वान करते हैं। इसी का परिणाम है कि चिरकाल के बाद भी अमर वाणी, अमर ज्ञान विभिन्न ग्रंथों के माध्यम से मानव के लिए अपनी महत्वपूर्ण भूमिका अदा करते रहे हैं। इन्हीं में एक है वेद जो अपनी अगाध ज्ञानराशि से इहलौकिक एवं पारलौकिक दोनों प्रकार के जीवन को सुख, शान्ति, समृद्धि एवं मुक्ति का मार्ग प्रशस्त करते रहे हैं।

2.1.2 वेद का अर्थ व परिभाषा

संस्कृत शब्द 'वेद' मूल धातु शब्द "विद्" से उद्भूत है। विद् का अर्थ है:-

- जानना (ज्ञान)
- होना (ईश्वर के साथ)
- प्राप्त करना (निर्वाण)

ऋषि, मुनियों के द्वारा अपने अनुसंधान व तप से अर्जित किए गए सार्वभौमिक ज्ञान के संग्रहभूत ग्रन्थों को वेद कहते हैं।

- **आचार्य विद्वान विष्णुमित्र के अनुसार वेद**

ऋक्प्रातिशाख्य के व्याख्याकार आचार्य विद्वान विष्णुमित्र ने वेद का भावार्थ विष्णुमित्रकृत ऋक्प्रातिशाख्य की टीका में स्पष्ट करते हुए कहा है:-

विधन्ते ज्ञायन्ते लभ्यन्ते एभिर्धर्मादि-पुरुषार्था इति वेदाः।

अर्थात् वेद पुरुषार्थ चतुष्टय चतुष्टय- धर्म, अर्थ, काम और मोक्ष का विवेचन, ज्ञान तथा अस्तित्व का बोध कराने वाले ग्रंथ हैं।

- **सुप्रसिद्ध भाष्यकार आचार्य सायण के अनुसार वेद**

वेदों के सुप्रसिद्ध भाष्यकार आचार्य सायण ने वेदों की प्रशंसा करते हुए सायणाचार्यकृत-तैत्तिरीय संहिता भाष्यभूमिका में कहा है:-

इष्टप्राप्त्यनिष्टपरिहारयोः अलौकिकम् उपायं यो ग्रन्थो वेदयति स वेदः।

अर्थात् जो ग्रंथ इष्ट प्राप्ति और अनिष्ट-निवारण का अलौकिक उपाय बताता है, उसे वेद कहते हैं।

- **मनुस्मृति के अनुसार वेद**

मनुस्मृति में भी वेदों के बारे में कहा गया है:-

पितृदेवमनुष्याणाम वेदश्चक्षुः सनातनम।

अर्थात् महर्षि मनु ने मनुस्मृति में वेदों को पितरों, देवों तथा मनुष्यों का सर्वदा रहने वाला सनातन चक्षु कहा है।

2.1.3 वेद शब्द के विविध पर्यायवाची नाम

वेदों को श्रुति, निगम, त्रयी, छन्दस, आम्नाय, स्वाध्याय एवम् ब्रह्मा आदि नामों से भी जाना जाता है। वेद का ज्ञान गुरु-शिष्य परम्परा से सुरक्षित रखा गया था। गुरुमुख से सुनकर प्राप्त होने के कारण यह 'श्रुति' कहलाया। सार्थक, सुसंगत और उत्तम अर्थ को बताने के कारण इसके लिए 'निगम' नाम का प्रयोग हुआ। ऋक, यजुष और सामन इन तीन रूपों में होने से वेद का एक नाम 'त्रयी' प्रचलित हुआ। मनोभावों को आच्छन्न करने के कारण वेद को 'छन्दस' नाम दिया गया। 'आम्नाय' नाम वेद के प्रतिदिन के अभ्यास पर बल देता है। वेदों का भली-भाँति प्रतिदिन अध्ययन किये जाने को महत्व देने से वेद को 'स्वाध्याय' कहा गया। ब्रह्मा के सत, चित् और आनन्द रूपों का प्रतिपादक होने से वेद को 'ब्रह्म' नाम से भी जाना जाता है।

2.1.4 वेदों की उत्पत्ति (Origin of Vedas)

वैदिक ज्ञान मन्त्रों में अभिव्यक्त हुआ है। इन मन्त्रों का वैदिक ऋषियों ने प्रथम बार तपोबल से दर्शन किया था, इसलिए परम्परा के अनुसार वे ऋषि मन्त्रद्रष्टा हैं, मन्त्रकर्ता नहीं। भारतीय दृष्टिकोण के अनुसार किसी व्यक्ति विशेष ने वेदों की रचना नहीं की है। मन्त्रों के साथ जिन ऋषियों के नाम मिलते हैं वे इनके द्रष्टा हैं। ऋषियों ने वेद के ज्ञान

को प्रकट भर किया है। ब्राह्मण ग्रन्थों में परमेश्वर प्रजापति से वेदों की उत्पत्ति बताई गई है। वेद को अपौरुषेय, नित्य और स्वतः प्रमाण मानकर उनमें पूर्ण आस्था व्यक्त की गई है। ऋग्वेद के पुरुषसूक्त में विराट पुरुष से ही वेदों की उत्पत्ति बतायी गयी:-

तस्माद्यज्ञात्सर्वहुत ऋचः सामानि जज्ञिरे।
छन्दांछंसि जज्ञिरे तस्माद्यजुस्तस्मादजायत।।

(ऋग्वेद संहिता पुरुषसूक्त १०.९०.८)

अर्थात् सर्वशक्तिमान् परब्रह्म परमात्मा से ऋचः (ऋग्वेद), यजुः (यजुर्वेद), सामानि (सामवेद), छन्दांछंसि (अथर्ववेद), ये चारों वेद उत्पन्न हुए हैं।
सृष्टि के प्रारम्भ में ही ईश्वर ने अग्नि, वायु, आदित्य और अंगिरा इन चारों ऋषियों को क्रमशः ऋग्वेद, वेद, सामवेद और अथर्ववेद का ज्ञान दिया था। यही वेदों का ज्ञान गुरु शिष्य परम्परा के माध्यम से अभी तक चला आ रहा है। ऋग्वेद में ज्ञान-विज्ञान, यजुर्वेद में कर्मकाण्ड, सामवेद में उपासना (भक्ति) और अथर्ववेद में तीनों वेदों के विषयों का मिश्रण है इसे त्रयी विद्या भी कहते हैं। वेदों को अपौरुषेय माना जाता है अर्थात् इनकी रचना किसी मनुष्य ने नहीं की बल्कि वेद ईश्वर कृत है। वेदों का ज्ञान श्रुति कहलाता है अर्थात् सुना हुआ ज्ञान चारों वेदों में कुल 20416 ऋचाएँ अर्थात् मन्त्र हैं।

अ.क्र.	**वेद**	**ऋषि का नाम**	**वेदों का मुख्य विष्य**
1.	ऋग्वेद	अग्नि	ज्ञान-विज्ञान का विषय
2.	यजुर्वेद	वायु	कर्म का विषय
3.	सामवेद	आदित्य	उपासना (भक्ति) का विषय (Feeling)
4.	अथर्ववेद	अंगिरा	उपर्युक्त तीनों का मिश्रण

वेद के चार भाग

2.1.5 वेदों के चार भाग

उपर्युक्त चारों वेदों में प्रत्येक वेद के चार भाग होते हैं। इन्हें 'वैदिक ज्ञान के चार भाग' और 'वेदों के उपखण्ड' भी कहते हैं, जिनका वर्णन इस प्रकार है:-

1. संहिता (Samhita)

वैदिक साहित्य में संहिता का अर्थ होता है- मंत्रों, स्तोत्रों और श्लोकों का संग्रह। संग्रहित, सम्यक और सुसम्पादित वैदिक साहित्य को संहिता कहा गया है। वैदिक वाङ्मय में मुख्य संहिताओं की संख्या चार है। ऋग्वेद संहिता, यजुर्वेद संहिता, सामवेद संहिता और अथर्ववेद संहिता। इनमें प्रकृति की महिमा का वर्णन किया गया है। इन अद्भुत शक्तियों की देवी-देवताओं के रूप में स्तुति की गई है और उनकी उपासना में मन्त्र रचे गए हैं।

2. ब्राह्मण (Brahmana)

ब्राह्मण ग्रंथ वैदिक साहित्य की वरीयता क्रम में दूसरा स्थान है। ब्राह्मण गद्य रूप में है और इनमें धार्मिक संस्कार तथा प्रार्थनाएँ दी गई हैं। ब्रह्म शब्द का अर्थ है– 'यज्ञ' अर्थात् यज्ञ के विषयों को प्रतिपादित करने वाले ग्रंथ। सभी ब्राह्मण ग्रन्थों में यज्ञ के द्वारा मोक्ष प्राप्ति पर बल दिया गया है। यह कर्मकाण्डीय ग्रंथ है।

3. आरण्यक (Aranyakas)

ये वैदिक साहित्य का तीसरा भाग है। अरण्य का अर्थ जंगल (वन) होता है। वनों में रहकर शिष्यों के द्वारा गुरु से शिक्षा प्राप्त करने के कारण ही इन ग्रन्थों को आरण्यक कहा गया है। संहिताओं में मन्त्र बीज रूप में मिलते हैं वहीं आरण्यक ग्रन्थों में उनको पल्लवित किया गया है। आरण्यक ग्रंथ ब्राह्मण ग्रन्थों एवं उपनिषदों के बीच की कड़ी है। उपनिषदों की पृष्ठभूमि आरण्यक ग्रन्थों में ही निहित है।

4. उपनिषद् (Upanishads)

उपनिषद् शब्द में उप का अर्थ निकट होता है। 'नि' का अर्थ निष्ठा या भक्तिपूर्वक होता है तथा ''सद्' का अर्थ बैठना होता है अर्थात् वह ज्ञान जो गुरु के चरणों में पूरी श्रद्धा व निष्ठा से बैठकर प्राप्त किया हो, उसे ही उपनिषद् कहते हैं। उपनिषद् में वेदों की जटिलताओं को कथाओं, संवादों और कहानियों के माध्यम से बहुत ही सरल ढंग से समझाया गया है। उपनिषदों में आत्मा, ब्रह्म, विद्या, मोक्ष आदि का प्रतिपादन किया गया है। श्रीमद्भगवद्गीता, ब्रह्मसूत्र और उपनिषदों को संयुक्त रूप से वेदान्त की

'प्रस्थानत्रयी' कहते हैं। उपनिषद्, वेदों का चौथा और अन्तिम भाग है इसलिए भी इन्हें वेदान्त (वेदों का अन्त) कहते हैं।

2.1.6 वेदों का प्रतिपाद्य विषय

वेद के प्रतिपादित विषय मानव मात्र को जीवन पर्यंत उचित आचार-विचार और व्यवहार की शिक्षा देते हैं। चार पुरुषार्थ धर्म, अर्थ, काम और मोक्ष जीवनशैली को व्यवस्थित बनाते हैं। मोक्ष वेदों का अंतिम लक्ष्य है। इसीलिए उपासना, धर्म का अनुष्ठान, विद्या प्राप्ति, ब्रह्मचर्य का पालन, सत्संग, योगाभ्यास आदि साधनों का भी प्रतिपादन किया गया है। कहने का तात्पर्य है कि लौकिक जीवन से लेकर पारलौकिक जीवन तक की यात्रा के महत्वपूर्ण सूत्र वेदों में सन्निहित हैं जिनके द्वारा मानव जीवन की विभिन्न अवस्थाओं में क्रमशः वह अपने कर्तव्यों का पालन करता हुआ अन्ततः सर्व बंधनों से मुक्त हो सके। चूँकि वैदिक साधना का मुख्य ध्येय है आत्मा और परमात्मा का मिलन इसलिए वेदों में देवताओं को आह्वान करके आंतरिक शुद्धि तथा परमात्मा की प्राप्ति की कामना की गई है। मनुस्मृति में कहा भी गया है:-

वेदोऽखिलोधर्ममूलम्

(मनु स्मृति २.६)

अर्थात् सभी धर्मों का मूल वेद ही है। वेदों में मूल रूप से जीवन एवं मोक्ष से सम्बन्धित सभी विधाओं का वर्णन किया गया है।

2.1.7 वेदाङ्ग और उपाङ्ग

वेदाङ्ग वेदाङ्ग का अर्थ है:- **वेदस्य अङ्गानि** अर्थात् वेदों के अंग।

कालक्रम से वैदिक संस्कृत के स्थान पर लौकिक संस्कृत का प्रचलन होने पर, मन्त्रों का उच्चारण करना तथा अर्थ समझना कठिन हो गया। वैदिक अर्थों को समझने में कठिनाई का अनुभव करने वाले लोगों ने छह अंग और छह उपांगों की रचना की। इन्हें समझने वाला व्यक्ति ही वेदों का सही उच्चारण, अर्थबोध एवं वेदों में निहित गूढ़तम ज्ञान को आत्मसात कर सकता था। वेदों के अंग और उपांगों के इन सभी शास्त्रों के ग्रंथ लौकिक संस्कृत में लिखे गए है क्योंकि इनके विकास का कारण ही था वैदिक संस्कृत का प्रयोग समाप्त हो जाना। इनका काल 800 ई. पू. से प्रारम्भ होता है।

वेदों के छह अंगों को वेदपुरुष का नाक, पैर, मुख, कान, नेत्र और हाथ कहा गया है। पाणिनीयशिक्षा में कहा गया है:-

छन्दः पादौ तु वेदस्य हस्तौ कल्पोऽथ पठ्यते।
ज्योतिषामयनं चक्षुर्निरुक्तं श्रोत्रमुच्यते।।
शिक्षा घ्राणं तु वेदस्य मुखं व्याकरणं स्मृतम्।
तस्मात्सांगमधीत्यैव ब्रह्मलोके महीयते।

(पाणिनीयशिक्षा श्लोक ४१-४२)

वेदों के ज्ञान को समझने में सहायक प्रमुख छह अंग निम्नानुसार हैं :-

1. शिक्षा (Phonetics)

इसमें वेद मंत्रोच्चारण की सही विधियों को समझाया गया है। यह उच्चारण का विज्ञान है, जो स्वर-व्यञ्जन के उच्चारण का विधान करता है। इस शास्त्र को वेदपुरुष का नाक कहा गया है।

2. छन्द (Vedic Meter)

यह वेदमन्त्रों के सही-सही उच्चारण के लिए उपयोगी वेदाङ्ग है। इससे वैदिक मन्त्रों के चरणों का ज्ञान होता है। इसका ज्ञान वैदिक मन्त्रों के उच्चारण के लिए आवश्यक है। लय को समझने के लिए छन्द का प्रयोग किया जाता है। मंत्रों, गीत या विशिष्ट अर्थों में वर्णों की संख्या और स्थान से संबंधित नियमों को छन्द कहते हैं। छन्द को वेदपुरुष के पैर कहा जाता है।

3. व्याकरण (Grammar)

संस्कृत भाषा के शब्दों का विश्लेषण, विवेचन और उत्पत्ति का ज्ञान व्याकरण कहलाता है। वेद-शास्त्रों में निहित शब्दों का ठीक से ज्ञान प्राप्त करने के लिए इसका अध्ययन आवश्यक है। प्रथम उपलब्ध व्याकरण ग्रंथ के प्रणेता महर्षि पाणिनि ही हैं, जिन्होंने अष्टाध्यायी के रूप में वैदिक और लौकिक संस्कृत दोनों भाषाओं का व्याकरण लिखा है। व्याकरण को वेदपुरुष का मुख कहा गया है।

4. निरुक्त (Etymology)

वैदिक साहित्य के कठिन शब्दों का अर्थ व्यवस्थित रूप से समझाना ही निरुक्त का प्रयोजन है। निरुक्त में शब्दों के अर्थ निकालने के लिए छोटे-छोटे सूत्र दिए गए हैं। वैदिक शब्दों का शब्दकोष (Dictionary) ही निरुक्त है। निरुक्त को वेदपुरुष का कान कहा गया है।

5. ज्योतिष (Astrology/Astronomy)
यह काल का निर्धारण करने वाला वेदाङ्ग है। इसमें काल का विभाजन, मुहूर्त का निश्चय, ग्रह-नक्षत्र, सूर्य, चन्द्र आदि की स्थिति व इनका मनुष्य पर प्रभावों का वर्णन मिलता है। इस शास्त्र से वैदिक यज्ञों, अनुष्ठानों की विधि, समय व घड़ी का ज्ञान होता है। यह वेदपुरुष का नेत्र माना जाता है।

6. कल्प (Vedic Action)
यह मुख्यत: वैदिक कर्मकाण्ड का प्रतिपादन करने वाला वेदाङ्ग है। कल्प का अर्थ है विधान। इसमें यज्ञ की विधि अर्थात् यज्ञ से संबंधित नियम आदि बताए गए हैं। इस शास्त्र को वेदपुरुष के हाथ कहा गया है।

वेदों के उपाङ्ग
वेदों के उपाङ्गों की संख्या भी छह है। इन्हें दर्शनशास्त्र (Philosophy) भी कहते हैं। वेदों के उपांग व ज्ञानकाण्ड के प्रमुख ग्रंथ है:-

१. न्याय २. वैशेषिक
३. सांख्य ४. योग
५. पूर्व मीमांसा ६. वेदान्त

इन सभी दर्शनशास्त्रों में सम्पूर्ण सृष्टि की विभिन्न विधाओं का प्रमाण और तर्क के आधार पर सूत्र रूप में वर्णन किया गया है। न्याय दर्शन में प्रमाण, वैशेषिक दर्शन में काल, सांख्य दर्शन में प्रकृति, योगदर्शन में पुरुषार्थ, पूर्व मीमांसा दर्शन में कर्मकाण्ड एवं उत्तर मीमांसा दर्शन में ज्ञानकाण्ड अर्थात् ब्रह्म विद्या का वर्णन किया गया है।

2.1.8 उपवेद और उनके रचनाकार (Upavedas and their Creators)
वेदों में से ही चार उपवेद- आयुर्वेद, धनुर्वेद, गंधर्ववेद व शिल्पवेद की रचना की गई है। इन्हें अनुषंगी वेद भी कहते हैं अर्थात् वेदों से परस्पर संबंधित ग्रंथ। इनमें से प्रत्येक उपवेद अलग-अलग विषय से संबंधित है जो इस प्रकार है:-

अ.क्र.	वेद	उपवेद	रचनाकार	उपवेद का मुख्य विषय
1	ऋग्वेद	आयुर्वेद	ऋषि धन्वन्तरि	चिकित्सा शास्त्र से संबंधित
2	यजुर्वेद	धनुर्वेद	ऋषि विश्वामित्र	युद्ध कला से संबंधित
3	सामवेद	गंधर्ववेद	भरतमुनि/नारदमुनि	नृत्य,कला एवं संगीत से संबंधित
4	अथर्ववेद	शिल्पवेद	ऋषि विश्वकर्मा	राजनीति, दण्डनीति, भवन निर्माण, कृषि, वाणिज्य और समाज शास्त्र सेसंबंधित

नोट- महर्षि सुश्रुत आयुर्वेद की उत्पत्ति ऋग्वेद से न मानकर अथर्ववेद से मानते हैं, वैसे सभी उपवेदों का थोड़ा-थोड़ा वर्णन सभी वेदों में मिलता है, इसी कारण से विद्वानों में मतभेद है। लेकिन जिस वेद में संबंधित विषय का अधिक वर्णन है, उसी के आधार पर ऋषियों ने उपवेदों की रचना की थी।

2.1.9 वेदों में योग विद्या (Yoga Vidya in Vedas)

चारों वेदों में योग के गूढ़तम रहस्य को बताया गया है।

- **ऋग्वेद के अनुसार**

योग के गूढ़तम रहस्य के सन्दर्भ में ऋग्वेद में कहा गया है:-

यस्मादृते न सिध्यति यज्ञोविपश्चितश्चन।
स धीनां योगमिन्वति।।

(ऋग्वेद मंडल १.सूक्त १८.मन्त्र ७)

अर्थात् विद्वानों का कोई भी कर्म, योग के बिना पूर्ण अर्थात् सिद्ध नहीं होता है। ऋग्वेद के इस मन्त्र से यह सिद्ध होता है कि वेदों में योग को कितना अधिक महत्व दिया गया है।

- **सामवेद के अनुसार**

वेदों में ईश्वर की कृपा से ही योगाभ्यास के द्वारा ऋतम्भरा-प्रज्ञा अर्थात् विवेकख्याति की प्राप्ति होती है, का वर्णन किया गया है। सामवेद का निम्न मन्त्र इसी भाव को प्रकट करता हैं:-

स घा नो योग आभुपत् स राये स पुरं घ्याम्।
गमद् वाजेभरा स नः।।

(सामवेद मंडल १. सूक्त २. मन्त्र ३११)

अर्थात् ईश्वर की असीम कृपा से योग (समाधि) सिद्ध होकर ऋतम्भरा प्रज्ञा की प्राप्ति हो जाती है। वही ईश्वर अणिमा आदि सिद्धियों सहित हमें धारण करें। इसीलिए योगसिद्धि के लिए वेदों में प्रार्थना की गई है।

- **यजुर्वेद के अनुसार**

योगसिद्धि के लिए यजुर्वेद में प्रार्थना करते हुए कहा गया है:-

योगे-योगे तवस्तरं वाजे-वाजे हवामहे।
सखाय इन्द्र मूर्तये।।

(यजुर्वेद मंडल १. सूक्त १४. मन्त्र ३)

अर्थात् सभी योग साधक समाधि में और हर विपति में परम ऐश्वर्य के स्वामी इन्द्र का आहवान करते हैं। जब योग साधक साधना करता है और उस समय विघ्न (बाधाएँ) उत्पन्न होती हैं तब उन्हें दूर करने के लिए वह परमात्मा से प्रार्थना करता है।

- **अथर्ववेद के अनुसार**

वेदों में हठ योग का वर्णन भी मिलता है। अथर्ववेद में इसका उल्लेख निम्न मन्त्र में किया गया है:-

अष्टा चक्रा नवद्वारा देवानां पूरयोध्या।
तस्यां हिरणमय: कोशः स्वर्गो ज्योतिषावृतः।।

अथर्ववेद मंडल १०.सूक्त २.मन्त्र ३।।

अर्थात् मनुष्य शरीर में आठ चक्रों व नव द्वारों से युक्त एक देवनगरी (अयोध्या नगरी) है। इस देव नगरी में हिरण्यमय कोश है जो एक दिव्य ज्योति और आनन्द से परिपूर्ण है।

2.1.10 वेदों का महत्व

वेद का महत्व अनेक दृष्टियों से माना जाता है। वेद तो हिन्दू धर्म और भारतीय संस्कृति की आधारशिला है। भारतीय जनमानस में ईश्वरीय ज्ञान के रूप में वेदों में परम आस्था देखी जाती है। पारम्परिक मत में आस्तिक वह है जो वेद में विश्वास रखता है और नास्तिक वह है जो वेद की निन्दा करता है।

- **धार्मिक महत्व**

भारतीय धर्म, संस्कृति और चिन्तन में वेद को अत्यधिक गौरवपूर्ण पद प्राप्त है। हिन्दुओं के समस्त आचार-विचार, धर्म और कर्म का आधार वेद है। वेद की महत्ता धार्मिक दृष्टि से सर्वोपरि है। धर्म के जिज्ञासुओं के लिए वेद परम प्रमाण हैं। वे धर्म के मूल तत्वों को जानने का एकमात्र साधन हैं। यज्ञ, संस्कार, वर्णाश्रम व्यवस्था, पुरुषार्थ चतुष्टय चतुष्टय, तीन गुण, पञ्च महायज्ञ आदि सभी मुख्य धार्मिक सिद्धान्तों का निरूपण वेद में प्राप्त होता है।

- **दार्शनिक महत्व**

सभी आस्तिक दर्शनों का आदिस्रोत वेद ही हैं। वेद की सहायता से भारतीय दर्शनों के विकास को समझा जा सकता है। उपनिषद् समस्त आध्यात्मिक और दार्शनिक विचारों के मुख्य स्रोत माने जाते हैं। विशेषकर वेदान्त एवं सांख्य दर्शन के प्रधान ग्रंथ वेद (उपनिषद्) ही है। वेद के गौरव को बढ़ाने के लिए मीमांसा दर्शन का आविर्भाव हुआ है।

- **सामाजिक, राजनैतिक और सांस्कृतिक महत्व**

भारतवर्ष के अनेक सामाजिक, राजनैतिक और सांस्कृतिक सिद्धान्त और विश्वास वेद पर ही प्रतिष्ठित हैं। मानवमात्र के कर्तव्य बोध के लिए सबसे प्रामाणिक ग्रंथ वेद हैं। इनमें गुरु-शिष्य, पिता-पुत्र, पति-पत्नी, माता-पिता, समाज और व्यक्ति, राष्ट्र और राष्ट्रीयता, विश्व-बन्धुत्व, परोपकार, दान, दया, अतिथि सत्कार आदि का विस्तृत वर्णन मिलता है।

व्यवसाय, उद्योग वाणिज्य, शिल्प आदि की जानकारी के अतिरिक्त समाज के विभिन्न वर्गों के कर्तव्यों और विशेषताओं के विवरण वेद में प्राप्त होते हैं।

राजा, राज्य, सभा, समिति, शासन-प्रणाली, शासन के सिद्धान्त आदि की जानकारी भी वेदों में उपलब्ध होती है, जिससे प्राचीन भारत के राजनैतिक चिन्तन और व्यवस्था पर प्रकाश पड़ता है।

- **ऐतिहासिक महत्व**

वेदों में भारतीय इतिहास और भौगोलिक विवरण ही नहीं, अपितु यदु, तुर्वश आदि जनसमूहों के विवरण भी मिलते हैं। गंगा, यमुना, सरस्वती आदि नदियों के नाम तत्कालीन भूगोल का परिचय देते हैं।

- **भाषावैज्ञानिक महत्व**

वेद का महत्व भाषाशास्त्रीय अध्ययन की दृष्टि से भी कम नहीं, क्योंकि ये प्राचीनतम भाषा की जानकारी देते हैं। वैदिक भाषा की लौकिक संस्कृत भाषा से तुलना करने पर अनेक भाषापरक रोचक तथ्य प्रकाश में आते हैं।

- **साहित्यिक और काव्य शास्त्रीय महत्व**

वेद का साहित्यिक महत्व सभी विद्वानों ने स्वीकार किया है। वेद के मन्त्रों में अनुप्रास,

यमक, उपमा, रूपक आदि अलंकारों का यथास्थान प्रयोग हुआ है। महाकाव्य, नाटक, कथा, गीतकाव्य आदि साहित्यिक विधाओं का उद्गम वेद से दिखाई देता है।

- **शास्त्रीय और वैज्ञानिक महत्व**

वेद सभी ज्ञान-विज्ञान का आदि स्रोत है। वेद में दर्शन, राजनीति, अर्थशास्त्र, समाजशास्त्र, मनोविज्ञान, गणित, जीवविज्ञान, वनस्पतिविज्ञान, आयुर्विज्ञान, भौतिकी, पर्यावरण आदि विभिन्न विधाओं और संगीत, नृत्य, चित्रकला आदि सभी कलाओं का वर्णन मिलता है। इसी तथ्य को ध्यान में रखकर स्वामी दयानन्द सरस्वती ने वेद को सभी सत्यविधाओं से युक्त बताया है। मनु ने भी '**सर्वज्ञानमयो हि सः**' कहकर वेदों की इस महत्ता पर प्रकाश डाला है। वैज्ञानिक दृष्टि से यदि वेदों का अध्ययन किया जाये तो वेद मन्त्रों में अनेक वैज्ञानिक सिद्धान्तों के संकेत प्राप्त होते हैं।
वेद की महत्ता के विषय में सबसे महत्वपूर्ण एवं विशिष्ट बात यही है कि भारतीय संस्कृति, धर्म और दर्शन का भव्य प्रासाद वेद की आधारशिला पर ही प्रतिष्ठित हुआ है। इसलिए प्रारम्भ से ही शिक्षा और ज्ञानार्जन के अन्तर्गत वेदध्ययन की उपयोगिता एकमत से स्वीकार की गई है।

2.1.11 सारांश

वेद विश्व के प्राचीनतम ग्रंथों के रूप में जाने जाते हैं। प्राचीन समय में ऋषि मुनियों ने अपने योगबल एवं तपोबल के द्वारा ही ईश्वरीय ज्ञान को प्राप्त किया और उन्हें ग्रंथबद्ध कर वेदों के रूप में प्रस्तुत किया। सृष्टि के आदि में अग्नि, आदित्य, वायु तथा अंगिरा नाम के चार ऋषियों को यह ज्ञान परमात्मा ने उनके अन्तःकरण में प्रकट किया। इसी कारण वेद को अपौरुषेय भी कहा जाता है। वेद का अनुकरण करने वाला भक्त वर्तमान समय में अनेक कुकृत्यों, सामाजिक, मानसिक एवं शारीरिक बुराइयों, समस्याओं से बचकर एक श्रेष्ठ राष्ट्र निर्माण में अपनी महत्वपूर्ण भूमिका अदा कर सकता है। वेदों में वर्णित मन्त्र किसी औषधि से कम नहीं हैं। विश्व में ऐसी कोई भी समस्या नहीं है, जिसका उपचार वैदिक परम्परा एवं वैदिक संवेदना की पहुँच से परे हो।

ॐ

2.2 उपनिषदों का सामान्य परिचय

2.2.1 प्रस्तावना

उपनिषद् भारतीय आध्यात्मिक चिंतन के मूलाधार हैं जिन्हें 'ब्रह्मविद्या' नाम से भी जाना जाता है। वैदिक वाड्.मय की श्रृंखला में संहिता, ब्राह्मण, आरण्यक और अन्त में "उपनिषद् " आते हैं। इसी क्रम में अन्त में आने के कारण यह 'वेदान्त भी कहे जाते हैं। वेदों का सार ही उपनिषदों का विषय है। उपनिषद् ज्ञानकोष कहे जाते हैं क्योंकि यह ऐसे विचार व उपदेश है जो व्यक्ति की दार्शनिक जिज्ञासा शांत कर सत्य के पथ पर अग्रसर करते हैं।

2.2.2 उपनिषद् का अर्थ

उपनिषद् 'सद्' धातु में 'उप' और 'नि' उपसर्ग लगने से बना है। उप+नि+सद् + क्विप प्रत्यय = उपनिषद्। उप का अर्थ है समीप, 'नि का अर्थ है निश्चयपूर्वक या निष्ठापूर्वक और सद् का अर्थ है बैठना। इस प्रकार उपनिषद् का अर्थ है किसी विशेष प्रयोजन के लिए समीप बैठना। अर्थात् गुरू के समीप निष्ठापूर्वक बैठकर ज्ञान की प्राप्ति करना। शंकराचार्य ने कठोपनिषद् के शांकरभाष्य में सद् धातु के तीन अर्थ विशरण, गति तथा अवसादन बताये हैं।

1. विशरण अर्थात् नाश होना (जिसमें संसार की अविद्या का नाश होता है)।
2. गति अर्थात् पाना या जानना जिससे ब्रह्मज्ञान की प्राप्ति होती है अथवा परमतत्व को जाना जाता है।
3. अवसादन अर्थात् शिथिल होना जिससे मनुष्य के दुःख या बन्धन शिथिल होते हैं।

उपरोक्त से यह स्पष्ट होता है कि उपनिषद् वह विद्या (ज्ञान) है जिससे व्यक्ति की अविद्या (अज्ञान) का नाश होता है और परमतत्व (ब्रह्म) की प्राप्ति और दुखों का नाश होता है। जिस विद्या को पाकर व्यक्ति जीवन और मृत्यु के चक्र से छुटकारा पाता है।

2.2.3 उपनिषद् का महत्व

वैदिक साहित्य में उपनिषदों का स्थान अत्यन्त महत्वपूर्ण है। ये उपनिषद् ही भारतीय तत्वज्ञान एवं धार्मिक सिद्धान्तों के मूलस्त्रोत हैं। उपनिषदों के महत्व का अनुमान इससे भी लगाया जा सकता है कि देश-विदेश की विभिन्न भाषाओं में इनका अनुवाद किया गया है। उपनिषदों में ऋषि मुनियों ने अपने जीवन में प्राप्त ज्ञान और अनुभव का सार डाला है। जीवन के सभी आध्यात्मिक, दार्शनिक विचार और चिन्तन उपनिषदों में हैं। उपनिषदों से प्राप्त ज्ञान सदैव शाश्वत और सनातन है। यह जीवन के लक्ष्य तक पहुँचने का मार्ग है जिससे हम जीवन के लक्ष्य को आसानी से प्राप्त कर सकते हैं। उपनिषद् आत्मा से परमात्मा का सम्बन्ध जोड़ने वाली महत्वपूर्ण कड़ी है तथा प्रस्थानत्रयी (ब्रह्मसूत्र, उपनिषद् व गीता) में इनका स्थान है।

2.2.4 उपनिषद् का रचना काल

उपनिषदों के रचनाकाल के सम्बन्ध में विद्वानों का एक मत नहीं है। कुछ उपनिषदों को वेदों की मूल संहिताओं का अंश माना गया है। ये सर्वाधिक प्राचीन हैं। कुछ उपनिषद् 'ब्राह्मण' और 'आरण्यक' ग्रन्थों के अंश माने गये हैं। इनका रचनाकाल संहिताओं के बाद का है। उपनिषदों के काल के विषय में निश्चित मत नहीं है सामान्यत उपनिषदों का रचनाकाल ३००० ईसा पूर्व से ५०० ईसा पूर्व माना गया है। वेदों का रचनाकाल भी यही माना गया है। उपनिषद् काल का आरम्भ बुद्ध से पर्याप्त पूर्व है।

2.2.5 उपनिषद् का प्रतिपाद्य विषय

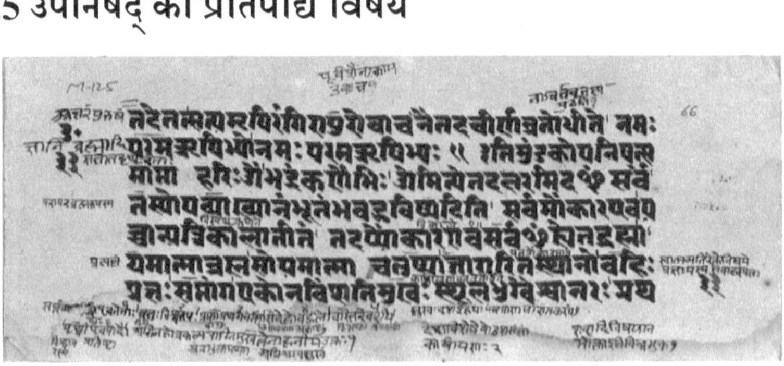

उपनिषद् पाण्डुलिपि

उपनिषद् तर्क-प्रधान ग्रंथ है। उपनिषदों के तर्क का अपना मौलिक आधार है। जैसे भौतिकवादी प्रकृति तथा शरीर को यथार्थ समझता है, वैसे उपनिषद् के ऋषि ब्रह्म तथा आत्मा को यथार्थ समझते हैं। उपनिषद् का प्रतिपाद्य विषय ब्रह्म का 'एकत्व' या 'आत्म-तत्व ' है। उपनिषद् के ऋषि का कथन है कि इसे युक्ति से सिद्ध करने की आवश्यकता नहीं है क्योंकि संसार टिकने वाली वस्तु नहीं है। यह तो हम सब का अनुभव है कि शरीर में से जब प्राण निकलने लगता है तब आँख, नाक, कान सब इन्द्रियाँ भागने लगती हैं, फिर हम इसमें क्यों उलझे रहे हैं? हम उस आत्म-तत्व को पाने का यत्न क्यों न करें जिसके कारण यह सब कुछ है, और जिसके बिना यह सब-कुछ रहता हुआ भी नहीं रहता, होता हुआ भी क्षण भर में नहीं हो जाता है। यह विचार ही उपनिषद् का प्रतिपाद्य विषय है। उपनिषद् की दृष्टि से भौतिक उन्नति गौण है, आध्यात्मिक उन्नति मुख्य या सर्वोच्च है। भौतिक समृद्धि ये के संसाधन के साधन हैं। साध्य आत्मबोध, निर्वाण या मोक्ष जीवन की पूर्णता है।

2.2.6 उपनिषदों की संख्या और वर्गीकरण

उपनिषद् हिन्दू धर्म के महत्वपूर्ण श्रुति धर्मग्रंथ हैं। ये वैदिक वाङ्मय के अभिन्न भाग हैं। ये संस्कृत में लिखे गये हैं। इनकी संख्या लगभग १०८ है, किन्तु मुख्य उपनिषद् १३ हैं। हर एक उपनिषद् किसी न किसी वेद से जुड़ा हुआ है। इनमें परमेश्वर, परमात्मा-ब्रह्म और आत्मा के स्वभाव और सम्बन्ध का बहुत ही दार्शनिक और ज्ञानपूर्वक वर्णन है। उनका वर्गीकरण दो प्रकार से किया जाता है– वेदानुसार और विषयानुसार।

अ) वेदानुसार वर्गीकरण

प्रत्येक उपनिषद् का किसी विशिष्ट वेद से सम्बन्ध माना जाता है। मुक्तिकोपनिषद् में 108 उपनिषदों का उल्लेख हुआ है। तदनुसार वेद, उससे सम्बद्ध कुछ उपनिषदों के नाम और संख्या को निम्नलिखित श्रेणियों में विभाजित किया जाता है:-

अ.क्र	वेद	कुछ उपनिषद् के नाम	संख्या
1.	ऋग्वेद	ऐतरेय, कौषीतकि आदि	10
2.	शुक्लयजुर्वेद	ईश, बृहदारण्यक आदि	19
3.	कृष्णयजुर्वेद	कठ, तैत्तिरीय आदि	32
4.	सामवेद	केन, छान्दोग्य आदि	16
5.	अथर्ववेद	प्रश्न, मुण्डक आदि	31

ब) विषयानुसार वर्गीकरण

108 उपनिषदों को विषयानुसार निम्न छह भागों में बाँटा जा सकता है:-

1. वेदान्त के सिद्धान्तों पर निर्भर २४ उपनिषद् (कौषीतकि, मैत्रायणी आदि)
2. योग के सिद्धान्तों पर निर्भर २० उपनिषद् (जैसे अमृतनाद, तेजोबिन्दु आदि)
3. सांख्य व संन्यास के सिद्धान्तों पर निर्भर १७ उपनिषद् (शारीरक, वराह आदि)
4. वैष्णव सिद्धान्तों पर निर्भर १४ उपनिषद् (जैसे नारायण, कृष्ण आदि)
5. शैव सिद्धान्तों पर निर्भर १५ उपनिषद् (जैसे अभर्नशिखा, कैवल्य आदि)
6. शाक और अन्य सिद्धान्तों पर निर्भर १८ उपनिषद् (जैसे गायत्री, श्रीचक आदि)

विभिन्न विषयों पर इतनी बड़ी संख्या में उपनिषदों के होने का प्रधान कारण यही रहा है कि सभी दर्शनों, मतों के अनुयायियों ने अपने-अपने सिद्धान्तों के प्रवर्तन के लिए उपनिषदों की सत्ता को महत्वपूर्ण माना है।

विषय की गम्भीरता तथा विवेचन के कारण १३ उपनिषद् विशेष मान्य तथा प्राचीन माने जाते हैं। वैदिक वाङ्मय के मतानुसार शंकराचार्य जी ने १३ उपनिषदों को प्रामाणिक माना है तथा उन पर भाष्य भी लिखा है। मुक्तिकोपनिषद् में इनका उल्लेख है:-

ईश-केन- कठ- प्रश्न-मुण्ड- माण्डूक्य-तित्तिरिः।
ऐतरेयं च छान्दोग्यं बृहदारण्यकं तथा ॥

(मुक्तिकोपनिषद् १.३०)

ये दस उपनिषद् प्रसिद्ध हैं - ईश, केन, कठ, प्रश्न, मुण्डक, माण्डूक्य, तैत्तिरीय, ऐतरेय, छान्दोग्य, बृहदारण्यक उपनिषद्।

उन्होंने निम्न तीन को प्रमाण कोटि में रखा है-

१) श्वेताश्वतर २) कौषीतकि तथा ३) मैत्रायणी।

उपनिषदों की संख्या इससे भी अधिक स्वीकार की गई है। 'कल्याण' के उपनिषद् अंक में २२० तथा उपनिषद्-वाक्य-महाकोश में २२३ उपनिषदों का उल्लेख है।

2.2.7 उपनिषदों में योग

उपनिषद् जिन्हें वेदान्त भी कहा जाता है। अनेकानेक उपनिषदों के अनुसार योग का विवेचन निम्नलिखित है:-

- **योगशिखोपनिषद के अनुसार**

यो उपान प्राणयोऐक्यं रजसो रेतसो तथा।
सूर्य चन्द्रमसोर्योगाद् जीवात्म-परमात्मनोः।।

एवं तु द्वन्द्व जातस्य संयोगो योग उच्यते।।

(योगशिखोपनिषद्)

अर्थात् प्राण और अपान का एक हो जाना, सत-रजरूपी कुण्डलिनी की शक्ति और स्वरेत रूपी आत्मतत्व का मिलन, सूर्य एवं चन्द्र की एकता व जीवात्मा तथा परमात्मा का मिलन ही योग है।

- **श्वेताश्वतरोपनिषद् के अनुसार**

न तस्य रोगो न जरा न मृत्युः।
प्राप्तस्य योगाग्निमयं शरीरम्।।

(श्वेताश्वतरोपनिषद् २.१२)

अर्थात् जो योग साधक अपने शरीर को योग की अग्नि में तपा लेता है अर्थात् योगाभ्यास से सधा हुआ शरीर सभी प्रकार के रोगों से, बुढ़ापे के लक्षणों से व मृत्यु के भय से सदा के लिए मुक्त हो जाता है।

- **अमृतानोपनिषद् के अनुसार**

प्रत्याहारस्तथा ध्यानं प्राणायामोऽथ धारणा।
तर्कश्चैव समाधिश्च षडंगोयोग उच्यते।।

(अमृतानोपनिषद्)

अर्थात् प्रत्याहार, धारणा, ध्यान, प्राणायाम, तर्क और समाधि यह षडांग योग कहलाता है।

- **योग तत्वोपनिषद् के अनुसार**

योग हीनं कथंज्ञानं मोक्षदं भवति ध्रुवम्।
योगोऽपि ज्ञान हीनस्तु नक्षमो मोक्षकर्मणि ।।

(योग तत्वोपनिषद सूत्र १४)

अर्थात् योग-विहीन ज्ञान मोक्ष देने वाला कैसे हो सकता है? ज्ञानरहित योग से भी मोक्ष नहीं प्राप्त हो सकता। इस कारण मोक्ष के अभिलाषी को ज्ञान और योग दोनों का ही दृढ़ अभ्यास करना चाहिए।

- **मैत्रायण्युपनिषद् के अनुसार**

एकत्वं प्राणनसोरिन्द्रियाणां तथैव च।
सर्वभाव परित्यागो योग इत्यभिधीयते ।।

(मैत्रायण्युपनिषद ६.२५)

अर्थात् मन, प्राण व इन्द्रियों का एक हो जाना, एकाग्र अवस्था को प्राप्त कर लेना, बाहय विषयों से विमुख होकर इन्द्रियों का मन में और मन का आत्मा में लग जाना, प्राण का निश्चल हो जाना योग है।

- **कठोपनिषद् के अनुसार**

तां योगमिति मन्यन्ते स्थिरामिंद्रियधारणाम्।
अप्रमतस्तदा भवति योगो ही प्रभवाप्ययौ ॥

(कठोपनिषद् २.३.११)

अर्थात् इन्द्रियों के संयम को योग कहते हैं। योग की साधना करने वाला साधक विषयों व प्रमाद रहित हो जाता है और उसके अन्दर अच्छे संस्कार प्रफुल्लित होने लगते हैं।

- **महोपनिषद् के अनुसार**

मनः प्रश्मनो योग इत्यभिधीयते ॥

(महोपनिषद् ५.४२५)

अर्थात् मन के प्रशमन के उपाय ही योग है।

- **नाद बिन्दु उपनिषद् के अनुसार**

अतीन्द्रिय गुणातीत मनो लीनं यदा भवेत्।
अनुपमं शिवं शान्तं योगयुक्तं सदाविशेत् ॥

(नाद बिन्दु उपनिषद् १८)

अर्थात् जब योग साधक का मन इन्द्रियों की आसक्ति से हटकर, गुणातीत हो जाता है अर्थात् ईश्वर में विलीन हो जाता है तब इस उपमा रहित, कल्याणकारी, शान्तस्वरूप स्थिति में पहुँचे हुए साधक को योगयुक्त कहा जाता है।

2.2.8 सारांश

भारतीय धर्म, संस्कृति और दर्शन का मूल स्रोत वेद हैं। वेद के ब्राह्मण भाग के अन्तर्गत उपनिषद् ग्रंथ आते हैं। ये वेद का एक महत्वपूर्ण और अन्तिम भाग है। वेदों का अन्तिम भाग या वेदों का सार होने से उपनिषदों को वेदान्त भी कहा जाता है। सामान्य रूप से भारतीय परम्परा में १०८ उपनिषदों की चर्चा है। शंकराचार्य द्वारा १० प्रधान उपनिषदों पर भाष्य लिखा गया है। उपनिषद् भारतीय तत्वज्ञान और धार्मिक सिद्धान्तों के मूलस्रोत हैं। इनसे मानव की चेतना उर्ध्वगामी होती है। इनका उद्देश्य मोक्ष प्राप्ति

है। उपनिषदों का मुख्य विषय ब्रह्मविद्या या आत्मविद्या है। उपनिषदों में ब्रह्म, आत्मा, आत्मप्राप्ति के साधन एवंआवश्यकता आदि पर विस्तार से विचार किया गया है।

ΥΥॐΥΥ

2.3 प्रस्थानत्रयी का सामान्य परिचय

2.3.1 प्रस्तावना

भारतीय दर्शन का प्राचीन काल से ही जीवनलक्षी दृष्टिकोण रहा है। मानव जीवन के आध्यात्मिक, तात्विक तथा वैचारिक पक्ष में हमारे दार्शनिक ग्रंथों का बहुमूल्य योगदान रहा है। भारतीय दार्शनिक परम्पराओं में तीन तत्वों (जीव, जगत , ईश्वर) के बारे में जो चिन्तन हुआ उसमें उपनिषदों का महत्वपूर्ण स्थान रहा है। भारतीय दर्शन का आरम्भ या प्रस्थान तीन महाग्रंथों से होता है जिसमें उपनिषद्, ब्रह्मसूत्र और तीसरे महाग्रंथ में श्रीमद् भगवद्गीता का स्थान है। इन तीनों को प्रस्थानत्रयी कहते हैं जिसमें भारतीय परंपराओं के संपूर्ण तत्व ज्ञान की वैश्विक दृष्टि दिखाई पड़ती है।

2.3.2 प्रस्थानत्रयी क्या है?

"प्रतितिष्ठति ब्रह्मविद्यायेषु तत्प्रस्थान ग्रंथम्" अर्थात् जिसमें ब्रह्म विद्या प्रतिष्ठित की गयी है वह प्रस्थान ग्रंथ है। 'प्रस्थानत्रयी' शब्द 'प्रस्थान' + 'त्रयी' से मिलकर बना है जिसका अर्थ है "तीन प्रस्थान"| 'त्रयी' अर्थात् तीन और 'प्रस्थान' अर्थात् जाना। सनातन धर्म में यह मत है कि यदि किसी को कोई सिद्धान्त को सिद्ध करना हो तो उन्हें तीन प्रस्थान से जाना होगा। वह तीन प्रस्थान हैं:–

१. श्रुति प्रस्थान

२. स्मृति प्रस्थान और

३. न्याय प्रस्थान

इसलिए यदि किसी को कोई सिद्धान्त को सिद्ध करना हो तो उन्हें इन तीन प्रस्थान से जाना होगा। प्रस्थानत्रयी क्या होता है? इसका उत्तर बहुत ही सरल है। प्रस्थान शब्द का प्रयोग सामान्य रूप से हम कहीं पर भी जाने के लिए करते हैं, जैसे कृपया आप भोजन के लिए प्रस्थान करें। प्रस्थान शब्द का अर्थ किसी उद्देश्य के लिए चलना अथवा किसी विशेष प्रयोजन के लिए किसी विशेष स्थान पर जाना होता है। यहाँ पर प्रस्थान शब्द का प्रयोग जीवन के परम लक्ष्य अथवा उद्देश्य की प्राप्ति के लिए एक निश्चित मार्ग पर चलना है और त्रय शब्द का अर्थ तीन होता है। अतः हमारे वैदिक साहित्य के तीन प्रमुख शास्त्रों (उपनिषद्, गीता व ब्रह्मसूत्र) की शिक्षाओं पर चलकर मोक्ष मार्ग को प्राप्त करने को ही प्रस्थानत्रयी कहा जाता है।

2.3.3 प्रस्थानत्रयी के तीन प्रस्थान और तीन ग्रंथ

प्रस्थानत्रयी में तीन प्रस्थान है:- १.श्रुति प्रस्थान २.स्मृति प्रस्थान और ३.न्याय प्रस्थान हर प्रस्थान का एक ग्रंथ है। श्रुति प्रस्थान में उपनिषद् है, स्मृति प्रस्थान में श्रीमद्भगवत गीता और न्याय प्रस्थान में ब्रह्मसूत्र (वेदान्त) है।

उपनिषदों को श्रुति प्रस्थान इसलिए कहते हैं क्योंकि उपनिषद् वेद का अंश है और वेद को श्रुति कहा जाता है, इसलिए उपनिषदों को श्रुति कहा जाता है, पहले वेद लिपिबद्ध नहीं थे। भगवान से मनुष्यों तक वेद सुनते हुए (गुरु-शिष्य परम्परा अनुसार) आये। इसलिए वेद को श्रुति कहते हैं। 'श्रुति' अर्थात् 'सुना हुआ'।

अब यह प्रश्न भी हो सकता है कि उपनिषदों के बजाय वेदों को श्रुति प्रस्थान में रखा जाना चाहिए क्योंकि वेद श्रुति है? इसका उत्तर यह है कि वेदों में बहुत से मन्त्र हैं, उनमें से सबसे महत्वपूर्ण उपनिषदों में हैं , यह उपनिषद् वेद का अंश और सार है, ये ज्ञान और उपासना प्रधान है। इसीलिए श्रुति प्रस्थान में उपनिषदों को रखा गया है।

प्रस्थानत्रयी में भगवद्गीता स्मृति प्रस्थान है, जिसे ऋषियों ने वेदों की समझ के आधार पर लिखा है (स्मृति- जिसे याद किया जाता है)।

प्रस्थानत्रयी में न्याय प्रस्थान ब्रह्मसूत्र (वेदान्त) है। प्रमाणों के आधार पर किसी निर्णय पर पहुँचना न्याय कहलाता है। न्याय प्रस्थान में ब्रह्मसूत्र (वेदान्त) इसलिए है क्योंकि इसके रचिता स्वयं वेदव्यास (बादरायण) जी हैं जिन्होंने वेदों को लिपिबद्ध किया और ब्रह्मसूत्र लिखा जिसमें उन्होंने तर्क और प्रमाण द्वारा उपनिषदों के सिद्धान्त को सिद्ध किया। न्याय प्रस्थान की आवश्यकता प्रस्थानत्रयी में इसलिए है क्योंकि बिना तर्क और प्रमाण के किसी भी सिद्धान्त को सही नहीं माना जा सकता। तर्क और प्रमाण किसी भी सिद्धान्त को पूर्ण रूप से न्याय देते हैं। प्रस्थानत्रयी में सनातन धर्म के विशेष तीन ग्रंथ हैं। इसलिए भारतवर्ष में जब कोई गुरु अथवा आचार्य अपने मत का प्रतिपादन एवं उसकी प्रतिष्ठा करना चाहते थे तो उसके लिये सर्वप्रथम उन्हें इन तीनों पर भाष्य लिखना पड़ता था। निम्बार्काचार्य, शंकराचार्य, रामानुजाचार्य, माध्वाचार्य आदि गुरुओं ने ऐसा कर के ही अपने मत का प्रतिपादन किया था।

2.3.4 प्रस्थानत्रयी के तीन ग्रंथों का संक्षिप्त परिचय

1. उपनिषद् (श्रुति प्रस्थान) का संक्षिप्त परिचय

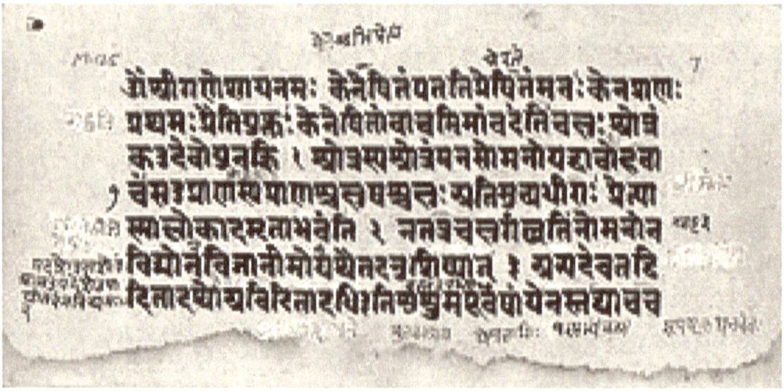

केन उपनिषद् पाण्डुलिपि

- उपनिषद् शब्द उप (निकट) + नि (निष्ठा या भक्तिपूर्वक) + सद् (बैठकर) से मिलकर बना है, अर्थात् गुरु के पास व्यक्तिगत रूप से बैठकर दिया गया गोपनीय निर्देश या ज्ञान।
- उपनिषद् वेदों का चौथा और अंतिम भाग है, इसलिए इन्हें वेदान्त (वेदों का अन्त) भी कहते हैं या वेदों का सार माना जाता है।
- उपनिषद् को "ईश्वरोक्ति" माना गया है।
- उपनिषद् मानव विचार की दृष्टि से अमूल्य ग्रंथ हैं।
- लगभग १०८ उपनिषदों को प्रामाणिक ग्रंथ माना गया है।
- उपनिषदों का अंतिम लक्ष्य मानवीय जीवन के दुखों से मुक्ति पाना है।
- उपनिषद् मानव जीवन के विभिन्न आयामों- बौद्धिक, आर्थिक, राजनैतिक, धार्मिक, सामाजिक और आध्यात्मिक जीवन पर प्रकाश डालते हैं।
- उपनिषद् का मुख्य विषय ब्रहम है अर्थात् परमात्मा है।

उपनिषदों में सूत्र की भाँति कुछ अत्यन्त ही संक्षिप्त और सारगर्भित कथन दिए गए हैं जैसे:-

"तत्त्वमसि"- "तत् त्वम् असि" अर्थात् वह (ईश्वर), तुम (जीव), हो (असि)

अर्थात् तुम वही ब्रह्म हो। कहने का तात्पर्य है कि ईश्वर का अंश जीव के भीतर ही है।

२. अह्म ब्रह्मासि अर्थात् मैं ही ब्रह्म हूँ।

उपनिषदों में कम शब्दों में व्यक्त किए गए कुछ विचार इस प्रकार हैं:-

१. 'ब्रह्मं' और 'आत्मन्' की अवधारणा

'आत्मन्' को व्यक्ति की आत्मा या चेतना तथा **'ब्रह्मं'** को सार्वभौमिक चेतना माना

गया है।

२. आदर्शवादी अद्वैतवाद

उपनिषदों में कहा गया है कि सत्य एक ही है और यह आदर्शवादी है।

३. माया और अविद्या की अवधारणाएँ

माया को ब्रह्म की गूढ़ शक्ति माना गया है, जिसके द्वारा इस विश्व
की उत्पत्ति हुई है। यह माया ही है जिसके कारण ब्रह्म कई रूपों में दिखाई देते हैं। मनुष्य की दृष्टि से देखें तो इसे अविद्या माना जा सकता है जिसके कारण हम यह नहीं देख पाते कि सत्य एक ही है, बल्कि इसके बजाय हम असंख्य नाम और स्वरूप देखते हैं।

४. भूत या आधारभूत तत्व

उपनिषदों में पृथ्वी, जल, अग्नि, वायु और आकाश की पाँचआधारभूत तत्वों के रूप में पहचान की गई है।

५. पंच कोष का सिद्धान्त

तैत्तिरीय उपनिषद् में मानव स्वरूप के पंच कोष के सिद्धान्त का उल्लेख है। मानव व्यक्तित्व पाँच स्तरों से बना होता है। ये पाँच स्तर हैं:- अन्नमय कोष, प्राणमय कोष, मनोमय कोष, विज्ञानमय कोष और आनंदमय कोष।

६. परा विद्या और अपरा विद्या

समस्त ज्ञान को दो भागों में वर्गीकृत किया गया है- परा विद्या पूर्ण ज्ञान है और अपरा विद्या आंशिक ज्ञान है।

७. स्व की चार स्थितियाँ

उपनिषदों में 'स्व' की चार स्थितियाँ मानी गई हैं। जागरण, स्वप्न, सुषुप्ति और तुरीय।

८. आत्मज्ञान

सच्चे ज्ञान के त्रि-स्तरीय चरण हैं:- श्रवण, मनन और निदिध्यासन।

९. संसार

मोक्ष के प्राप्त होने तक जन्म-मरण के निरंतर चलने वाले चक्र को ही संसार या देहान्तरण के नाम से जाना जाता है।

१०.उपनिषदों में वर्णित ईश्वर

उपनिषद् का मुख्य विषय ब्रह्म अर्थात् परमात्मा है।

2. श्रीमद्भगवद्गीता (स्मृति प्रस्थान) का संक्षिप्त परिचय

कृष्ण और अर्जुन कुरुक्षेत्र में

- श्रीमद्भगवद्गीता भारत ही नहीं अपितु पूरे विश्व में सबसे अधिक पढ़ा जाने वाला आध्यात्मिक ग्रंथ है।
- गीता पूर्णतया योग पर आधारित ग्रंथ है। गीता में योग के विविध मार्ग जैसे-ज्ञानयोग, भक्तियोग, कर्मयोग व राजयोग के अतिरिक्त समत्व योग, संन्यास योग, सांख्य योग आदि का प्रतिपादन किया गया है। परंतु इनकी परिणति आत्मा-परमात्मा की एकता ही बतलाई गई है।
- गीता का वर्णन महाभारत के भीष्म पर्व के पच्चीसवें (२५) से बयालीसवें (४२) अध्याय के मध्य किया गया है। इसलिए इसे भीष्म पर्व का अंग कहा जाता है।
- गीता में कुल अठ्ठारह (१८) अध्याय हैं जिनमें कुल सात सौ (७००) श्लोकों का वर्णन किया गया है।
- गीता के इन सात सौ श्लोकों को चार व्यक्तियों द्वारा बोला और सुना गया है जिनमें से राजा धृतराष्ट्र ने केवल एक ही श्लोक बोला है। संजय ने कुल बयालीस (४२) श्लोक बोले हैं। अर्जुन ने कुल चौरासी (८४) श्लोक बोले हैं और शेष पाँच सौ तिहत्तर (५७३) श्लोकों के वक्ता स्वयं योगी श्रीकृष्ण हैं।
- गीता को उपनिषद् भी माना जाता है| इसलिए इसे 'गीतोपनिषद्' भी कहा जाता है। गीता को "उपनिषदों का उपनिषद्" भी कहा जाता है।
- गीता की रचना का श्रेय व्यासजी को दिया जाता है जो महाभारत के पौराणिक

संकलनकर्ता हैं।

- महाभारत के भीष्मपर्व के श्लोक ४३.२ के अनुसार गीता सर्वशास्त्रमयी है।
- गीता में सारे शास्त्रों का सार भरा हुआ है।
- गीता समस्त शास्त्रों, उपनिषदों वेदों आदि का निचोड़ है।
- गीता ही एक ऐसा ग्रंथ है जिसमें दर्शनशास्त्र, धर्म और नीतिशास्त्र का एक अत्यंत ही संतुलित समन्वय हुआ है।
- इसकी गणना स्मृतियों में भी होती है।
- गीता का मुख्य केंद्र है 'आध्यात्मिकता' अर्थात् अपनी आत्मा के अधीन रहना।
- मार्गशीर्ष शुक्ल एकादशी के दिन द्वापर युग में भगवान श्रीकृष्ण ने अर्जुन को भगवद् गीता का उपदेश दिया था। इसीलिए यह तिथि गीता जयंती के नाम से भी प्रसिद्ध है। गीता का ज्ञान हमें जीवन को सही तरीक़े से जीने का ढंग बताता है।

3. ब्रह्मसूत्र (न्याय प्रस्थान) का संक्षिप्त परिचय

- ब्रह्मसूत्र दो शब्दों से बना है- ब्रह्म + सूत्र अर्थात् जहाँ ब्रह्म की चर्चा हो। ब्रह्मसूत्र के रचयिता महर्षि बादरायण हैं।
- ब्रह्मसूत्र को ब्रह्मसूत्र इसलिये कहा जाता है कि इसमें ब्रह्म के स्वरूप की मीमांसा हुई है। ब्रह्म सत् चित् आनन्द है इसलिए इसका प्रतिपादन करने वाले सूत्र ब्रह्मसूत्र हैं।बादरायण द्वारा रचित होने के कारण इसे बादरायण सूत्र भी कहते है।ब्रहमसूत्र को उत्तर मीमांसा भी कहते हैं।इसे वेदान्त सूत्र भी कहते हैं क्योंकि इसमें वेदान्त (उपनिषदों का सार) है।उपनिषदों के विचारों में सामंजस्य व ऐक्यता लाने हेतु

महर्षि बादरायण ने ब्रहमसूत्र की रचना की।

- महर्षि बादरायण कृत ब्रह्मसूत्र भिन्न-भिन्न उपनिषदों में प्राप्त चिन्तन परम्परा का प्रामाणिक व व्यवस्थित संकलन है।
- अनेक आचार्यों ने ब्रह्मसूत्र की व्याख्या अपनी-अपनी दृष्टि से की है। ब्रह्मसूत्र पर आचार्य शंकर ने जो भाष्य किया उसे ही "ब्रह्मसूत्र शांकर भाष्य" (ब्र.सू.शां.भा.) कहते हैं। आचार्य शंकर के अनुसार ब्रह्मसूत्र में कुल ५५४ सूत्र हैं। सभी सूत्रों को ४अध्याय में विभक्त किया गया है। प्रत्येक अध्याय में ४ पाद हैं।प्रथम अध्याय का नाम समन्वयाध्याय है। इसमें यह दिखाया गया है किब्रह्म या ईश्वर ही सभी श्रुतियों का प्रतिपाद्य विषय है।
- ब्रह्मसूत्र के प्रथम अध्याय के प्रथम चार सूत्रों को चतु:सूत्री कहा जाता है। ये सूत्र हैं:-

1. अथातो ब्रह्म जिज्ञासा
2. जन्माद्यस्य यतः
3. शास्त्रयोनित्वात् तथा
4. तत्तु समन्वयात

- यह चतु:सूत्री अद्वैतवेदान्त के सारतत्व अथवा सारांश है।
- ब्रह्मसूत्र के प्रथम सूत्र में ब्रह्म के विषय में जिज्ञासा की गई।
- द्वितीय सूत्र में ब्रह्म के स्वरूप तथा तटस्थ लक्षण की चर्चा की गयी है।
- तृतीय सूत्र के माध्यम से यह प्रतिष्ठित किया गया कि ब्रह्म ही शास्त्रों का कर्ता है तथा ब्रह्म के विषय में शास्त्र ही प्रमाण हैं।
- ब्रह्मसूत्र के चतुर्थ सूत्र के माध्यम से यह प्रतिष्ठित किया गया है कि वेदान्त वाक्यों का निहितार्थ ब्रह्म ही है।
- श्रुति का परम लक्ष्य शुद्धः बुद्धः मुक्त, सत् चित् आनन्द स्वरूप ब्रह्म बोध ही है।
- इस सूत्र में यह प्रदर्शित किया गया है कि समस्त वेद, उपनिषद् एक स्वर से ब्रह्म को वेदों का मुख्य विषय और जगत की उत्पत्ति, स्थिति तथा प्रलय का कारण बताते हैं।
- द्वितीय अध्याय अविरोधाध्याय है। अविरोध का अर्थ होता है विरोध का न होना। इसमें जगत के कारण ब्रह्म या ईश्वर से सम्बन्धित स्मृति और तर्क में अविरोध का प्रतिपादन किया गया है। तृतीय अध्याय साधनाध्याय है। इसमें मोक्ष के साधन रूप में अभ्यास, वैराग्य आदि का विवेचन किया गया है।

- चतुर्थ अध्याय फलाध्याय है। इसमें बताया गया है कि उपर्युक्त साधन के फलस्वरूप साधक को जो मोक्ष की प्राप्ति होती है उसका वर्णन है। इसलिये इसे फलाध्याय कहा गया है।

2.3.5 सारांश

वेदान्त दर्शन के प्रस्थान अर्थात् उत्पत्ति या आरम्भ के तीन आधार हैं- उपनिषद्, श्रीमद्भगवद्गीता तथा ब्रह्मसूत्र। उपनिषद् को वेदान्त का श्रुति प्रस्थान, श्रीमद्भगवद्गीता को स्मृति प्रस्थान तथा ब्रह्मसूत्र को तर्क प्रस्थान कहा गया है। हिन्दू-वाङमय के इन अत्यंत विलक्षण ग्रंथ-त्रिरत्न को प्रस्थानत्रयी के नाम से विभूषित किया गया है। वेद-प्रणीत प्रस्थानत्रयी हिन्दू धर्म का पवित्रम् धर्म-ग्रंथ है जो वेदान्त दर्शन का मूलाधार है तथा जिन पर शंकराचार्य, रामानुजाचार्य, निम्बार्काचार्य, माध्वाचार्य, वल्लभाचार्य आदि मनीषियों ने भाष्य लिखकर अपने-अपने मतों को स्थापित किया है। वस्तुतः प्रस्थानत्रयी ही वेदान्त है और वेदान्ती होने का शर्त है प्रस्थानत्रयी पर अपना भाष्य प्रस्तुत करना।

2.4 षड्दर्शन का सामान्य परिचय

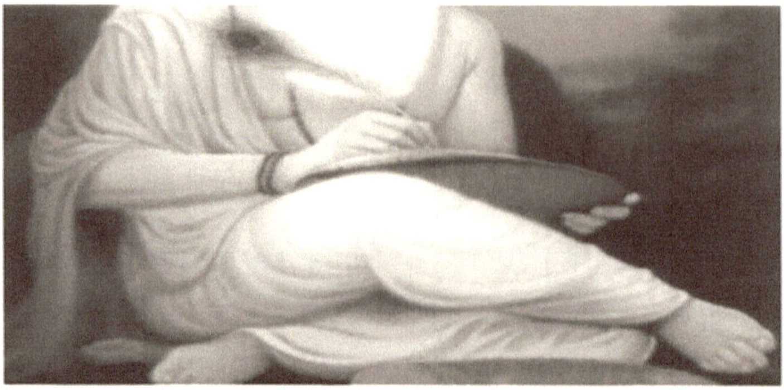

भारतीय दार्शनिक परम्परा– षड्दर्शन

2.4.1 दर्शन क्या है?

सदियों पूर्व जब विश्व के अधिकांश देश अज्ञान के अंधकार से घिरे आदिवासियों जैसा जीवन बिता रहे थे, तब हमारी इस भारत-भूमि पर ज्ञान के अनेकानेक दीप जगमगा रहे थे। ज्ञान के इन दीपों को प्रज्वलित करने वाले हमारे मनीषी केवल सामान्य घटनाओं का कारण ही नहीं ढूँढ़ते थे, वरन जीवन की मूल समस्याओं, यथा-सुख-दुःख, जीवन-मृत्यु तथा जगत का भी कारण ढूँढते थे और इस तरह सत्य की खोज करत थे। सत्य की खोज की उनकी इस जिज्ञासु प्रवृत्ति ने ही भारत-भूमि पर दर्शन के बीज बोये। भारतीय दर्शन का तात्पर्य सम्पूर्ण भारतवर्ष के किसी भी धर्म, सम्प्रदाय व जाति द्वारा चिन्तन, मनन किये गये दर्शन से है।

2.4.2 दर्शन का अर्थ

दर्शन शब्द **'दृश'** (देखना) धातु से बना है। व्युत्पत्ति शास्त्र के अनुसार दर्शन का अर्थ- **'दृश्यते अनेन इति दर्शनम्'** अर्थात् जिसके द्वारा देखा जाय वह दर्शन है। प्रश्न उठता है कि यहाँ किसे और किसके द्वारा देखने की बात की जा रही है?

सामान्यतया हम आँख द्वारा बाह्य जगत के पदार्थों को देखते हैं तथा इसे ही दर्शन कहते हैं। किन्तु यहाँ हम जिस दर्शन शास्त्र की चर्चा कर रहे हैं उसका उद्देश्य आँख द्वारा सामान्य वस्तुओं को देखना नहीं, वरन् सूक्ष्म दृष्टि द्वारा सामान्य वस्तुओं और घटनाओं के पीछे छिपे सत्य को देखना है। इसे ही दार्शनिक चिन्तन कहते हैं। यहाँ उल्लेखनीय है कि सूक्ष्म दृष्टि में अन्तर्दृष्टि तथा तार्किक परीक्षण भी सम्मिलित है। भारत का दार्शनिक,

केवल तत्व की बौद्धिक व्याख्या से ही सन्तुष्ट नहीं होता, बल्कि वह तत्व की अनुभूति प्राप्त करना चाहता है।

दर्शनशास्त्र में हम जगत एवं जीव के अस्तित्व के प्रश्न पर, उनके निर्माता ईश्वर के प्रश्न पर, कर्मफलों के प्रश्न पर, दुःख के कारण के प्रश्न पर तथा और भी इसी प्रकार के अन्य प्रश्नों पर गहराई से विचार करते हैं। भारतीय दर्शन इन प्रश्नों का युक्तिपूर्वक उत्तर देने का प्रयास है। भारतीय दर्शन इन प्रश्नों का उत्तर देने के लिए भावना या विश्वास का सहारा नहीं लिया जाता है, बल्कि बुद्धि का प्रयोग किया जाता है।

इन प्रश्नों के द्वारा ज्ञान के लिए मानव का प्रेम या उत्कंठा का भाव व्यक्त होता है। इसलिए फ़िलॉसफ़ी का अर्थ ज्ञान-प्रेम या विद्यानुराग होता है। (फ़िलॉस = प्रेम, सौफ़िया = ज्ञान)

2.4.3 भारतीय दर्शन की कुछ मुख्य विशेषताएँ

भारतीय दर्शन की कुछ मुख्य विशेषताएँ निम्नलिखित हैं:-

1. विचारों की स्वतन्त्रता
2. मोक्ष का महत्व
3. आनन्द को महत्व
4. कर्मफल मिलने में विश्वास
5. पुनर्जन्म में आस्था
6. दुःख का कारण अविद्या
7. आत्मा के अस्तित्व में विश्वास
8. भारतीय दर्शन आशावादी है
10. अविद्या का नाश सम्भव
11.नैतिकता को महत्व
12. धर्म और दर्शन में समन्वय
13. प्रमाणशास्त्र व तर्कशास्त्र को महत्व

2.4.4 भारतीय दर्शन का वर्गीकरण

भारतीय दर्शन को दो वर्गों में विभाजित किया गया है। वे दो वर्ग हैं- आस्तिक (orthodox) और नास्तिक (heterodox)। भारतीय दर्शन विचारधारा में आस्तिक उसे कहा जाता है जो वेद की प्रामाणिकता में विश्वास करता है और नास्तिक उसे कहा जाता है जो वेद को प्रमाण नहीं मानता है। इस दृष्टिकोण से भारतीय दर्शन में छः दर्शनों को आस्तिक कहा जाता है, वे हैं:- (१) न्याय (२) वैशेषिक (३) सांख्य (४) योग (५) मीमांसा और (६) वेदान्त। इन दर्शनों को 'षड्दर्शन' कहा जाता है। ये दर्शन किसी न किसी रूप में वेद पर आधारित हैं।

नास्तिक दर्शन तीन है:- चार्वाक, जैन और बौद्ध। कहा भी गया है **'नास्तिको वेदनिन्दकः।** व्यावहारिक जीवन में नास्तिक उसे कहा जाता है जो ईश्वर का निषेध

करता है और आस्तिक उसे कहा जाता है जो ईश्वर में आस्था रखता है।

2.4.5 षड् दर्शन

भारतीय दर्शन के अनुसार षड् दर्शन का संक्षिप्त परिचय निम्नलिखित है:-

सरल क्र.	**दर्शन का नाम**	**प्रतिपादक/लेखक का नाम**
1	न्याय	महर्षि गौतम
2	वैशेषिक	महर्षि कणाद
3	सांख्य	महर्षि कपिल
4	योग	महर्षि पतंजलि
5	मीमांसा (पूर्व मीमांसा)	महर्षि जैमिनी
6	वेदान्त (उत्तर मीमांसा)	महर्षि बादरायण या वेद व्यास

1. न्याय दर्शन

महर्षि गौतम

संस्थापक– न्याय दर्शन के प्रवर्तक महर्षि गौतम हैं। यह एक आस्तिक दर्शन है।
आधारभूत ग्रंथ–न्यायसूत्र इस दर्शन का **आधारभूत** मूल ग्रंथ। यह दर्शन तर्क और ज्ञान पर आधारित है।
उद्देश्य- अन्य दर्शनों की भाँति न्याय दर्शन का भी मुख्य उद्देश्य दुखों से मुक्ति का मार्ग प्रशस्त करना ही है।
इस दर्शन के अनुसार मुक्ति तत्त्वज्ञान से अर्थात् द्वादश प्रमेयों के ज्ञान से प्राप्त होती है।

तत्त्वज्ञान से मिथ्याज्ञान नष्ट होता है जिससे दोष अर्थात् राग-द्वेष नष्ट होते हैं तथा मुक्ति मिलती है।

न्याय दर्शन के तत्त्वों का विचार-

तत्त्वविचार- न्याय दर्शन में 16 पदार्थों के तत्त्वज्ञान द्वारा मोक्ष की प्राप्ति मानी जाती है।
प्रमाण विचार- सभी भारतीय दर्शन तत्त्व विचार करने के पूर्व तत्त्व को जानने के साधन पर विचार करते हैं। ये साधन ही प्रमाण कहे जाते हैं। प्रमा (यथार्थ ज्ञान) की प्राप्ति के साधन को प्रमाण कहते हैं। प्रमाण के चार प्रकार हैं:-

१. प्रत्यक्ष-प्रमाण
२. अनुमान-प्रमाण
३. उपमान-प्रमाण
४. शब्द-प्रमाण

प्रमेय विचार- प्रमाण के द्वारा हम जिन पदार्थों के ज्ञान की प्राप्ति करते हैं, उन्हें प्रमेय कहा जाता है। न्याय सूत्र में प्रमेय 12 बताये गये हैं:- आत्मा, शरीर, इन्द्रिय, अर्थ, बुद्धि, मन, प्रवृत्ति, दोष, प्रेत्यभाव, फल, दुःख, अपवर्ग।
मोक्ष- न्याय दर्शन में मोक्ष को अपवर्ग तथा निःश्रेयस भी कहा गया है। प्रमाण, प्रमेय आदि सोलह पदार्थों का ज्ञान मोक्ष की प्राप्ति कराने वाला है।
ईश्वर- न्याय दर्शन में आत्मा के दो भेद बतलाए गये हैं- जीवात्मा और परमात्मा। जीवात्मा अल्पज्ञ, अनित्य एवं बन्धनग्रस्त है, वहीं परमात्मा सर्वज्ञ, नित्य एवं स्वतन्त्र है, इसे ही ईश्वर कहा गया है।

2. वैशेषिक दर्शन

महर्षि कणाद

संस्थापक– वैशेषिक दर्शन के प्रवर्तक **महर्षि कणाद** माने जाते हैं।

आधारभूतग्रंथों– वैशेषिक-सूत्र इस दर्शन का पहला प्रामाणिक आधारभूत ग्रंथ है। इसके रचयिता महर्षि कणाद हैं।

उद्देश्य- अन्य भारतीय दर्शनों के समान इस दर्शन का उद्देश्य भी मोक्ष की प्राप्ति है। वैशेषिक के अनुसार धर्म के ज्ञान से जीवात्मा मोक्ष की प्राप्ति करता है।

वैशेषिक दर्शन के त्त्वों का विचार-

पदार्थ– वैशेषिक दर्शन में पदार्थ के सात प्रकार बताये गये हैं- 1. द्रव्य 2. गुण 3. कर्म 4. सामान्य 5. विशेष 6. समवाय 7. अभाव।

द्रव्य- द्रव्य नौ प्रकार के हैं- पृथ्वी, जल, तेज, वायु, आकाश, काल, दिक्, आत्मा और मन।

गुण- वैशेषिक दर्शन में गुण को भी एक पदार्थ कहा गया है। गुण 24 प्रकार के बताये गये हैं।

कर्म- वैशेषिक दर्शन में कर्म पाँच प्रकार के बताये गये हैं। कर्म में किसी भी प्रकार का कोई गुण नहीं होता है।

निःश्रेयस- निःश्रेयस शब्द का प्रयोग वैशेषिक दर्शन में मोक्ष के लिए हुआ है। निःश्रेयस प्राप्ति हेतु चार साधन बताये गये हैं:- तत्त्वज्ञान, श्रद्धा, निष्काम कर्म एवं ईश्वरीयकृपा।

3. सांख्य दर्शन

महर्षि कपिल माता देवहूति को सांख्य ज्ञान प्रदान करते हुए

संस्थापक– सांख्य दर्शन के संस्थापक होने का श्रेय महर्षि कपिल को है।

आधारभूतग्रंथ– कपिल मुनि द्वारा प्रणीत **सांख्यसूत्र** सांख्य दर्शन की प्राचीनतम रचना मानी जाती है।

उद्देश्य- सांख्य दर्शन का उद्देश्य भी बौद्ध दर्शन के समान मनुष्य को दुखों से मुक्त करना है। सांख्य दर्शन के अनुसार मनुष्य आध्यात्मिक, आधिदैविक तथा आधिभौतिक इन तीन दुखों से घिरा रहता है।

सांख्य दर्शन के तत्त्वों का विचार-

प्रमाण- सांख्य दर्शन में तीन प्रमाण हैं- प्रत्यक्ष, अनुमान एवं आगम

प्रमेय- सांख्य दर्शन में मुख्य प्रमेय दो हैं- प्रकृति एवं पुरुष। प्रकृति जड़ एवं त्रिगुणात्मिका है। प्रकृति से ही समस्त जड़-जगत की उत्पत्ति होती है। सांख्यदर्शन में चेतन सत्ता को पुरुष कहा जाता है।

सृष्टि- सांख्य दर्शन के अनुसार सम्पूर्ण सृष्टि प्रकृति और पुरुष से मिलकर बनी हुई है। सांख्य दर्शन में २५ तत्वों का वर्णन किया गया है।

सूक्ष्मशरीर- सांख्य मतानुसार सूक्ष्म शरीर १८ तत्वों से मिलकर निर्मित होता है।

सत्कार्यवाद- सांख्य दर्शन सत्कार्यवाद का समर्थक है। वह मानता है कि कार्य उत्पत्ति के पूर्व अपने कारण में छिपा रहता है जैसे, तेल तिल में छिपा रहता है।

4. योगदर्शन

महर्षि पतंजलि

संस्थापक– योग दर्शन के संस्थापक महर्षि पतंजलि हैं।

आधारभूतग्रंथ– योगसूत्र इस दर्शन का प्राचीनतम आधारभूत ग्रंथ है।

उद्देश्य- योग दर्शन एक अत्यन्त व्यावहारिक दर्शन है। इस दर्शन का मुख्य उद्देश्य मनुष्य को वह मार्ग दिखाना है जिस पर चलकर व्यक्ति जीवन के परम लक्ष्य मोक्ष की प्राप्ति कर सके। मनुष्य जीवन की आध्यात्मिक, मानसिक और शारीरिक उन्नति के लिये दर्शन का एक बड़ा व्यावहारिक और मनोवैज्ञानिक रूप योगदर्शन में प्रस्तुत किया गया है। इसमें बताया गया है कि किस प्रकार मनुष्य अपने मन की वृत्तियों (चित्त) पर नियन्त्रण रखकर अपने अन्तिम लक्ष्य निर्वाण को प्राप्त कर सकता है।

योगदर्शन के प्रमुख सिद्धान्त

योग का स्वरूप- चित्त की वृत्तियों का निरोध ही योग है।

योगोपाय- महर्षि पतंजलि के अनुसार चित्तवृत्ति निरोध का प्रधान उपाय अभ्यास एवं वैराग्य है।

योग के अंग- योग के आठ अंग हैं:- यम, नियम, आसन, प्राणायाम, प्रत्याहार, धारणा, ध्यान एवं समाधि।

ईश्वर- योग दर्शन में पतंजलि द्वारा ईश्वर की सत्ता पुरुषविशेष के रूप की गई है। ईश्वर का वाचक शब्द 'ओंकार' है जिसका जप करने तथा ईश्वर की भावना करने से जीवात्मा के स्वरूप का दर्शन तथा विघ्नों का अभाव होता है।

कैवल्य- योगसूत्र के अनुसार पुरुषार्थ को पूर्ण कर चुके सत्त्वादि गुणों का प्रतिप्रसव (प्रकृति में लीन हो जाना) कैवल्य है।

5. मीमांसा दर्शन (पूर्व मीमांसा)

महर्षि जैमिनी

संस्थापक- महर्षि जैमिनी इस दर्शन के संस्थापक माने जाते हैं।

आधारभूतग्रंथ- जैमिनी सूत्र इस दर्शन का आधारभूत ग्रंथ है।

उद्देश्य- इसका मुख्य उद्देश्य वैदिक विधि-निषेधों का अर्थ समझना तथा वैदिक कर्मकाण्ड का तर्कपूर्वक प्रतिपादन करना है।

मीमांसा दर्शन के तत्वों का विचार-

प्रमाण- इस दर्शन में ज्ञान प्राप्ति के लिए छः प्रमाणों को विशेष माना है, वे हैं– प्रत्यक्ष, शब्द, अर्थापत्ति, अनुमान, उपमान, अनुपलब्धि।

धर्म विचार- मीमांसा का प्रधान विषय धर्म है, धर्म की व्याख्या करना ही इस दर्शन का प्रयोजन बताया गया है।

मुख्य विचार– मीमांसा दर्शन पूर्णत: वेदों पर आधारित दर्शन है। इसके अनुसार वेदों द्वारा बताये गये कर्मकाण्ड को करना ही धर्म है। इस कर्मकाण्ड से इस लोक तथा परलोक में कल्याण की प्राप्ति होती है। मीमांसा दर्शन भी आत्मा की अमरता, पुनर्जन्म, कर्मफल तथा मोक्ष पर विचार करता है। यह जगत को सत्य मानता है क्योंकि इसका हमें प्रत्यक्ष ज्ञान होता है। ज्ञानकाण्ड के पूर्व कर्मकाण्ड पर विचार करने के कारण इसे पूर्व मीमांसा भी कहा जाता है।

6. वेदान्त दर्शन (उत्तर मीमांसा)

महर्षि बादरायण व्यास

संस्थापक- प्रसिद्ध महर्षि बादरायण व्यास इस दर्शन के संस्थापक आचार्य माने जाते हैं।

आधारभूत ग्रंथ- ब्रह्मसूत्र इस दर्शन का आधारभूत ग्रंथ है।

उद्देश्य- उपनिषदों में जिस ब्रह्म को जगत का कारण, आत्मा का आधार तथा मुक्तिदाता कहा गया है, उसी की और भी विस्तृत व्याख्या करना वेदान्त का मुख्य उद्देश्य है। वेदान्त दर्शन उपनिषदों के ज्ञानकाण्ड की व्याख्या करता है।

वेदांत दर्शन के तत्वों के प्रमुख विचार-

वेदान्त पर लिखे गए भाष्यों में आचार्य शंकर का अद्वैत दर्शन सबसे प्रमुख है। आचार्य शंकर ने जीव और ब्रह्म को एक ही माना है। इस संसार में ब्रह्म ही एकमात्र सत्य है, जगत मिथ्या है। एकमात्र ब्रह्म ही परम सत्ता है जो अनादि, अनन्त, सर्वव्यापक, सर्वशक्तिमान है।

इस दर्शन में बताया गया है कि तीन मूल पदार्थ है- एक प्रकृति, दूसरा जीवात्मा और तीसरा परमात्मा। तीनों ही पदार्थ अनादि हैं। इनका कोई अन्त नहीं है जिसमें ये तीनों तत्व विद्यमान हैं, वह परब्रह्म है।

जीवात्मा के वर्णन के साथ ही जन्म-मरण के बन्धन एवं मोक्ष का उपाय भी इस दर्शन में बताया गया है। शंकर के अनुसार मात्र आत्मा का ज्ञान प्राप्त कर लेने पर अर्थात् आत्मा के वास्तविक स्वरूप का साक्षात्कार कर लेने पर व्यक्ति मोक्ष प्राप्त कर लेता

है। यही पूर्ण ज्ञान है।

2.4.6 भारतीय दर्शन का भविष्य

भारत में दर्शन तथा धर्म का परस्पर सहयोग जितने सुंदर ढंग से हुआ है, वस्तुत: वह विशेष प्रशंसनीय है। दर्शन का समुचित प्रयोग वह अपने मानवदेह के कल्याण हेतु कर सकता है। इसका लोहा पाश्चात्य विद्वान भी मानते हैं। भारतीय दर्शन का भूतकाल तो भव्य था ही, वर्तमान और भविष्य भी गौरवशाली प्रतीत होता है। इस दर्शन की महती विशेषता इसमें दृष्टिगत होती है कि वह अनेकता के भीतर एकत्वभाव को स्थापित करता है।

योग के महत्व को वैश्विक फ़लक पर प्रस्तुत करने का श्रेय भारतीय दार्शनिकों को ही जाता है। वर्तमान समय में अंतर्राष्ट्रीय योग दिवस मनाने का शुभ संकल्प इसी बात का उद्योतक है। धर्म, अध्यात्मज्ञान, विज्ञान, मनोविज्ञान इन सब के पारस्परिक समन्वय का महत्व हमारे एकाधिक दर्शन ग्रंथों ने हमें भलीभाँति समझाया है। विश्वशान्ति के लिए हम अवश्य चाहेंगे कि विज्ञान के साथ अध्यात्म का शिवमय शुभ समन्वय हो।

ॐ

2.5 रामायण (अरण्यकाण्ड) का सामान्य परिचय

रामायण- अरण्यकाण्ड

2.5.1 प्रस्तावना

महर्षि वाल्मीकि द्वारा विरचित 'रामायण' लौकिक संस्कृत की काव्य-परम्परा का सर्वप्रथम ग्रंथ है। अतः इसे 'आदिकाव्य' भी कहा जाता है। श्री सीता राम के चरित्र का सर्वप्रथम वर्णन रामायण में ही प्राप्त होता है। रामायण एक महाकाव्य है जिसमें ७ काण्ड, ५०० सर्ग तथा २४००० श्लोक हैं। अतः इसे 'चतुर्विंशत्साहस्री संहिता' भी कहते हैं। भारतीय जनमानस को रामायण ने अत्यधिक प्रभावित किया है। धार्मिक, सांस्कृतिक, साहित्यिक तथा सामाजिक आदि दृष्टिकोण से भी रामायण अत्यधिक महत्वपूर्ण रचना है। वैश्विक-पटल पर आदर्श मानवीय जीवन
मूल्यों की स्थापना में रामायण का अद्वितीय योगदान है।

2.5.2 रामायण की संरचना

व्युत्पत्ति की दृष्टि से रामायण शब्द दो संस्कृत शब्दों से मिलकर बना है- राम और आयण, जिसका अर्थ होता है राम का पथ अथवा स्थान। ये राम के भव्य और शौर्यपूर्ण जीवन की कथा है। रामायण में २४००० श्लोक हैं जो सात काण्डों में विभक्त है:
१. बालकाण्ड २. अयोध्याकाण्ड ३. अरण्यकाण्ड ४. किष्किन्धाकाण्ड
५. सुन्दरकाण्ड ६. युद्धकाण्ड तथा ७. उत्तरकाण्ड।
इन सात काण्डों का सार निम्नलिखित है:-

1. बालकाण्ड

बालकाण्ड में बताया गया है कि राम और उनके भाई, भरत, लक्ष्मण और शत्रुघ्न का जन्म कैसे हुआ, उन्हें गुरुकुल में कैसे भेजा गया और उन्होंने किस प्रकार अनेक कलाओं जैसे कि धनुर्विद्या, राजनीति, नीतिशास्त्र, प्रतिदिन के कर्मकाण्ड आदि का ज्ञान प्राप्त किया। बालकाण्ड में श्रीराम के जन्म से लेकर उनके विवाह पर्यन्त की कथा वर्णित है।

2. अयोध्याकाण्ड

अयोध्याकाण्ड में राम के राज्याभिषेक की तैयारी से लेकर उनके वनगमन पर्यन्त की कथा वर्णित है। दूसरे अध्याय का प्रसंग स्थान अयोध्या नगरी है। जब चारों राजकुमार अयोध्या वापिस आते हैं तो राम का राजतिलक होना तय होता है। राम शिव धनुष का भंजन करके सीता से विवाह करते हैं। किन्तु मन्थरा की ईर्ष्या के कारण राम अपना राजमुकुट त्याग कर अपनी पत्नी सीता और भाई लक्ष्मण के साथ चौदह वर्षों के लिए वन को चले जाते हैं।

3. अरण्यकाण्ड

अरण्यकाण्ड में राम के दण्डकारण्य में निवास और रावण द्वारा सीताहरण करने का वृत्तान्त है। इसमें राम के वन निर्वासन के आरम्भिक वर्षों का वर्णन है। इस अवधि में अनेक महत्वपूर्ण घटनाएँ घटित होती हैं जो राम, सीता और लक्ष्मण की धर्मशीलता और साहस को प्रदर्शित करती हैं। अध्याय की परिणति लंका के राजा रावण द्वारा सीता हरण के साथ होती है।

4. किष्किन्धाकाण्ड

किष्किन्धाकाण्ड में राम की सुग्रीव से मैत्री से लेकर वानर दलों द्वारा सीता अन्वेषण के प्रयासों का वर्णन है। कथा दक्षिण भारत के किष्किन्धा के वनों में आगे बढ़ती है। वन में राम का मिलन अपने परम भक्त हनुमान, सुग्रीव और जामवन्त से होता है। किष्किन्धाकाण्ड में सीता को लंका से वापिस लाने की योजना बनायी जाती है।

5. सुन्दरकाण्ड

सुन्दरकाण्ड में हनुमान के लंका पहुँचने और सीता को राम का संदेश देकर पुनः राम के पास आने की कथा है। इस अध्याय में राम के लंका प्रस्थान का वर्णन है। इसका पाठ

भारत में रामायण से पृथक भी किया जाता है।

6. युद्धकाण्ड

युद्धकाण्ड में राम-रावण के युद्ध से लेकर राम के राज्याभिषेक पर्यन्त की कथा वर्णित है। इस अध्याय में राम और रावण की सेना के मध्य हुए भीषण युद्ध का वर्णन है। अंततः रावण मृत्यु को प्राप्त होता है और सीता को स्वतंत्र करा लिया जाता है।

7. उत्तरकाण्ड

उत्तरकाण्ड में लव-कुश के जन्म, राम द्वारा अश्वमेध यज्ञ के आयोजन से लेकर उनके महाप्रस्थान का वर्णन है। साथ ही इस अध्याय में राम के वन से अयोध्या वापस आने के बाद के जीवन के बारे में वर्णन है। इनमें सीता का त्याग, दो पुत्र लव और कुश का जन्म, सीता का पवित्र धरती में समा जाना और राम का स्वर्गारोहण भी सम्मिलित है।

2.5.3 रामायण का सांस्कृतिक महत्व

रामायण केवल एक महाकाव्य नहीं अपितु यह भारतीय सांस्कृतिक चेतना का प्रकाश स्तम्भ है। रामायण के नायक श्रीराम मानव जीवन का आदर्श हैं। रामायण में पितृभक्ति, पुत्रप्रेम, पतिव्रत्य, प्रजावत्सलता, भ्रातृस्नेह, सत्य, धर्म, सदाचार, कर्तव्यनिष्ठा आदि आदर्श मानवीय गुणों की प्रतिष्ठा है।

रामायण में अन्याय पर न्याय की विजय आशावादी दृष्टिकोण है। रामायण में मानव हृदय के सभी पक्षों का वर्णन किया है। रामायण के सभी पात्रों द्वारा जीवन की विभिन्न परिस्थितियों का चित्रण प्रस्तुत किया है जिससे आज भी भारतीय समाज प्रेरणा प्राप्त करता है।

2.5.4 रामायण में प्रस्तुत दार्शनिक दृष्टि

रस

रस का अर्थ आनंद का वह भाव है जो किसी महाकाव्य, किसी कलाकृति और साहित्य के पढ़ने, सुनने अथवा देखने से श्रोता के अंदर उत्पन्न होता है। रामायण का प्रधान रस करुण रस है। राम और सीता के मिलन, बिछोह और पुनः मिलन रस का प्रस्फुटन होता है। युद्धकाण्ड में वीर रस का भाव देखने को मिलता है। हास्य रस से सामना सूर्पनखा के प्रसंग में होता है। रौद्र रस रावण, अद्भुत रस हनुमान और शांत रस

अनेक संतों के चरित्रों के प्रसंग में प्राप्त होता है।

नैतिकता से परिपूर्ण चरित्र

इस महाकाव्य में अनेक चरित्र उत्कर्ष चरित्र का प्रदर्शन करते हैं। लेखक उन चारित्रिक गुणों को सामान्य जनों के मन में डालना चाहता है। राम (मर्यादा पुरुषोत्तम) का चरित्र उच्चतम नैतिक स्तर का है। दशरथ पितृ प्रेम को उच्चतम स्तर पर लेकर जाते हैं। कौशल्या और सुमित्रा धैर्य और वात्सल्य प्रेम का प्रदर्शन करती हैं। सुमंत एक आदर्श मंत्री और मन्थरा आदर्श आस्थावान एवं समर्पित दासी है। हनुमान परम भक्त, लक्ष्मण आदर्श भाई और सीता आदर्श पत्नी हैं।

मानव केन्द्रित

रामायण में दैवीय गुणों को मानव में प्रतिस्थापित किया गया है। इस महाकाव्य में देवत्व अयोध्या राज्य के साधारण मानवों में भी प्रतिबिम्बित होता है। यह दर्शाता है कि मानव भी दिव्य गुणों को धारण कर सकता है। रामायण की यह दृष्टि और किसी संस्कृत साहित्य में दिखाई नहीं देती है।

पुरुषार्थ और आश्रम

पुरुषार्थ भारतीय दर्शन की केन्द्रीय अवधारणा है। पुरुषार्थ का अर्थ है जीवन का उद्देश्य। पुरुषार्थ चार हैं – धर्म, अर्थ, काम और मोक्ष। यह महाकाव्य अर्थ और काम को अति महत्व नहीं देता हालाँकि इन्हें पूर्णतः नकारता भी नहीं है। रामायण में इन दोनों को धर्म के नियंत्रण में रखा गया है। राम, हनुमान, लक्ष्मण, विभीषण के चरित्रों में धर्म को सर्वाधिक महत्व दिया गया है। रामायण धर्म की अधर्म पर विजय को दिखाता है। महाकाव्य पुनः मोक्ष के बारे में अधिक बात नहीं करता तथापि इसे निरस्त भी नहीं करता है।आश्रम भी सनातन धर्म के आधारभूत स्तंभ है। यघपि सभी आश्रमों का महाकाव्य में वर्णन किया गया है किन्तु गृहस्थ आश्रम धर्म, जिसका पालन राम अपने राज्य और पारिवारिक मामलों में करते हैं, पर मुख्य बल दिया गया है।

आलंकारिक/रूपकात्मक सुझाव

नैतिक और सौन्दर्यात्मक महत्व के अतिरिक्त प्रारम्भ से ही ऋषि और दार्शनिक रामायण कथा के रूपकात्मक अर्थ को बताने का प्रयास करते रहे हैं। उदाहरण के लिए

स्वामी विवेकानन्द इसका वर्णन अद्वैतिक सन्दर्भ में करते हैं और राम को परम ब्रह्म के रूप में देखते हैं। सीता को जीवात्मा के और लंका को मानव शरीर के अर्थ में समझते हैं। लंका नामक शरीर में बंद जीवात्मा सदैव अपने परम ब्रह्म राम से मिलना चाहती है। इसमें राक्षस अर्थात् चारित्रिक दुर्गुण बाधा उपन्न करते हैं। विभीषण सत्व गुण के प्रतिनिधि हैं। रावण रजस गुणों वाला हमारा अहंकार है। कुम्भकरण जड़ता लिए तमस गुण धारक है। हनुमान को जीव के गुरु के रूप में देखते हैं।

2.5.5 रामायण (अरण्यकाण्ड) में योग

रामायण भारत की बहुत महत्वपूर्ण तथा सुप्रसिद्ध रचना है। इसने भारत की हिन्दू संस्कृति को युगों से सकारात्मक दिशा में विकसित होने में सहायता की है। रामायण भारत सहित दक्षिण-पूर्वी एशिया में व्यापक सांस्कृतिक प्रभाव रखती है। अरण्यकाण्ड (रामायण का) योग की दृष्टि से महत्वपूर्ण है। इस काण्ड में राम अपनी पत्नी सीता तथा भाई लक्ष्मण के साथ वन में रहते हैं जहाँ रावण उनकी पत्नी सीता का हरण करके ले जाता है। उसके बाद राम अपने भाई के साथ सीता को खोजते हैं। इस पूरे संघर्ष में राम अपने कर्तव्य से नहीं हटते हैं और साहसपूर्वक संघर्ष करते हैं। यही वास्तविक योग है। सीता की खोज के दौरान संघर्ष और कठिन समय में भी राम अपना सन्तुलन बनाए रखते हैं। जीवन के सिद्धान्तों और मूल्यों से समझौता किए बिना सदाचारी जीवन जीते हैं। इतनी समस्याओं के चलते भी वह प्रतिक्षण प्रसन्न और शान्त रहते हैं। यह योग का वास्तविक विचार है।

रामायण यौगिक जीवन के सिद्धान्तों के लिए एक रूपक है। भगवान राम सर्वोच्च योगी हैं। वे धर्म के लिए जीते हैं। अपने कर्तव्यों के प्रति वचनबद्ध रहते हैं। वे सत्य का पालन करते हैं। वे अपनी इन्द्रियों को दृढ़तापूर्वक अपने नियन्त्रण में रखते हैं। राम सभी यौगिक गुणों के लिए आदर्श हैं। रामायण एक व्यावहारिक योग सिखाती है, जो मानव जाति को आध्यात्मिक जीवन जीने के लिए प्रेरित करती है।

2.5.6 रामायण का यौगिक महत्व

रामायण सिर्फ़ एक कहानी नहीं है जो बहुत पहले घटित हुई थी, रामायण का दार्शनिक, आध्यात्मिक महत्व है जो एक गहरा सत्य है। राम दो शब्द से मिलकर बना है 'रा' और 'म'। **'रा' का अर्थ है प्रकाश, 'म' का अर्थ है मेरे भीतर, मेरे हृदय में।** इस प्रकार राम का अर्थ है, मेरे भीतर का प्रकाश अर्थात् जो कण-कण में व्याप्त है, वही राम है।

राम का जन्म दशरथ और कौसल्या से हुआ था। दशरथ का अर्थ है 'दस रथ'। दस रथ पाँच ज्ञानेन्द्रियों और पाँच कर्मेन्द्रियों का प्रतीक हैं। कौशल्या का अर्थ है 'कौशल'। दस रथों का कुशल सवार ही राम को जन्म दे सकता है। जब दसों इंद्रियों का कुशलता से उपयोग किया जाता है, तब ही भीतर चमक पैदा होती है।
राम का जन्म अयोध्या में हुआ था। अयोध्या का अर्थ है 'वह स्थान जहाँ कोई युद्ध न हो'। जब हमारे मन में कोई द्वन्द नहीं है, तभी तेज का उदय हो सकता है। ऐसा कहा जाता है कि रामायण आपके अपने शरीर में घटित हो रही है।
आपकी आत्मा राम है
आपका मन सीता है
आपकी श्वास या जीवन-शक्ति (प्राण) हनुमान है
आपकी जागरुकता ही लक्ष्मण है और
आपका अहंकार ही रावण है।
जब मन को रावण (अहंकार) ने चुरा लिया तो आत्मा बेचैन हो गयी। अब आत्मा अपने आप मन तक नहीं पहुँच सकती। उसे श्वास-प्राण की सहायता लेनी पड़ती है। प्राण की सहायता से मन पुनः आत्मा से मिल गया और अहंकार लुप्त हो गया और यही योग है।

2.5.7 सारांश

इस बात में कोई संदेह नहीं है कि विश्व मानचित्र के लगभग दो-तिहाई हिस्से को रामायण ने अनेक स्तरों पर और अनेक रूपों में प्रभावित किया है। आज भी मिस्र और रोम से लेकर वियतनाम, कंबोडिया और इंडोनेशिया तक रामायण संस्कृति का व्यापक प्रभाव देखा जा सकता है। वैश्विक जनमानस को जिस कथा ने सर्वाधिक प्रभावित किया है वह रामायण ही है।
यह कहना भी अनुचित नहीं होगा कि शताब्दियाँ व्यतीत हो जाने के पश्चात भी रामायण वैश्विक सांस्कृतिक चेतना का केन्द्र बिन्दु बनी हुई है। इसकी विश्व-व्यापकता अपने आप में कहीं न कहीं यह संकेत करती है कि रामायण हमारी सभ्यता, जीवन और संस्कृति का आधार स्तंभ ही है। जिस प्रकार रामायण के सारे चरित्र अपने-अपने धर्म का पालन करते हैं उसी प्रकार इन चरित्रों से सीख लेकर मनुष्य अपने जीवन को सार्थक बना सकता है। रामायण का अनुसरण करके ही आज की समस्त समस्याओं से मुक्ति पा सकते हैं।

2.6 महाभारत (शान्ति पर्व) का सामान्य परिचय

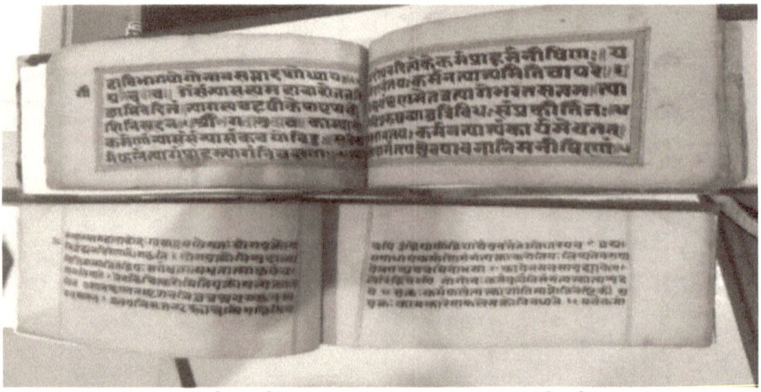

ताड़ के पत्ते पर महाभारत की पाण्डुलिपि

2.6.1 प्रस्तावना

महाभारत विश्व का सबसे बड़ा ग्रंथ है। भारतीय परम्परा एवं संस्कृत वाङ्गमय में वेद एवम् भारतीय लौकिक साहित्य में रामायण के पश्चात् महाभारत का ही स्थान है। यह कई दृष्टि से अत्यंत महत्वपूर्ण है। इस ग्रंथ में पुरुषार्थ के सभी विषय धर्म-अर्थ-काम-मोक्ष प्रतिपादित हैं। महाभारत में इस तथ्य का उल्लेख है।

धर्मे च अर्थे च कामे च मोक्षे च भरतर्षभ।
यदिहस्ति तदन्यत्र यन्नेहस्ति न तत्क्वचित् ॥

(महाभारत १.५६.३३)

2.6.2 महाभारत का संक्षिप्त परिचय

महाभारत के प्रमुख रचयिता वेदव्यास हैं। महर्षि वेदव्यास का दूसरा नाम कृष्णद्वैपायन भी है। महाभारत के पात्रों से उनका घनिष्ठ सम्बन्ध था।

महाभारत के आदि-पर्व में कहा गया है कि कृष्णद्वैपायन ने तीन वर्षों तक निरन्तर परिश्रम से महाभारत की रचना की थी। इतिहास के आधुनिक विद्वानों का कहना है कि महाभारत को एक लाख श्लोकों का वर्तमान रूप अनेक शताब्दियों के विकासक्रम में प्राप्त हुआ। व्यास ने प्राचीन काल की गाथाओं को एकत्र करके इस ग्रंथ की मूल रचना की थी। इसके विकास के तीन चरण हैं:- जय, भारत और महाभारत। जय नामक ग्रंथ में ८,८०० श्लोक थे। इसमें पाण्डवों की विजय का वर्णन किया गया था। दूसरे चरण में भारत नामक ग्रंथ प्रस्तुत हुआ, जिसमें २४,००० श्लोक थे। इसमें युद्ध का वर्णन ही प्रधान विषय था। इसी भारत को वैशम्पायन ने पढ़कर जनमेजय को सुनाया था। इस ग्रंथ में जब उपाख्यान आदि जोड़े गए तथा इसे व्यापक विश्वकोष का स्वरूप दिया गया, तब इसका नाम महाभारत पड़ा। यही महाभारत लोमहर्षण के पुत्र उग्रश्रवा द्वारा नैमिषारण्य में शौनकादि ऋषियों को सुनाया गया था। इस स्थिति से इसमें एक लाख श्लोक हो गए। इसके १८ पर्वों में कौरव-पाण्डवों का इतिहास है जिसकी प्रमुख घटना महाभारत का युद्ध है। महाभारत के अठ्ठारह पर्वों का नाम एवं संक्षिप्त विवरण इस प्रकार है:-

क्रम	पर्व	विषय
१	आदिपर्व	इस पर्व में कुल २९उपपर्व और २३३अध्याय और ७१९०श्लोक है। इसमें समुद्र मंथन की कथा, शकुन्तला दुष्यन्त की प्रेम कथा, कौरव-पाण्डवों की उत्पत्ति की कथा, द्रौपदी स्वयंवर की कथा, सुभद्रा के हरण की कथा आदि प्रसंगों कावर्णन किया गया है।
२	सभापर्व	इस पर्व में१०उपपर्व और ८१अध्याय हैं। इसमें कौरवों और पाण्डवों के बीच जो पासे का खेल हुआ था उसी का वर्णन है। इस खेल में पाण्डव पराजित हो गए थे जिसके बदले उन्हें १२वर्षों का वनवास और १वर्ष का अज्ञातवास दिया गया था।
३	वन पर्व	इस पर्व में पाण्डवों ने १२वर्षों का जो समय काम्यक अरण्य में बिताया उसके बारे में बताया गया है जिसमें२२उपपर्व और ३१५अध्याय हैं।
४	विराटपर्व	इस पर्व में५उपपर्व और ७२अध्याय हैं जिसमें पाण्डवों के विराट राज्य में बिताये गए अज्ञातवास का वर्णन है।
५	उद्योग पर्व	उद्योग यानि प्रयास। इस पर्व में१०उपपर्व और १९६ अध्याय हैं। इस पर्व में कौरव और पाण्डव के मध्य युद्ध को रोकने के लिए किये गए प्रयासों का वर्णन है।
६	भीष्म पर्व	इस पर्व में ४ उपपर्व और १२२ अध्याय हैं जिसमें कौरवों और पाण्डवों के बीच के युद्ध और युद्धके१०वें दिन भीष्म तीरों की शय्या पर लेटे थे, के बारे में बताया गया है।
७	द्रोण पर्व	इस पर्व में ८उपपर्व और२०२ अध्याय हैं जिसमें गुरु द्रोण के युद्ध और युद्ध के १२वें दिन, उनकी मृत्यु हुई,का वर्णन है।
८	कर्ण पर्व	इस पर्व में१९६ अध्याय हैं जिसमें गुरु द्रोण के बाद कर्ण ने युद्ध की कमान सँभाली तथा युद्ध के१७वें दिन कर्ण की मृत्यु हुई, के बारे में बताया गया है।
९	शल्य पर्व	इस पर्व में २उपपर्व और ६५ अध्याय हैं। इस पर्व में कर्ण के बाद शल्य ने युद्ध की कमान सँभाली ,१७वें दिन शल्य की मृत्यु हुई। पश्चात् दुर्योधन और भीम की लड़ाई हुई, जिसमें दुर्योधन मृत्यु को प्राप्त हुआ,के बारे में बताया गया है।

१०	सौप्तिक पर्व	इस पर्व में १उपपर्व और १८ अध्याय हैं जिसमें कौरवों के युद्ध में हारने के बाद द्रोणाचार्य के पुत्र अश्वत्थामा पाण्डवों को मरवाना चाहता था, लेकिन उनकी जगह पाण्डवों के पुत्रों की हत्या हो गयी,के बारे में बताया गया है।
११	स्त्री पर्व	इस पर्व में ३उपपर्व और २७अध्याय हैं जिसमें युद्ध में कई स्त्रियों ने अपने पतियों को खोया था, पाण्डवों ने उन सभी स्त्रियों के पतियों के आत्मा की शान्ति की कामना की,के बारे में बताया गया है।
१२	शान्ति पर्व	इस पर्व में३उपपर्व और ३६५अध्याय हैं। इसमें युद्ध की समाप्ति, युधिष्ठिर के राज्याभिषेक की कथा, पितामह भीष्म के द्वारा कृष्ण की स्तुति, युधिष्ठिर और भीष्म का संवाद, भीष्म द्वारा युधिष्ठिर को विविध धर्मों के उपदेश की कथा समाहित की गई है।
१३	अनुशासन् पर्व	इस पर्व में२उपपर्व और १६८अध्याय हैं। इसमें भीष्म और युधिष्ठिर-संवाद, भीष्म का प्राणत्याग, भीष्म का अन्तिम संस्कार, गँगा का शोकाकुल होना, कृष्ण द्वारा गँगा को सांत्वना प्रदान करना आदि प्रसंगों का वर्णन किया गया है।
१४	अश्वमेध पर्व	इस पर्व में ३उपपर्व और ११३अध्याय हैं जिसमें युधिष्ठिर ने अश्वमेध यज्ञ किया था,के संबंध में बताया गया है।
१५	आश्रम-वासिक पर्व	इस पर्व में३उपपर्व और ३९अध्याय हैं जिसमें धृतराष्ट्र और उनकी पत्नी गांधारी ने कुन्ती के साथ वन की ओर प्रस्थान किया, के बारेमें वर्णन किया गया है।
१६	मौसल पर्व	इस पर्व में ८ अध्याय हैं जिसमें यादवों के वंश का गाँधारी केशाप की वजह से नाश हो गया था, का उल्लेख है।
१७	महाप्रास्था-निक पर्व	इस पर्व में ३ अध्याय हैं। श्री कृष्ण की मृत्यु के बाद पाण्डवों ने द्रौपदी के साथ मेरु पर्वत की ओर प्रस्थान किया तो उनके पीछे एक कुत्ता भी चल रहा था। अन्त में केवल युधिष्ठिर और वह कुत्ता ही जीवित बचा, का उल्लेख है।
१८	स्वर्ग आरोहणपर्व	इसमें ५ अध्याय हैं जिनमें जब युधिष्ठिर की मृत्यु हुई तो उसे नरक के रास्ते पर ले जाया गया लेकिन अंत में वह स्वर्ग पहुँच गए और वहाँ उसके सभी परिजन उपस्थित थे। यह देखकर वे बहुत प्रसन्न हुए, का उल्लेख है।

युधिष्ठिर और भीष्म का संवाद

2.6.3 शान्ति पर्व का परिचय

महाभारत विश्व का सबसे बड़ा ग्रंथ है। भारतीय परम्परा एवं संस्कृत वाङ्ग्मय में वेदों के पश्चात् रामायण एवं महाभारत को सर्वोच्च स्थान दिया गया है। महाभारत में एक लाख श्लोक हैं, इसकी विषय-वस्तु अत्यन्त व्यापक है। इसमें इतिहास, धर्म, राजनीति, शिक्षा, चिकित्सा आदि विश्व के समस्त विषयों का विस्तृत वर्णन प्राप्त होता है। महाभारत में अठ्ठारह पर्व हैं जो अनेक उपपर्वों और अध्यायों में विभक्त हैं। शान्तिपर्व महाभारत का बारहवाँ पर्व है। इसमें ३ उपपर्व ३६५ अध्याय और १३७१६ छन्द हैं। इनका विवरण निम्नलिखित है:-

क्र.	उपपर्व	अध्याय	विषय
१	राजधर्मानुशासन पर्व	१ से १३०	शान्ति पर्व में युद्ध की समाप्ति पर युधिष्ठिर का शोकाकुल होकर पश्चातापकरना. वानप्रस्थ एवं संन्यास आश्रम में प्रवेश को उद्धत होना.श्रीकृष्ण सहित सभी लोगों द्वारा उन्हें समझाना. युधिष्ठिर का नगर-प्रवेश और राज्याभिषेक.सबके साथ पितामह भीष्म के पास जाना. भीष्म के द्वारा श्रीकृष्ण की स्तुति.भीष्म द्वारा युधिष्ठिर के प्रश्नों का उत्तर तथा उन्हें राजधर्म का उपदेश करना आदि वर्णित है।
२	आपद्धर्म पर्व	१३१ से १७३	इस पर्व में आपद्धर्म और आपत्तिग्रस्त राजा के कर्तव्यों का वर्णन किया गया है। साथ ही ब्राह्मणों और श्रेष्ठ राजाओं के धर्म का वर्णन.राजा के लिये कोषसंग्रह की आवश्यकता.मर्यादा की स्थापना और अमर्यादित दस्युवृत्ति की निन्दा आदि प्रसंग वर्णित हैं।
३	मोक्षधर्म पर्व	१७४ से ३६५	मोक्षपर्व में मोक्षधर्म. आत्मज्ञान. सृष्टि-रहस्य.कल्याण की इच्छा रखने वाले पुरुष के कर्तव्य.त्याग की महिमा. सत्य की महिमा.असत्य के दोष तथा लोक और परलोक के सुख-दुःख आदि का विवेचन हुआ है। इसमें चारों वर्णों के कर्मों का.ब्रह्मचर्य. गृहस्थ.वानप्रस्थ और संन्यास आश्रम के धर्मों का वर्णन किया गया है।

2.6.4 शान्ति पर्व का महत्व

शान्तिपर्व महाभारत का बृहत्तम (सबसे बड़ा) पर्व है। इस पर्व में शरशय्या पर लेटे हुए भीष्म का युधिष्ठिर आदि को उपदेश देना वर्णित है। लोक व्यवहार से लेकर मोक्ष पर्यन्त गहन विषयों का इसमें प्रतिपादन किया गया है। धर्म एवं दर्शन सम्बन्धी सर्वाधिक सामग्री इसी पर्व में उपलब्ध होती है। राजधर्म, आपद्धर्म, मोक्षधर्म, वर्णाश्रमधर्म आदि का विस्तृत एवं प्रामाणिक वर्णन प्राप्त होता है। इसमें संवाद शैली में बहुत रोचकता के साथ अनेक आख्यानों के माध्यम से राजा के कर्तव्यों के वर्णन साथ ही सामान्य जन के लिए गुणवत्तापूर्ण जीवन व्यतीत करने के सभी सूत्र प्राप्त होते हैं। इसका न केवल आध्यात्मिक, राजनैतिक महत्व है परन्तु जनसामान्य के लिए भी यह पर्व अत्यन्त महत्वपूर्ण सामग्री उपलब्ध कराता है।

2.6.5 शान्ति पर्व के मुख्य उद्धरण

सुखस्यानन्तरं दुःखं दुःखस्यानन्तरं सुखम्।
न नित्यं लभते दुःखं न नित्यं लभते सुखम् ॥

(महाभा. शा.प. २५.२३)

अर्थात् सुख के बाद दुःख आता है, और दुःख के बाद सुख आता है, कोई भी न सदा दुःख पाता है और न निरंतर सुख ही प्राप्त करता है।

सुखमन्ते हि दुःखानां दुःखमन्ते सुखस्य च।
तस्मादेतद्द्वयं जह्याद्य इच्छेच्छाश्वतं सुखम् ॥

(महाभा. शा.प. २५.२४)

अर्थात् कभी सुख के अन्त में दुःख और कभी दुःख के अन्त में सुख भी आता है, जो नित्य सुख की इच्छा रखता हो, वह इन दोनों का परित्याग कर दे।

ये च मूढतमा लोके ये च बुद्धेः परं गताः।
त एव सुखमेधन्ते मध्यः क्लेशेन युज्यते ॥

(महाभा. शा.प. २५.२८)

अर्थात् संसार में जो अत्यन्त मूर्ख हैं अथवा जो बुद्धि से परे पहुँच गये हैं, वे ही सुखी होते हैं, बीच वाले लोग (जो मध्यवर्ती स्थिति में होते हैं) कष्ट ही उठाते हैं।

सुखं च दुःखं च भवाभवौ च; लाभालाभौ मरणं जीवितं च।
पर्यायशः सर्वमिह स्पृशन्ति; तस्माद्धीरो नैव हृष्येन्न कुप्येत् ॥

(महा.शा.प. २५.३१)

अर्थात् सुख-दुःख, उत्पति-विनाश, लाभ-हानि और जीवन-मरण ये समय-समय से प्राप्त होते हैं, इसलिये धीर पुरुष इनके लिये हर्ष और शोक न करें।

यदा राजा शास्ति नरानशिष्टांस्तदा राज्यं वर्धते भूमिपस्य।

(महाभा. शा.प. ९१.२८)

जो राजा दुष्टों को दण्ड देता है उसका राज्य समृद्ध होता चला जाता है।

2.6.6 शान्ति पर्व में मानक तत्व और शिक्षाएँ

- **धर्म की प्रधानता**

१. महाभारतकालीन संस्कृति में धर्म की प्रधानता थी और धर्म को सबसे श्रेष्ठ माना जाता था। समाज के सभी मनुष्यों में यह धारणा बलवती थी कि समाज का कोई भी मनुष्य किसी भी कठिन परिस्थिति में धर्म का त्याग न करे। यह धर्म वर्ण-धर्म, आश्रम-धर्म, आपद्धर्म, सेवाधर्म आदि अनेकों प्रकार का होता था। इसमें सत्य, अहिंसा, पवित्रता आदि अनेक गुण विद्यमान होते थे, जैसा कि महाभारत में कहा गया है-

तत्र यत् सत्यं स धर्मो यो धर्मः स प्रकाशो यः प्रकाशस्तत् सुखमिति।
तत्र यदनृतं सोऽधर्मो योऽधर्मस्तत् तमो यत् तमस्तद् दुःखमिति ॥

(महा.शा.प.१९०.५)

अर्थात् वहाँ जो सत्य है, वही धर्म हैं, जो धर्म है वही प्रकाश है और जो प्रकाश है, वही सुख है। इसी प्रकार वहाँ जो असत्य है, वही अधर्म है और जो अधर्म है, वही अन्धकार है और जो अन्धकार है, वही दुःख है।

२. महाभारतकालीन राजनीति में धर्म अपनी प्रभावी भूमिका निभाता था और राजा पर नियन्त्रण भी धर्म के द्वारा ही लगाया जाता था। महाभारत में कहा गया है:-

न वै राज्यं न राजाऽऽसीन्न च दण्डो न दाण्डिकः।
धर्मेणैव प्रजाः सर्वा रक्षन्ति स्म परस्परम्॥

(महाभारत शान्ति पर्व ५९.१४)

अर्थात् पहले न कोई राज्य था, न राजा, न दण्ड था और न दण्ड देनेवाला, समस्त प्रजा धर्म के द्वारा ही एक दूसरे की रक्षा करती थी।

३. महाभारतकालीन संस्कृति में यह भी धारणा बलवती थी कि समाज के जो-जो मनुष्य अधर्म का आचरण करते हैं वे नरक में जाकर कष्ट भोगेंगे, महाभारत में कहा गया है:-

धर्माय राजा भवति न कामकरणाय तु।
मान्धातरिति जानीहि राजा लोकस्य रक्षिता ॥

(महाभारत शान्ति पर्व ९०.३)

अर्थात् राजा धर्म का पालन और प्रचार करने के लिये ही होता है, विषय-सुखों का

उपभोग करने के लिये नहीं। तुम्हें यह जानना चाहिये कि राजा सम्पूर्ण जगत का रक्षक है।

धर्मे तिष्ठन्ति भूतानि धर्मो राजनि तिष्ठति।
तं राजा साधु यः शास्ति स राजा पृथिवीपतिः ॥

(महाभारत शान्ति पर्व ९०.५)

अर्थात् सम्पूर्ण प्राणी धर्म के ही आधार पर स्थित हैं और धर्म राजा के ऊपर प्रतिष्ठित है। जो राजा अच्छी तरह धर्म का पालन और उसके अनुकूल शासन करता है वही दीर्घकाल तक इस पृथ्वी का स्वामी बना रहता है।

धर्मे वर्धति वर्धन्ति सर्वभूतानि सर्वदा।
तस्मिन् ह्रसति ह्रीयन्ते तस्माद् धर्मं न लोपयेत् ॥

(महाभारत शान्ति पर्व ९०.१७)

अर्थात् धर्म की वृद्धि होने पर सदा समस्त प्राणियों का अभ्युदय होता है और उसका ह्रास होने पर सबका ह्रास हो जाता है, अतः धर्म का कभी लोप नहीं होने देना चाहिये।

ये मूढास्ते दुरात्मानो धर्मसंकरकारकाः।
मर्यादाभेदका नीचा नरके यान्ति जन्तवः।
आसुरीं योनिमापन्ना इति देवानुशासनम् ॥

(महाभारत शान्ति पर्व २२०.६९)

अर्थात् जो मूढ़, दुरात्मा, धर्मसंकरता उत्पन्न करने वाले, मर्यादाभेदक और नीच मनुष्य हैं, वे नरक में गिरते हैं और आसुरी योनि में पड़ते हैं, यह भी उन्हीं भगवान का अनुशासन है।

इस तरह स्पष्ट है कि महाभारतकालीन संस्कृति में धर्म एक निर्णायक भूमिका के रूप में विद्यमान था और समाज को नियन्त्रित भी करता था।

- ## कर्म की प्रधानता

महाभारतकालीन संस्कृति में जहाँ धर्म की प्रधानता थी वहीं कर्म की भी प्रधानता थी और कर्म को धर्म से अलग नहीं समझा जाता था, जैसा कि महाभारत में कहा भी गया है:-

यत् कृतं स्याच्छुभं कर्म पापं वा यदि वाश्नुते।
तस्माच्छुभानि कर्माणि कुर्याद् वा बुद्धिकर्मभिः।।

(महाभारत शान्तिपर्व २१५.५)

अर्थात् मनुष्य शुभ या अशुभ जैसा भी कर्म करता है उसका फल उसे स्वयं ही भोगना पड़ता है, इसलिए मन, बुद्धि और क्रिया के द्वारा सदा अच्छे कर्म

का ही आचरण करना चाहिए।

अल्पं हि सारभूयिष्ठं यत् कर्मोदारमेव तत्।
कृतमेवाकृताच्छ्रेयो न पापीयोऽस्त्यकर्मणः ॥

(महाभारत शान्तिपर्व ७५.२९)

अर्थात् कोई काम देखने में छोटा होने पर भी यदि उसमें सार अधिक हो तो वह महान ही है। न करने की अपेक्षा कुछ करना ही अच्छा है, क्योंकि कर्तव्य कर्म न करने वाले से बढ़कर दूसरा कोई पापी नहीं है।

न कर्मणाऽऽप्नोत्यनवाप्यमर्थयद्भावि तद्वै भवतीति वित्त।।

(म.भा.शा.प.१६७.४८)

अर्थात् मनुष्य कर्म द्वारा अप्राप्य अर्थ नहीं पा सकता। जो होनहार है, वही होता है, इस बात को तुम सब लोग जान लो।

कर्म चात्महितं कार्यं तीक्ष्णं वा यदि वा मृदु।
ग्रस्यतेऽकर्मशीलस्तु सदानर्थैरकिञ्चनः ॥

(महाभारत शान्तिपर्व १३९.८३)

अर्थात् कठोर अथवा कोमल जो अपने लिये हितकर हो, वह कर्म करते रहना चाहिये। जो कर्म को छोड़ बैठता है, वह निर्धन होकर सदा अनर्थों का शिकार बना रहता है। इस तरह महाभारतकालीन संस्कृति में कर्म की प्रधानता थी और समाज के सभी मनुष्यों को सदैव फलरहित होकर कर्म करने की शिक्षा दी जाती थी।

- ## अवतारवाद की प्रधानता

महाभारतकालीन संस्कृति में अवतारवाद की परिकल्पना परिलक्षित होती है जिससे मनुष्यों में यह धारणा उत्पन्न हो जाती है कि जब भी धर्म का विनाश होता है तब स्वयं भगवान अवतार लेते हैं और उस अधर्म को नष्ट करते हैं। महाभारतकालीन संस्कृति में दशावतारों को भी स्वीकारा गया है। महाभारत में कहा गया है:-

श्रणु नारद तत्वेन प्रादुर्भावान् महामुने।
मत्स्यः कूर्मो वराहश्च नरसिंहोऽथ वामनः।
रामो रामश्च रामश्च कृष्णः कल्की च ते दश।।

(महाभारत शान्तिपर्व ३३९.७६)

अर्थात् महामुनि नारद! तुम मेरे अवतारों के नाम सुनो- मत्स्य, कूर्म, वराह, नरसिंह, वामन, परशुराम, श्रीराम, बलराम, श्रीकृष्ण तथा कल्कि- ये दस अवतार हैं।

- ## आचार-विचार

१. महाभारत के समय में संस्कृति में आचार-विचारों को बहुत महत्व दिया जाता था। समाज के प्रत्येक मनुष्यों से पवित्र आचरण करने की अपेक्षा की जाती थी। लोगों को यह भी सन्देश दिया जाता था कि जिसका आचरण ही नष्ट हो गया यह मानो स्वयं ही नष्ट हो जाता है। परम्परा से लोग यह मानते थे कि यदि समाज में दुश्चरित्र लोग होंगे तो समाज बहुत शीघ्र नष्ट हो जायेगा इसलिए प्रजा के साथ-साथ राजा से भी दुराचार रहित होने की कामना की जाती थी। जैसा कि कहा गया है:-

दुराचारान् यदा राजा प्रदुष्टान् न नियच्छति।
तस्मादुद्विजते लोकः सर्पाद् वेश्मगतादिव ॥

(महाभारत शान्तिपर्व १२३.१७)

अर्थात् जब राजा दुष्टों और दुराचारियों को दण्ड देकर क़ाबू में नहीं करता है, तब सारी प्रजा घर में रहने वाले सर्प की भाँति उस राजा से उद्विग्न हो उठती है।

तं प्रजा नानुवर्तन्ते ब्राह्मणा न च साधवः।
ततः संशयमाप्नोति तथा वध्यत्वमेति च ॥

(महाभारत शान्तिपर्व १२३.१८)

उस दशा में प्रजा उसका साथ नहीं देती। साधु और ब्राह्मण भी उसका अनुसरण नहीं करते हैं। फिर तो उसका जीवन ख़तरे में पड़ जाता है और अन्ततोगत्वा वह प्रजा के ही हाथ से मारा भी जाता है।

२. महाभारतकालीन संस्कृति में यह मान्यता थी कि जिनके आचार-विचार, विद्या और कर्म श्रेष्ठ होते हैं मनुष्य को उन्हीं की संगति करनी चाहिए, क्योंकि जैसा आचरण श्रेष्ठ जन करते हैं वैसा ही आचरण निम्न जन भी करते हैं। जो दुरात्मा लोक मर्यादाओं को नष्ट करते हैं वे नरक में जाकर कष्ट भोगते हैं। धर्म की वृद्धि से ही समाज उन्नति को प्राप्त होता है, महाभारत में कहा गया है:-

यद् यदाचरति श्रेष्ठः तत् तदेवेतरो जनः।
वर्तते तेन लोकोऽयं संकीर्णश्च भविष्यति ॥

(महाभारत शान्तिपर्व २२०.६२)

अर्थात् श्रेष्ठ पुरुष जो-जो आचरण करता है, वही दूसरे लोग भी करते हैं, अतः हमारे कर्म त्याग देने से यह सारा जनसमुदाय संकरता के दोष से दूषित हो जायगा।

- **आश्रम धर्म की प्रधानता**

महाभारतकालीन संस्कृति आश्रम धर्म प्रधान संस्कृति थी। समाज के सभी लोग ब्रह्मचर्य, गृहस्थ, वानप्रस्थ और संन्यास इन चार आश्रमों का जीवनपर्यन्त पालन करते थे। महाभारत में कहा भी गया है:-

आश्रमाणां महाबाहो शृणु सत्यपराक्रम
चतुर्णामपि नामानि कर्माणि च युधिष्ठिर ॥

(महाभारत शान्तिपर्व ६१.१)

वानप्रस्थं भैक्ष्यचर्यं गार्हस्थ्यं च महाश्रमम्।
ब्रह्मचर्याश्रमं प्राहुश्चतुर्थं ब्राह्मणैर्वृतम् ॥

(महाभारत शान्तिपर्व ६१.२)

अर्थात् भीष्मजी कहते हैं– सत्य पराक्रमी महाबाहु युधिष्ठिर! अब तुम चारों आश्रमों के नाम और कर्म सुनो। ब्रह्मचर्य, महान आश्रम गृहस्थ, वानप्रस्थ और भैक्ष्यचर्य (संन्यास) ये चार आश्रम हैं। चौथे आश्रम संन्यास का अवलम्बन केवल ब्राह्मणों ने किया है।

2.6.7 सारांश

महाभारत विश्व का सबसे बड़ा महाकाव्य है जिसमें एक लाख श्लोक हैं। इसकी रचना महर्षि वेदव्यास के द्वारा की गई है। यह ग्रंथ 'जय', 'भारत' और 'महाभारत' के नाम से विश्व विख्यात है। इसमें १८ पर्व, अनेक उपपर्व और अध्याय हैं। शान्ति पर्व महाभारत का १२वाँ पर्व है इसमें तीन उप पर्व हैं जिनके अन्तर्गत राजधर्म, आपद्धर्म और मोक्षधर्म का वर्णन है। शान्तिपर्व का एक पूरा खंड, जो विशेष रूप से शासनकला के नियमों से संबंधित है। महाभारत के शान्ति पर्व में वानप्रस्थ तथा संन्यास धर्म की चर्चा है। रामायण काल के समय के समान महाभारत काल में भी धर्म का प्राधान्य था। यह समाज को नियन्त्रित भी करता था। धर्म के प्राधान्य के साथ-साथ कर्म की भी प्रधानता थी। महाभारत के शान्ति पर्व में अवतारवाद को भी स्वीकार किया गया था। इसमें वर्णाश्रम व्यवस्था की भी प्रधानता थी। लोग अपने-अपने वर्णों के अनुसार कार्य करते थे और जीवन यापन करते थे।

2.7 पुरुषार्थ चतुष्टय (मानव जीवन का लक्ष्य) की अवधारणा

2.7.1 प्रस्तावना

भारतीय सनातन संस्कृति के मेरुदण्ड स्वरूप पुरुषार्थ चतुष्टयचतुष्टय की अमृतमय धारा आदिकाल से ही मानव जीवन को तृप्त करती रही है। आज से सहस्रों वर्ष पूर्व भारतीय मनीषियों ने अपने तपोबल एवं गहन आत्मचिंतन के आधार पर मानव के व्यष्टि और समष्टिगत जीवन को सुव्यवस्थित एवं दिव्य बनाने के उद्देश्य से निष्कर्ष स्वरूप 'पुरुषार्थ चतुष्टय' की अवधारणा को साकार रूप दिया था। मानव का सर्वांगीण विकास पुरुषार्थ के द्वारा ही संभव है। वैदिक वांग्मय वाङ्गमय में निहित पुरुषार्थ मानव जीवन के मूल स्तम्भ हैं। वेद, उपनिषद्, धर्मसूत्र, स्मृति, महाकाव्य, आयुर्वेद एवं नीति ग्रंथों में पुरुषार्थ को मानव मूल्यों के रूप में स्वीकार कर मानव अस्तित्व के प्रति महत्वपूर्ण कार्य किया गया है।

2.7.2 पुरुषार्थ का अर्थ

पुरुषैर्थ्यते इति पुरुषार्थः

अर्थात् पुरुष के लिए जो अर्थपूर्ण है, अभीष्ट है, उसको प्राप्त करने के लिए प्रयास करना ही पुरुषार्थ है। एक विवेकशील मनुष्य इन्हीं उद्देश्यों की प्राप्ति के लिए प्रयत्नशील रहता है। पुरुषार्थ दो शब्दों से मिलकर बना है- पुरुष तथा अर्थ। पुरुष का अर्थ है:-

पुरि शरीरे शेते इति पुरुषः।

अर्थात् जो इस शरीर में सोया हुआ है, उस चैतन्य आत्मा को पुरुष कहते हैं। इसी प्रकार 'अर्थ' शब्द का अर्थ है:

यतः सर्वप्रयोजन सिद्धिः स अर्थ।

अर्थात् अर्थ मनुष्य के सभी प्रयोजन (भोग, आरोग्य, धर्म आदि) का मूल साधन रूप लक्ष्य है।

संयुक्त रूप से पुरुषार्थ का अर्थ है- जीवात्मा का उद्देश्य। जीवात्मा का परम् लक्ष्य मोक्ष प्राप्ति है। इस अर्थ में पुरुषार्थ एक ओर सांसारिक व पारलौकिक लक्ष्य और कर्तव्य है तो दूसरी ओर इसमें नैतिकता, आर्थिक, शारीरिक तथा आध्यात्मिक मूल्यों को सम्मिलित किया गया है। आत्मा के द्वारा लक्ष्य प्राप्ति हेतु पुरुषार्थ के चार अंगों के सामंजस्य का विशेष महत्व है।

2.7.3 पुरुषार्थ का महत्व

पुरुषार्थ का व्यक्ति और समाज के लिए अपना एक विशेष महत्व है। जिसे हम निम्न

बिन्दुओं के आधार पर वर्णित कर सकते हैं :-

पुरुषार्थों का क्रम तार्किक रूप से किया गया है। बालक सबसे पहले ब्रह्मचर्य आश्रम में धर्म की शिक्षा प्राप्त करता है क्योंकि यही धर्म आने वाले समय में उसके लौकिक पुरुषार्थों (अर्थ और काम) को विनियमित और संयमित करने वाला होता है।

बालक पूर्ण वयस्क होकर गुरुकुल से निकलता है तब उसे धर्मानुसार सामाजिक व पारिवारिक दायित्वों का निर्वाहन गृहस्थ आश्रम में करना होता है। अपने सभी सामाजिक, पारिवारिक और व्यक्तिगत दायित्वों के निर्वाहन करने के बाद वह जीवन के तृतीय सोपान (वानप्रस्थ) में प्रवेश करता है जहाँ धर्म और मोक्ष साध्य होते हैं।जीवन के अंतिम पड़ाव में व्यक्ति का एकमात्र ध्येय मोक्ष हो जाता है।इस तरह भारतीय व्यवस्थाकारों ने पुरुषार्थों की ऐसी क्रमिक व्यवस्था की है कि जीवन के एक निश्चित काल में एक या साथ में अन्य पुरुषार्थों की साधना की जाये।यहाँ पर लौकिक और पारलौकिक दोनों तरह के उद्देश्य के महत्व को समझा गया है।

पुरुषार्थ

2.7.4 पुरुषार्थ का उद्देश्य

पुरुषार्थ का उद्देश्य मनुष्य के भौतिक और आध्यात्मिक सुखों के मध्य सामंजस्य की स्थापना करना है। हमारे शास्त्रकारों ने भौतिक सुखों को आध्यात्मिक सुखों में बाधक नहीं, साधक माना है। भौतिकवाद और अध्यात्मवाद परस्पर सम्बन्धित हैं और इन दोनों के समन्वित रूप ही हमें पुरुषार्थों में मिलते हैं। पुरुषार्थ के अन्तर्गत मनुष्य भौतिक सुखों का उपभोग करते हुए धर्म का अनुसरण करके मोक्ष का अधिकारी होता है। मोक्ष

भारतीय जीवन का परम लक्ष्य है। इस की प्राप्ति ही जीवन का उद्देश्य है।

2.7.5 पुरुषार्थ और आश्रम व्यवस्था

पुरुषार्थों का आश्रम व्यवस्था से घनिष्ठ सम्बंध है जो निम्नानुसार है-

- ब्रह्मचर्य आश्रम में धर्म का प्रमुख स्थान होता है। इसी आश्रम में वह शेष तीन पुरुषार्थों का ज्ञान प्राप्त करता है जो कि उसे आगामी जीवन में काम आने वाले होते हैं।
- गृहस्थ आश्रम में अर्थ और काम प्रमुख साध्य होते हैं, परन्तु यह धर्म द्वारा विनियमित होते हैं। इस तरह जीवन के द्वितीय सोपान में 'त्रिवर्ग' का एक साथ पालन किया जाता है।
- वानप्रस्थ आश्रम में धर्म और मोक्ष साध्य हो जाते हैं।
- सन्यास आश्रम में एकमात्र साध्य मोक्ष होता है।

2.7.6 पुरुषार्थ का वर्गीकरण और विवरण

पुरुषार्थ के चार अंग

मनुष्य और समाज की उन्नति के लिए प्राचीन भारतीय शास्त्रकारों ने चार पुरुषार्थों का विधान किया है। पुरुषार्थ के चार अंग हैं - धर्म, अर्थ, काम और मोक्ष। इन्हें ही संयुक्त रूप से 'पुरुषार्थ चतुष्टय' कहा गया है।

धर्मार्थ काम मोक्षाख्यं पुरुषार्थ चतुष्टयम्।

(मार्कण्डेय पुराण ४१.१९१.२)

भौतिकता के अंतर्गत अर्थ और काम आते हैं जबकि आध्यात्मिक श्रेणी में धर्म और

मोक्ष। वैदिक परंपरा में पुरुषार्थ चतुष्टय के दो सोपानों काम और अर्थ को 'प्रेयमार्ग' के अन्तर्गत तथा धर्म और मोक्ष को 'श्रेयमार्ग' के अन्तर्गत शामिल किया है। धर्म, अर्थ और काम पुरुषार्थ चतुष्टय के 'त्रिवर्ग' कहे जाते हैं।

धर्म प्रथम पुरुषार्थ है जबकि मोक्ष जीवन का अंतिम लक्ष्य। मोक्ष की प्राप्ति में शेष तीन पुरुषार्थ सहायक माने गये हैं। मोक्षावस्था को उपलब्ध होना सभी के लिए सम्भव नहीं है। अतः कालान्तर में गृहस्थों के लिए सुसाध्य त्रिवर्ग के पालन पर बल दिया गया। सभी पुरुषार्थों के सम्यक् पालन से ही मानव जीवन का विकास सम्भव है। इन चारों पुरुषार्थों का विवरण निम्नानुसार है:-

1. धर्म

पुरुषार्थ चतुष्टय में धर्म को सर्वश्रेष्ठ मानते हुये उसे प्रथम स्थान दिया गया है। भारतीय जीवन में धर्म सर्वाधिक महत्वपूर्ण है। भारतीय चिंतनधारा में धर्म एक जीवन पद्धति है। धर्म शब्द की निष्पत्ति "धृ" धातु से होती है, जिसका अर्थ है धारण करना।

धारयते इति धर्मः।

अर्थात् जो धारण किया जाता है वह धर्म है। शास्त्रों में धर्म की अनेक व्याख्यायें प्राप्त होती हैं:-

- **महाभारत के अनुसार**

धारणाद् धर्ममित्याहुर्धर्मेण विधृताः प्रजाः।
यः स्याद् धारणसंयुक्तः स धर्म इति निश्चयः ॥

(महाभारत शान्ति पर्व १०९.११)

धर्म का नाम 'धर्म' इसलिये पड़ा है कि वह सबको धारण करता है– अधोगति में जाने से बचाता है और जीवन की रक्षा करता है। धर्म ने ही सारी प्रजा को धारण कर रखा है अतः जिससे धारण और पोषण सिद्ध होता हो, वही धर्म है ऐसा धर्मवेत्ताओं का निश्चय है।

- **वैशेषिक दर्शन के अनुसार**

यतोऽभ्युदयनिःश्रेयससिद्धिः स धर्मः।।

(सूत्र १.१.२)

धर्म वह है जिससे लौकिक तथा पारलौकिक कल्याण की प्राप्ति होती है। अर्थात् जिससे सांसारिक सुख ऐश्वर्य और मोक्ष की प्राप्ति होती है, उस धर्म की शास्त्र में व्याख्या करने योग्य है।

- **मनु के अनुसार**

वेदोऽखिलो धर्ममूलम्

(मनुस्मृति २.६)

अर्थात् वेद धर्म के मूल है। चारों वेदों को धर्म का मूल प्रमाण माना गया है।

- **महर्षि मनु के अनुसार**

धर्म एव हतो हन्ति धर्मो रक्षति रक्षितः।
तस्माद् धर्मो न हन्तव्यो मा नो धर्मो हतोऽवधीत्॥

(मनुस्मृति ८.१५)

अर्थात् जो व्यक्ति धर्म की हत्या करता है, धर्म उस व्यक्ति का पूरी तरह विनाश कर देता है और जो मनुष्य धर्म की रक्षा करता है, धर्म उस महामानव की रक्षा करता है।

- **महर्षि चाणक्य के अनुसार**

सुखस्य मूलं धर्मः॥

(चाणक्य सूत्र १.१)

संसार के सभी सुखों के मूल में धर्म ही हैं।

- **मनु के अनुसार धर्म के दस लक्षण**

धृतिः क्षमा दमोऽस्तेयं शौचमिन्द्रियनिग्रहः
धीर्विद्या सत्यमक्रोधो दशकं धर्मलक्षणम्॥

(मनुस्मृति ६.९२)

धृति (धैर्य), क्षमा, दम, अस्तेय (चोरी न करना), शौच (पवित्रता), इन्द्रिय निग्रह, धी (सत्कर्मों से बुद्धि को बढ़ाना), विद्या (यथार्थ ज्ञान लेना), सत्य और अक्रोध यही धर्म के दस लक्षण हैं।

- **गौतम ऋषि के अनुसार**

यतो अभ्युदयनिश्रेयस सिद्धिः स धर्म।

जिस काम के करने से अभ्युदय और निश्रेयस की सिद्धि हो वह धर्म है। यहाँ पर अभ्युदय का अर्थ लौकिक जबकि निःश्रेयस का अर्थ पारलौकिक उन्नति व कल्याण से है।

- **याज्ञवल्क्य के अनुसार धर्म के नौ लक्षण**

अहिंसा सत्यमस्तेयं शौचमिन्द्रियनिग्रहः।
दानं दमो दया शान्तिः सर्वेषां धर्मसाधनम्॥

(याज्ञवल्क्य स्मृति १.१२२)

अहिंसा, सत्य, अस्तेय (चोरी न करना), शौच (स्वच्छता), इन्द्रिय-निग्रह (इन्द्रियों को वश में रखना), दान, दम (संयम), दया एवं शान्ति। यही धर्म के नौ लक्षण हैं।
जिस नैतिक नियम को आजकल 'गोल्डेन रूल' या 'एथिक ऑफ़ रेसिप्रोसिटी' कहते हैं उसे भारत में प्राचीन काल से मान्यता है। सनातन धर्म में इसे ''धर्मसर्वस्वम्" (धर्म का सब कुछ) कहा गया है:-

श्रूयतां धर्मसर्वस्वं श्रुत्वा चाप्यवधार्यताम्।
आत्मनः प्रतिकूलानि परेषां न समाचरेत्।।

(पद्मपुराण- सृष्टि-१९-३५७-३५८
विष्णुधर्मोत्तरपुराणम्/खण्डः ३/अध्यायाः २५१-२५५)

धर्म का सर्वस्व क्या है, सुनो! और सुनकर इसका अनुगमन करो। जो आचरण स्वयं के प्रतिकूल हो, वैसा आचरण दूसरों के साथ नहीं करना चाहिये। इस प्रकार निष्कर्ष रूप में धर्म वह तत्व है जिसके माध्यम से व्यक्ति नियमित होकर आत्मविकास करता है। वह इसी धर्म का आचरण करता हुआ अन्ततः मोक्ष प्राप्त करता है। धर्म एक व्यापक शब्द है। इसमें सदाचार, सामाजिक कर्तव्य , व्यक्तिगत गुण आदि समाहित हैं। धर्म व्यक्ति को नियंत्रित करता है और सामाजिक कर्तव्यों के निष्ठापूर्वक पालन हेतु उसे प्रेरित करता है।
उपर्युक्त धर्म की व्याख्या से स्पष्ट है कि धर्मपूर्वक जीवन निर्वाह करने वाले मानवों को ही मोक्ष की प्राप्ति हो सकती है।

2. अर्थ

पुरुषार्थ चतुष्टय का द्वितीय अंग 'अर्थ' है। अर्थ का अभिप्राय धन से है। धन के बिना जीवन निर्वाह संभव नहीं है। अर्थ भौतिक आवश्यकताओं के साथ-साथ धर्म व काम रूप पुरुषार्थों को भी क्रियान्वित करता है। अर्थ पुरुषार्थ से समस्त प्रयोजन सिद्ध होते हैं। भारतीय संस्कृति में धर्मपूर्वक अर्थ के अर्जन की ही अनुमति है। अन्याय से अर्जित अर्थ पुरुषार्थ की कोटि में नहीं आता है।

अर्ध्यते सर्वैः इति अर्थः

अर्थ का अभिप्राय अभिलक्षित वस्तु से है। जिसको प्राप्त करने की अभिलाषा मनुष्य करते हैं, उसको अर्थ कहते हैं।
शास्त्रों में अर्थ की अनेक व्याख्यायें प्राप्त होती हैं जो निम्नानुसार हैं :-

- **प्राचीन शास्त्रकारों के अनुसार**

मनुष्याणां वृत्तिः अर्थः।

अर्थात् जो भी विचार और क्रियाएँ भौतिक जीवन से जुड़ी हैं उन्हें अर्थ कहा गया है।

- **कौटिल्य (चाणक्य) के अनुसार**

अर्थ एव प्रधानः।
अर्थमूलौ हि धर्मकामाविति।।

अर्थ सर्वप्रधान है। धर्म और काम अर्थ मूलक हैं। अर्थ के बिना धर्म और काम नहीं हो सकते।

- **चाणक्य के अनुसार**

सुखस्य मूलं धर्मः
धर्मस्य मूलं अर्थः।

(चाणक्य सूत्र १.१.२)

धर्म सुख का मूल है तथा धर्म का मूल अर्थ है।

- **महाभारत के अनुसार**

धनमाहुः परं धर्मं धने सर्वं प्रतिष्ठितम्।
जीवन्ति धनिनो लोके मृता ये त्वधना नराः।।

(म.भा.उद्योग पर्व- ७२.२३-२४)

अर्थ पर सभी वस्तुएँ आश्रित हैं, इसलिये अर्थ ही परम धर्म है, जो धनी हैं, संसार में वही जीते हैं, सुखपूर्वक निवास करते हैं। निर्धन व्यक्ति मृतक के समान है।

- **आचार्य बृहस्पति के अनुसार**

धनं मूलम् जगत्।

अर्थाभाव में जीवनयापन सम्भव नहीं है।

- **भर्तृहरि के अनुसार**

यस्यास्ति वित्तं स नरः कुलीनः स पण्डितः स श्रुतवान् गुणज्ञः।
स एव वक्ता स च दर्शनीयः सर्वे गुणाः काञ्चनमाश्रयन्ति।।

(नीति शत. ४१)

जिस पुरुष के पास धन है वही कुलीन है, पण्डित है, वेदविज्ञ है, गुणवान है तथा दर्शनीय है। सभी गुण धन में ही होते हैं।

- **मनुस्मृति के अनुसार**

परित्यजेदर्थकामौ यौ स्यातां धर्मवर्जितौ।
धर्मचाप्य सुखोदर्कं लोक विक्रुष्टमेव च ॥

मनुष्य को धर्मानुकूल सभी सुखों का उपभोग करना चाहिए। अर्थ का उपयोग धर्म द्वारा विनियमित करने की बातें बार-बार दुहरायी गयी हैं। धर्मविरुद्ध अर्थोपार्जन का निषेध

किया गया है। जिस अर्थ से धर्म की हानि होती है वह अस्वीकार्य है।
निष्कर्ष रूप में भारतीय जीवन दर्शन में अर्थ उन समस्त साधनों और आवश्यकताओं में से है जिनके माध्यम से व्यक्ति भौतिक या लौकिक सुखों एवं ऐश्वर्य को प्राप्त करता है, परन्तु 'अर्थ' वहीं तक स्वीकार्य है जहाँ तक वह धर्मसंगत है।

3. काम

भारतीय शास्त्रकारों के अनुसार तृतीय पुरुषार्थ 'काम' है। इसका सामान्य अर्थ इंद्रिय सुख और वासना है। व्यापक अर्थ में काम की व्याख्या मानव की सहज प्रवृत्तियों और इच्छाओं से है। काम शब्द की निष्पत्ति "कम्" धातु से कर्म में "घञ्" प्रत्यय करने से होती है। इन्द्रियों द्वारा अपने-अपने विषय के स्वाद से जो सुख प्राप्त होता है, वही काम है। इस शब्द से कामना अभिलाषा तथा स्त्री-पुरुष का संयोगादि अभिहित होता है। यह काम मन के संकल्प और विकल्प से उत्पन्न होता है।
वासनारूप काम से ही संसार की सृष्टि होती है। वासनामय काम की उत्पत्ति उन्माद से होती है। उन्माद ही सुख और आनन्द का मूल है। प्राणिमात्र के जीवन का लक्ष्य सुख प्राप्ति ही है, इसलिये सुख की प्राप्ति के लिये काम अत्यन्त आवश्यक है। काम से इन्द्रियाँ तृप्ति प्राप्त करती हैं तथा इन्द्रियों की तृप्ति से सुख की अनुभूति होती है। जीवन में आवश्यक होने के कारण ही इसे पुरुषार्थों में परिगणित किया गया है।
इसको पवित्र तथा उपयोगी बनाये रखने के लिये आचार्यों ने इसे धर्म से संबंधित किया है। धर्मपूर्वक काम मानव जीवन को पूर्णता प्रदान करता है, उसे आनन्द प्रदान करता है तथा उसके जीवन को गति प्रदान करता है, किन्तु धर्महीन काम मानव के पतन का कारण बनता है। धर्महीन काम से मनुष्य समाज में उपेक्षा और अपमान प्राप्त करता है। शास्त्रों में काम की अनेक व्याख्यायें प्राप्त होती हैं:-

- **महर्षि याज्ञवल्क्य के अनुसार**

काम्यते इति कामः।

(बृहदारण्यकोपनिषद् १.४.३)

अर्थात् पाँचों इन्द्रियों एवं उनके विषयों से उत्पन्न होने वाला मानसिक सुख या आनन्द ही काम कहलाता है।

- **महाभारत के अनुसार**

इन्द्रियाणां च पञ्चानां मनसो हृदयस्य च।
विषये वर्तमानानां या प्रीतिरुपजायते।।

स काम इति मे बुद्धिः कर्मणां फलमुत्तमम्।।

(महा.भा.वनपर्व ३३/७७)

काम मन और हृदय का वह सुख है जो इन्द्रियों का विषयों के साथ संयुक्त होने पर प्राप्त होता है।

- **श्रीमद्भगवद्गीता के अनुसार**

ध्यायतो विषयान्पुंसः सङ्गस्तेषूपजायते।
सङ्गात् सञ्जायते कामः कामात्क्रोधोऽभिजायते।।

(श्री.म.भ.गी २.६२)

क्रोधाद्भवति सम्मोहः संमोहात्स्मृतिविभ्रमः।
स्मृतिभ्रंशाद् बुद्धिनाशो बुद्धिनाशात्प्रणश्यति।।

(श्री.म.भ.गी २.६३)

अर्थात् काम की तृप्ति प्राप्त न होने पर क्रोध उत्पन्न होता है, क्रोध से मोह उत्पन्न होता है, मोह से स्मृति में भ्रम उत्पन्न होता है, स्मृति भ्रम से बुद्धि का नाश होता है, बुद्धि का नाश होने से वह मनुष्य नष्ट हो जाता है।

- **महाभारत के अनुसार**

धर्मार्थाचभिसन्त्यज्य संरम्भं योऽनुमन्यते।
हसन्ति व्यसने तस्य र्दुहृदो नचिरादिव।।

(महा.भा.उद्योगपर्व ५.१२८.३१)

धर्मरहित काम का आचरण करने वाला व्यक्ति आपत्ति में गिर जाता है तथा शत्रु उसका उपहास करते हैं।

निष्कर्ष रूप में भारतीय जीवन दर्शन में स्पष्ट रूप से धर्मपूर्वक काम मानव जीवन को पूर्णता प्रदान करता है, उसे आनन्द प्रदान करता है तथा उसके जीवन को गति प्रदान करता है। परन्तु धर्महीन काम मानव के पतन का कारण बनता है। धर्महीन काम से मनुष्य समाज में उपेक्षा और अपमान प्राप्त करता है इसलिये धर्मपूर्वक काम का ही सेवन करना चाहिये।

4. मोक्ष

भारतीय चिंतन धारा में मोक्ष को जीवन का अन्तिम लक्ष्य स्वीकार किया गया है। मोक्ष का अर्थ है पुनर्जन्म या आवागमन के चक्र से मुक्त हो परमात्मा से आत्मा का एकाकार हो जाना। आत्मा वस्तुतः परमात्मा का ही अंश है। अतः उसमें भी वही गुण विद्यमान हैं। इस तरह वह भी अजर, अमर और नित्य है। मोक्ष प्राप्ति के तीन साधन बताये गये हैं- ज्ञान, भक्ति और कर्म। गीता में इन तीनों मार्गों का समन्वय मिलता है। मोक्ष का अभिप्राय है-

मुच्यते सर्वदुःख बन्धनैर्यत्र स मोक्षः

अर्थात् बन्धन व सभी प्रकार के दुखों से मुक्ति ही मोक्ष है। उपनिषदों में आत्मा का परमात्मा से तादात्म्य ही मोक्ष कहा गया है। मोक्ष की अवस्था में सभी दुखों का नाश हो जाता है और मनुष्य को परमानन्द की प्राप्ति होती है। सामान्यतः सभी भारतीय दर्शनों में अविद्या और अज्ञान को बंधन का कारण माना गया है। इसलिए मुक्ति के लिए अज्ञान का नाश आवश्यक माना गया है। शास्त्रों में मोक्ष की अनेक व्याख्यायें प्राप्त होती हैं:-

- **गीता के अनुसार**

कामक्रोधवियुक्तानां यतीनां यतचेतसाम्।
अभितो ब्रह्मनिर्वाणं वर्तते विदितात्मनाम्।।

(भ.गी.५.२६)

अर्थात् जो काम व क्रोध से मुक्त हो गए हैं, जिन्होंने अपने चित्त को संयमित करके अपने आत्मस्वरूप को जान लिया है, जो पुण्य कर्म करने वाले विद्वानों के चारों ओर विद्यमान रहते हैं, ऐसे साधकों को आसानी से मोक्ष प्राप्त हो जाता है।

- **गीता के अनुसार**

यतेन्द्रियमनोबुद्धिर्मुनिर्मोक्षपरायणः।
विगतेच्छाभयक्रोधो : सदा मुक्त एव सः।।

(भ.गी.५.२८)

अर्थात् जिसने अपने मन, बुद्धि व इन्द्रियों को अपने नियंत्रण में कर लिया है, जो इच्छा, भय और क्रोध से मुक्त हो गया है, इस प्रकार ध्यान करने वाला मोक्षपरायण मुनि सभी दुखों अथवा कष्टों से सदा मुक्त रहता है अर्थात् मोक्ष को प्राप्त होता है।

- **गीता के अनुसार**

गीता में भक्तियोग के माध्यम से मोक्ष प्राप्ति की बात कही गई है-

सर्वधर्मान्परित्यज्य मामेकं शरणं व्रज।
अहं त्वा सर्वपापेभ्यो मोक्षयिष्यामि मा शुचः।।

(भ.गी.१८.६६)

सब धर्मों का परित्याग करके तुम एक मेरी ही शरण में आओ, मैं तुम्हें समस्त पापों से मुक्त कर दूँगा, तुम शोक मत करो।

- **मनुस्मृति के अनुसार**

इन्द्रियाणां निरोधेन रागद्वेषक्षयेण च।
अहिंसया च भूतानां अमृतत्वाय कल्पते।।

(मनुस्मृति ६.६०)

अर्थात् मनुस्मृति के अनुसार इंद्रिय निरोधी, राग-द्वेष रहित और अहिंसा परायण मनुष्य ही मोक्ष प्राप्त करता है।

- **सांख्य दर्शन के अनुसार**

अथ त्रिविध दुःखात्यन्त निवृत्तिः अत्यन्त पुरुषार्थः।

(सांख्यसूत्र १.१)

अर्थात् तीन प्रकार के दुखों (आध्यात्मिक, आधिभौतिक, आधिदैविक) का समूल नाश ही अत्यन्त पुरुषार्थ अर्थात् मोक्ष है।

- **मुण्डकोनिषद् के अनुसार**

ब्रह्म वेद ब्रह्मैव भवति ॥

(मुण्डकोपनिषद् ३.२.९)

ब्रह्म को जानने वाला स्वयं ब्रह्ममय हो जाता है अर्थात् ब्रह्मवेता को स्वतः ही मोक्ष प्राप्त हो जाता है।

अतः निष्कर्ष रूप में भारतीय जीवन दर्शन में जीवन का परम लक्ष्य मोक्ष है। इसका ज्ञान विद्यार्थी को उसके ब्रह्मचर्य आश्रम में ही करा दिया जाता है। मनुष्य जीवन-पर्यंत

अपनी समस्त क्रियाओं को इसी दिशा में नियोजित करता है। मनुष्य अपने सभी सामाजिक दायित्वों के निर्वाह के बाद अपने जीवन के अंतिम सोपान (संन्यास आश्रम) में स्वयं को मोक्ष प्राप्ति के लिए नियोजित कर देता है।

2.7.7 पुरुषार्थ और उसकी सामाजिक उपादेयता

इन चारों पुरुषार्थों का समाज और मनुष्य दोनों से सम्बंध है। जब व्यक्ति उपनयन संस्कार के द्वारा विद्यार्थी जीवन में प्रवेश करता है तो वहाँ से वह चारों पुरुषार्थों का सम्यक् ज्ञान प्राप्त करके निकलता है। एक धर्म ज्ञाता मनुष्य ही समाज तथा परिवार के प्रति अपने कर्तव्यों का सुचारु रूप से निर्वहन कर सकता है। गृहस्थ आश्रम में वह अर्थोपार्जन द्वारा परिवार और समाज के प्रति अपने दायित्वों का निर्वहन करता है। काम के द्वारा वह कुल परंपरा को बढ़ाता है। समाज के प्रति मनुष्य अपने कर्तव्यों का निर्वहन गृहस्थ आश्रम में ही करता है। इस समय वह अन्य तीन आश्रम का आधार बनता है। यहीं पर वह त्रि-ऋणों से उऋण होता है और पंचयज्ञों का संपादन करता है। इस कर्तव्य के निर्वहन के लिए धन की आवश्यकता होती है जिससे वह परिवार और समाज की आवश्यकताओं की पूर्ति कर सके। इसके लिए धनार्जन के लिए वह व्यापार (कृषि, पशुपालन, वाणिज्य-व्यापार) करता है। परन्तु यह धनार्जन उच्छृंखल और धर्म विरुद्ध नहीं होना चाहिए।

इन्हीं कर्तव्यों में पितृ-ऋण से मुक्ति का भी विधान किया गया है जिसके लिए व्यक्ति विवाह करता है और संतान वृद्धि करके वंश परम्परा को बढ़ाता है। इसको काम पुरुषार्थ कहा जाता है। यह पुरुषार्थ व्यक्ति के शारीरिक, मानसिक और भावनात्मक संतुष्टि से सम्बंध रखता है। यहाँ उल्लेखनीय है कि काम के उच्छृंखल प्रयोग की वर्जना की गयी है।

इस तरह हम देखते हैं कि दोनों लौकिक पुरुषार्थों (अर्थ और काम) पर धर्म की पाबंदी लगाकर उसे विनियमित किया गया है जिससे समाज और परिवार का संतुलित विकास होता रहे। जीवन के तृतीय चरण (वानप्रस्थ) में वह परिवार और समाज के सलाहकार की भूमिका में होता है। जीवन के चतुर्थ चरण संन्यासावस्था में वह बिल्कुल विरक्त हो व्यक्तिगत हो जाता है। इस तरह पुरुषार्थ का समाज से गहरा सम्बन्ध है।

2.7.8 सारांश

पुरुषार्थ चतुष्टय में धर्म को सर्वश्रेष्ठ मानते हुये उसे सबसे पहले परिगणित किया गया है। इससे यह स्वयं सिद्ध है कि भारतीय जीवन में धर्म सर्वाधिक महत्वपूर्ण है। धर्म समाज और प्रजा को धारण करता है, उनके अस्तित्व को सदैव बनाये रखता है। सम्पूर्ण

समाज धर्म से ही संचालित होता है। यह समस्त प्राणियों की रक्षा करता है। धर्म की व्यवस्था सबके कल्याण के लिये होती है। भारतीय विचार में धर्म का आचरण करता हुआ व्यक्ति अन्ततः मोक्ष प्राप्त करता है।

मानव जीवन का द्वितीय पुरुषार्थ अर्थ माना गया है। अर्थ उन समस्त आवश्यकताओं तथा साधनों का पूरक है जिनसे मनुष्य भौतिक सुख, ऐश्वर्य, धन, शक्ति आदि को प्राप्त करता है। भारतीय संस्कृति में धर्मपूर्वक अर्थ के अर्जन की ही अनुमति है। अन्याय से अर्जित अर्थ पुरुषार्थ की कोटि में नहीं आता है। अर्थ के बिना धर्म और काम नहीं हो सकते।

काम सृष्टिमूलक है, जीवन में आवश्यक होने के कारण ही इसे तीसरे पुरुषार्थ में परिगणित किया गया है। इसको पवित्र तथा उपयोगी बनाये रखने के लिये आचार्यों ने इसे धर्म से समन्वित किया है। चाणक्य ने कहा है कि जो धर्म और अर्थ को हानि नहीं पहुँचाता वही काम है। धर्म से विपरीत काम मनुष्य के विनाश का कारण बनता है। भगवान की आराधना से जीव धर्म, अर्थ और काम का उपयोग करता हुआ मोक्ष प्राप्त करता है।

ॐ

2.8 साधन चतुष्टय की अवधारणा

2.8.1 प्रस्तावना

जीवमात्र के पुरुषार्थ के प्रयोजन अर्थात् जीवन के लक्ष्य चार हैं। धर्म, अर्थ, काम और मोक्ष इसमें मोक्ष को परमपुरुषार्थ माना गया है। शंकर वेदान्त के अनुसार ज्ञान का अधिकारी वही है, जो साधनचतुष्टय से सम्पन्न हो क्योंकि साधनचतुष्टय के बिना ज्ञान का उदय होना सर्वथा असम्भव है। तत्वविवेक (ज्ञान) का उदय उन्हीं पुरुषों के हृदय में होता है जो साधन चतुष्टय से सम्पन्न होते हैं। साधन चतुष्टय अर्थात् ब्रह्मविचार के चार साधन, जिनके होने से साधक वेदान्तविद्या का अधिकारी होता है तथा जिसके अन्दर ब्रह्म को जानने की जिज्ञासा होती है।

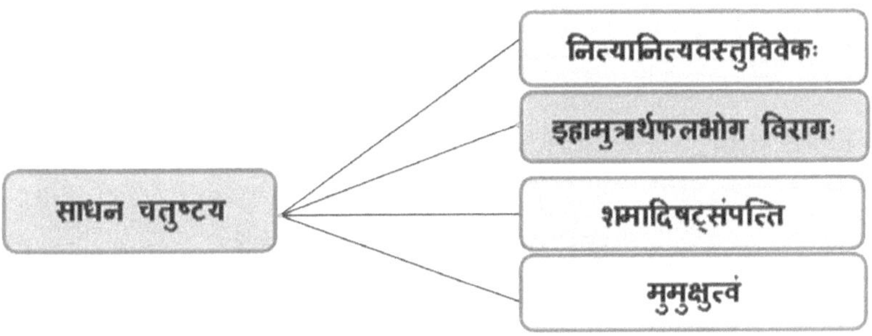

2.8.2 साधन चतुष्टय के चार साधन

वेदान्त अर्थात् ज्ञान योग का सफलतापूर्वक अध्ययन करने के लिए जो गुण और पात्रता आवश्यक हैं, उन्हें "साधन चतुष्टय" कहते हैं। इसका उल्लेख आदिगुरु शंकराचार्य ने तत्व बोध में किया है। इनमें चार प्रकार की साधनाएँ अथवा साधन हैं, जो निम्नानुसार हैं :-

नित्यानित्यवस्तु विवेकः
इहामुत्रार्थफलभोग विरागः
शमादिषट्संपत्ति मुमुक्षुत्वं चेति।।

(तत्त्व बोध १.३)

साधन चतुष्टय के अन्तर्गत विवेक, वैराग्य, षट्सम्पत्ति और मुमुक्षत्व आते हैं। ये गुण सभी मनुष्यों में थोड़ी मात्रा में होते हैं। किन्तु एक विशेष स्तर तक विकसित होने पर ये गुण मनुष्य को अध्यात्मविद्या का अधिकारी बना देते हैं। भला-बुरा, हानि-लाभ,

शुभ-अशुभ का भेद विवेक है। घर की एक अशिक्षित बालिका को भी कुछ विवेक है। वह घर का कूड़ा झाड़ कर बाहर फेंक देती है, क्योंकि वह अनुपयोगी है। वह उपयोगी वस्तुएँ घर में संभालकर रखती है। जब यह विवेक शक्ति बढ़कर नित्य और अनित्य का भेद करने लगे तो वह अध्यात्म विद्या में सहायक होती है।

वैराग्य भी हम सब में होता है। तभी हम अनुपयोगी वस्तुओं का संग्रह नहीं करते। किन्तु जब सभी कर्मफलभोग में दोष दिखाई देने लगें और हृदय से उनका त्याग कर दें, ऐसा वैराग्य मुमुक्षु के लिए उपयोगी है। षट् सम्पत्तियाँ शम, दम, उपरति, तितिक्षा, श्रद्धा और समाधान हैं। मोक्ष प्राप्त करने की प्रबल इच्छा मुमुक्षत्व है। अब इन चारों गुणों को अधिक स्पष्ट करते हैं।

1. विवेक (Discrimination)

विवेक से अभिप्राय है वास्तविक और अवास्तविक तथा शाश्वत और क्षणिक के बीच का अन्तर। आदिगुरु शंकराचार्य ने तत्व बोध में विवेक का स्वरूप बताते हुए कहा है:-

नित्यवस्तु एकं ब्रह्म
तद् व्यतिरिक्तं सर्वम् अनित्यम्
अयमेव नित्यानित्यवस्तुविवेकः।।

(तत्त्व बोध १.३)

अर्थात् नित्य वस्तु ही एकमात्र ब्रह्म है। इसके अलावा समस्त जगत अनित्य अर्थात् मिथ्या है। यही नित्य और अनित्य वस्तु का भेद विवेक है। साधारण शब्दों में कहें तो ब्रह्म ही सत्य है अर्थात् ब्रह्म के प्रति श्रद्धा, समर्पण और अटल विश्वास ही सत्य है। जबकि विभिन्न नाम और स्वरूपों वाला संसार असत्य अर्थात् माया है।

2. वैराग्य (Detachment)

वैराग्य शब्द (वि+राग) से मिलकर बना है, जिसका अर्थ होता है- राग से अलग होना। सामान्यतः वैराग्य का अर्थ है आसक्ति का अभाव। वैराग्य के विषय में महर्षि पतंजलि ने कहा है:

दृष्टानुश्रविकविषयवितृष्णस्य वशीकारसंज्ञा वैराग्यम्।

(पा.यो. १.१५)

अर्थात् जिस रूप में जो वस्तुएँ देखी जाती हैं (सांसारिक वस्तुएँ) और सुनी जाती हैं (अन्य सांसारिक वस्तुएँ) उनके प्रति अनासक्ति का भाव होना ही वैराग्य है। साथ ही

यह अनासक्ति अभ्यास से आती है, न कि इच्छा करने से या अपने आप। विवेक से ही वैराग्य तक का सफ़र तय किया जा सकता है।
वैराग्य (विराग) के विषय में तत्व बोध ग्रंथ में भी कहा गया है:-

इहस्वर्ग भोगेषु इच्छाराहित्यम्।।

(तत्व बोध १.४)

अर्थात् इस लोक और स्वर्ग लोक के समस्त भोगों को भोगने की इच्छा न रह जाना ही वैराग्य (विराग) है। राग बाँधने वाला है और वैराग्य मुक्ति देने वाला है। विरक्त होने पर ही हम नित्य वस्तु ब्रह्म को प्राप्त करने के लिए आगे बढ़ सकते हैं।

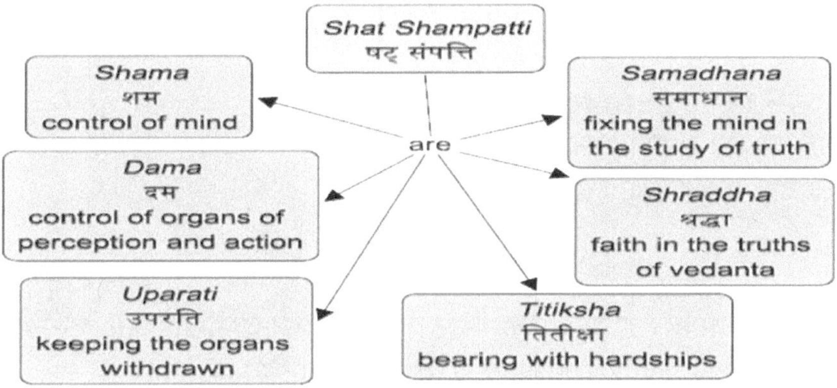

3. षट् सम्पत्ति (Six Virtues)

यह साधन चतुष्टय के साधना का तीसरा साधन है। इसके अन्तर्गत छ: साधन आते हैं।

शमो दम उपरमस्तितिक्षा श्रद्धा समाधानं च इति।।

(तत्त्व बोध १.५)

शम, दम, उपरति, तितिक्षा, श्रद्धा और समाधान ही षट्-सम्पत्तियाँ हैं। शम आदि छः गुण आध्यात्मिक साधक की वह सम्पत्ति है जिसके बल पर वह अनित्य जगत से विरक्त होकर नित्य तत्व की ओर अग्रसर होता है। ये छ: साधन निम्नानुसार हैं:-

- **शम (Temperance of Mind)**

'शम' का अर्थ है शमन करना अर्थात् शान्त करना अर्थात् मन का संयम करना ही शम है। मन का निग्रह कर लेने पर सभी इन्द्रियों का शमन स्वतः होने लग जाता है। तत्व बोध में कहा गया है:-

मनो निग्रहः।।

(तत्व बोध १.६)

अर्थात् मन के ऊपर नियन्त्रण प्राप्त करना ही शम है। मन को नियंत्रण करने के विषय में गीता में भी कहा गया है:-

असंशयं महाबाहो मनो दुर्निग्रहं चलं।
अभ्यासेन तु कौन्तेय वैराग्येण च गृह्यते।।

(भ.गी. ६.३५)

अर्थात् हे महाबाहो अर्जुन! ये मन बड़ा चंचल है। परन्तु अभ्यास एवं वैराग्य के द्वारा इस चंचल मन को वश में किया जा सकता है, इसमें किंचितमात्र भी सन्देह नहीं है। वास्तव में मन के निग्रह को ही 'शम' कहते हैं।

- **दम (Temperance of Sense Organs)**

'दम' का अर्थ है दमन करना या आत्म नियंत्रण करना।
तत्व बोध में कहा गया है:-

चक्षुरादि बाह्येन्द्रिय निग्रहः।।

(तत्व बोध १.७)

अर्थात् चक्षु आदि बाह्य इन्द्रियों का निग्रह करना ही दम है। ज्ञानेन्द्रियों और कर्मेन्द्रियों को अपने अपने विषयों से अर्थात् बाह्य विषयों से हटा लेना या निग्रह करना ही दम है।

- **उपरति (Renunciation)**

आदि शंकारचार्य के तत्वबोध के अनुसार:-

स्वधर्मानुष्ठानमेव।।

(तत्व बोध १.८)

अर्थात् अपने धर्म अथवा स्वधर्म का अनुष्ठान ही उपरति है। अपने धर्म का दृढ़ता से अनुष्ठान करने पर मन अधर्म में , पाप या दुराचार की ओर नहीं जाता। यह मन की उपरति है। मनुष्य का परम धर्म सत्य की खोज करना है। इस कार्य में दृढ़तापूर्वक लग जाने से मन अनित्य वस्तुओं में सुख खोजने नहीं जाता। यह भी उपरति है। दूसरे शब्दों में कहें तो कर्मफलों का परित्याग करते हुए अपने कर्मों को ईश्वर को समर्पित करना भी उपरति है।

- **तितिक्षा (Endurance/Forbearance)**

तितिक्षा अर्थात् धैर्यपूर्वक द्वन्द्वों को सहन करना। साधना के दौरान आने वाले सभी प्रकार के कष्टों को प्रसन्नतापूर्वक एवं धैर्य के साथ सहन करते हुए लक्ष्य प्राप्ति के लिए निरन्तर प्रयासरत रहना ही तितिक्षा है।

तत्व बोध में कहा गया है:-

शीतोष्ण सुखदुःखादि सहिष्णुत्वम्।।

(तत्व बोध १.९)

अर्थात् गर्मी-सर्दी, सुख-दुःख आदि द्वन्द्व सहन करने का स्वभाव तितिक्षा है।

- **श्रद्धा (Devoutness)**

प्रमाणित ग्रन्थों एवं गुरुओं के प्रति दृढ़ आस्था, अटूट निष्ठा और विश्वास ही सच्ची श्रद्धा है।

तत्व बोध में कहा भी गया है:-

गुरुवेदान्त वाक्यादिषु विश्वासः श्रद्धा।।

(तत्व बोध १.१०)

अर्थात् गुरु और वेदान्त के वाक्यों में विश्वास रखना श्रद्धा है।

- **समाधान (Concentration of Mind)**

तत्व बोध के अनुसार:-

चित्तैकाग्रता।।

(तत्व बोध १.११)

चित्त की एकाग्रता ही समाधान है। अपने लक्ष्य से ज़रा भी विचलित न होना, चाहे रास्ते में कितनी भी बाधाएँ क्यों न आएँ ? संकल्प में कोई विकल्प नहीं होना चाहिए। दृढ़ संकल्पित एवं अटल होकर अपने चित्त को सर्वदा ब्रह्म में स्थिर एवं एकाग्र करने का नाम ही समाधान है।

4. मुमुक्षुत्व (The Desire for Liberation)

तत्व बोध के अनुसार:-

मोक्षो मे भूयाद् इति इच्छा।।

(तत्व बोध १.१२)

अर्थात् मुझे मोक्ष प्राप्त हो इस इच्छा का नाम मुमुक्षत्व है।

मुमुक्षुत्व अर्थात् अपने वास्तविक स्वरूप को पहचानकर मुक्ति की अभिलाषा करना।

स्वयं को सभी बन्धनों से मुक्त करने की तीव्र अभिलाषा ही मुमुक्षुत्व है। आधिभौतिक, आधिदैविक व आध्यात्मिक इन तीनों प्रकार के दुखों से छुटकारा पाकर मोक्ष प्राप्त करने की तीव्र इच्छा का होना भी मुमुक्षुत्व कहलाता है।

2.8.3 सारांश

मनुष्य अपने जीवन में जो कुछ प्राप्त कर सकता है उसे पुरुषार्थ कहते हैं। पुरुषार्थ दो प्रकार का है- अभ्युदय और निःश्रेयस। अभ्युदय के अन्तर्गत भौतिक उन्नति आती है। उसे तीन भागों में बाँट सकते हैं धर्म, अर्थ और काम। इस लोक में इन्हीं को प्राप्त किया जा सकता है। ये सब उपलब्धियाँ कर्म-साध्य और नश्वर हैं। निःश्रेयस परम पुरुषार्थ है। उससे नित्य आनन्दस्वरूप परमात्मा की प्राप्ति होती है। इसे मुक्ति कहते हैं। मुक्ति प्राप्त करने के लिए हमारे अन्दर कुछ योग्यता होनी चाहिए। इसलिए योग्यता प्राप्त करने के लिए चार महत्वपूर्ण गुणों को जानना और अपने में विकसित करना चाहिए। वे चार गुण या साधनहैं- विवेक, वैराग्य, षट्सम्पत्ति और मुमुक्षुत्व। इन गुणों से सम्पन्न व्यक्ति सत्स्वरूप परमात्मा को खोजने और पाने का अधिकारी हो जाता है। संसार कोई भी व्यक्ति विवेक आदि गुणों से अधिकारी बन कर और तत्वज्ञान पाकर मुक्त हो सकता है।

ॐ

2.9 त्रिगुण की अवधारणा

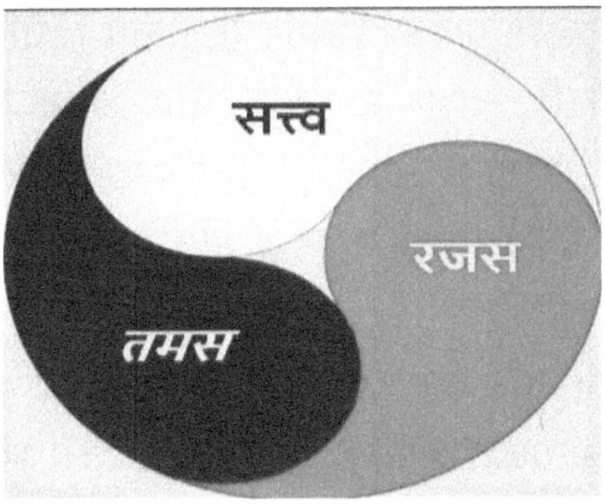

त्रिगुण

2.9.1 प्रस्तावना

गुणों का उल्लेख अथर्ववेद में मिलता है। भगवद्गीता के साथ-साथ सांख्य दर्शन में भी इसकी चर्चा की गई है। वर्तमान में भी त्रिगुणों का उपयोग मानव व्यक्तित्व की व्याख्या करने के लिए किया जाता है। भारतीय शोधकर्ताओं ने भी अपने लेखों में त्रिगुणों की विवेचना की है।

सांख्य दर्शन के अनुसार 'पुरुष' और 'प्रकृति' दो आध्यात्मिक सिद्धान्त हैं। 'पुरुष' शुद्ध चेतना का प्रतिनिधित्व करता है, जबकि प्रकृति तत्व सिद्धान्त का। प्रकृति ब्रह्माण्ड की सभी वस्तुओं, शारीरिक एवं मानसिक, सजीव एवं निर्जीव का कारण है। प्रकृति में तीन प्रकार के गुण समाविष्ट हैं- सत्व गुण, रजस गुण और तमस गुण। ये तीनों गुण रस्सी पर पड़े तीनों बल के समान हैं। बिना बलों के रस्सी का कोई अस्तित्व नहीं। इसी प्रक्रार गुणों के बिना भी प्रकृति का अस्तित्व नहीं है। ब्रह्माण्ड की सभी वस्तुएँ इन्हीं तीनों गुणों से बनी हैं। सत्वगुण अभिव्यक्ति का सिद्धान्त है, रजस गुण सक्रियता का सिद्धान्त है और तमस गुण निष्क्रियता का सिद्धान्त है।

2.9.2 त्रिगुण की अवधारणा

दोष (वात, पित्त व कफ) शरीर के महत्वपूर्ण तत्व हैं। इसी प्रकार तीनों गुण सत्व, रजस और तमस तीन महत्वपूर्ण घटक हैं, जो मन की ऊर्जा के रूप में जाने जाते हैं। द्वैतवादी सांख्य दर्शन के अनुसार पुरुष और प्रकृति दो आध्यात्मिक सिद्धान्त हैं। संसार के

सभी जीव सजीव हो या निर्जीव इन्हीं दोनों सिद्धान्तों से निर्मित हैं। सत्व, रजस और तमस तीनों मिलकर ही प्रकृति को बनाते हैं। भगवद्गीता में एक पूरा अध्याय त्रिगुणों पर आधारित है। यह अध्याय गुणत्रय विभाग योग नाम से वर्णित है। इस अध्याय में त्रिगुणों में निहित लाभकारी तत्व एवं मनुष्य पर उसके प्रभावों की विस्तार से चर्चा की गई है। कहा जाता है कि त्रिगुणों का ज्ञान उच्च स्तरीय ज्ञान है जो मोक्ष की ओर अग्रसर करता है। मानव व्यक्तित्व एवं सांख्य दर्शन के आधार पर यह कहा जा सकता है कि सभी मानव त्रिगुण द्वारा बने हैं।

त्रिगुण में प्रत्येक गुण की अधिकता या कमी एक मनुष्य को दूसरे से भिन्न करती है। किसी में सत्व गुण की अधिकता होती है, तो किसी में रजस और किसी में तमस। एक व्यक्ति में ये तीनों गुण भिन्न मात्रा में होते हैं। यह संभव नहीं कि एक व्यक्ति में मात्र एक या दो ही गुण हों। सभी व्यक्तियों में इन्हीं तीन गुणों से सम्बन्धित सामान्य लक्षण होते हैं।

सत्वं रजस्तम इति गुणाः प्रकृति संभवाः।
निबध्नन्ति महाबाहो देहे देहिनमव्ययम्।।

(श्रीमद्भगवद् गीता १४.५)

गीता में बताया है कि सत्वगुण, रजोगुण और तमोगुण नामक तीन गुणों की उत्पत्ति प्रकृति से होती है। ये तीनों गुण ही उस अविनाशी आत्मा को इस शरीर में बाँधते हैं अर्थात् आत्मा हमारे शरीरों में इन तीन (सत्व, रज व तम) गुणों के कारण ही निवास करती है। अतः गुण बन्धनकारी हैं।

2.9.3 त्रिगुण

1. सत्वगुण (Sattva Guna)

सत्वगुण हल्का होता है। सत्वगुण अधिक शुद्ध, प्रकाश प्रदान करने वाला तथा सभी प्रकार के पाप कर्मों से मुक्त करने वाला है। मनोवैज्ञानिक रूप से सत्वगुण वालेव्यक्ति ज्ञानी, शान्त, प्रसन्नचित्त, धैर्यवान, सन्तुष्ट, दयावान, क्षमाशील, पवित्र तथा आध्यात्मिक प्रवृत्ति के होते हैं। जब सत्व प्रबल होता है तो व्यक्ति का मुखमंडल देदीप्यमान होता है। जब सत्व किसी व्यक्ति में प्रबल होता है तो वह काम को अपना कर्तव्य समझ कर करता है। यह सदैव ही श्वेत रंग के द्वारा दर्शाया जाता है, क्योंकि यह शुद्धता का प्रतीक है।

- **सत्वगुण के लक्षण**
- **मनुस्मृति के अनुसार**

तत्र यत्प्रीतिसंयुक्तं किं चिदात्मनि लक्षयेत्।
प्रशान्तमिव शुद्धाभं सत्वं तदुपधारयेत्।।

(मनुस्मृति 12.27)

अर्थात् जिस गुण से आत्मा प्रसन्न हो उठे, उससे शान्ति और शुद्ध प्रकाश की अनुभूति हो तथा उसे धारण करने की उत्सुकता सी होने लगे उसे ही सत्वगुण समझना चाहिए।

वेदाभ्यासस्तपो ज्ञानं शौचमिन्द्रियनिग्रहः।
धर्मक्रियात्मचिन्ता च सात्विकं गुणलक्षणम्।।

(मनुस्मृति 12.31)

अर्थात् वेदों का अभ्यास, तप, ज्ञान, शौच, इन्द्रियनिग्रह, धर्माचरण तथा आत्मा का चिन्तन ये सत्वगुण के लक्षण हैं।

यत्सर्वेणेच्छति ज्ञातुं यन्नलज्जति चाचरन्।
येन तुष्यति चात्माऽस्य तत्सत्त्वगुणलक्षम्।।

(मनुस्मृति 12.37)

जिस कार्य को करने पर उसको दूर तक प्रचार-प्रसार की इच्छा होती है, जिसे करते हुए किसी प्रकार की लज्जा अथवा ग्लानि की अनुभूति नहीं होती और जिससे आत्मा को विलक्षण आनन्द की अनुभूति होती है, उस कर्म को सात्विक अथवा सत्त्वगुणी कर्म समझना चाहिए।

- **श्रीमद्भगवद् गीता के अनुसार**

तत्र सत्त्वं निर्मलत्वात्प्रकाशकमनामयम्।
सुखसङ्गेन बध्नाति ज्ञानसङ्गेन चानघ।।

(श्रीमद्भगवद् गीता 14.6

अर्थात् सत्वगुण शान्त प्रकाशवान और पुण्य कर्मों से युक्त है। यह पाप रहित आत्मा में सुख और ज्ञान के भावों के प्रति आसक्ति को उत्पन्न कर उसे बन्धन में डालता है।

सत्वं सुखे सञ्जयति।।

(श्रीमद्भगवद् गीता 14.9)

अर्थात् सत्वगुण सुख में लगाता है।

सर्वद्वारेषु देहेऽस्मिन्प्रकाश उपजायते।
ज्ञानं यदा तदा विद्याद्विवृद्धं सत्त्वमित्युत।।

(श्रीमद्भगवद् गीता 14.11)

अर्थात् जिस समय इस देह में तथा अन्त:करण और इन्द्रियों में चेतनता और विवेकशक्ति उत्पन्न होती है, उस समय ऐसा जानना चाहिये कि सत्वगुण बढ़ा हुआ है।

सत्वात्सञ्जायते ज्ञानं।।

(श्रीमद्भगवद् गीता 14.17)

अर्थात् सत्वगुण से ज्ञान उत्पन्न होता है।

2. रजस गुण

यह इच्छाओं और अभिलाषाओं को जन्म देता है। जिस व्यक्ति में रजस प्रबल होता है वह आसक्त होता है और कार्यों के फल के लिए आतुर रहता है। वह व्यक्ति जिसमें रजस प्रबल होता है, उसमें त्याग और अनासक्ति का अभाव होता है। मनोवैज्ञानिक तौर पर यह क्रोध, आक्रामकता, उद्देश्य, उत्साह, जुनून, सक्रियता और अभिलाषाओं इत्यादि का प्रतीक है। रजस गुण से संपन्न व्यक्ति सदैव अपने कार्य तक सीमित रहता है। यह लाल रंग द्वारा दर्शाया जाता है।

- **रजोगुण के लक्षण**
- **मनुस्मृति के अनुसार**

यत्तु दुःखसमायुक्तमप्रीतिकरमात्मनः।
तद्रजोऽप्रतिपं विद्यात्सततं हारि देहिनाम्।।

(मनुस्मृति 12.28)

अर्थात् दुःख की सत्ता से युक्त अपनी आत्मा के लिए अप्रिय तथा प्राणियों को परमात्मा से हटाकर इन्द्रियों के विषयों की ओर आकृष्ट करने वाला गुण रजोगुण है।

आरम्भ रूचिताऽधैर्यमसत्कार्यपरिग्रहः।
विषयोपसेवा चाजस्त्रं राजसं गुणलक्षणम्।।

(मनुस्मृति 12.32)

अर्थात् नवीन कार्यों को करने में रुचि होना, फलप्राप्ति की अधीरता, निषिद्ध कार्यों में प्रवृत्ति तथा विषयों का निरन्तर भोग ये तमोगुण के लक्षण हैं।

येनास्मिन्कर्मणा लोके ख्यातिमिच्छति पुष्कलाम्।
न च शोचत्यसम्पत्तौ तद्विज्ञेयं तु राजसम्।।

(मनुस्मृति 12.36)

अर्थात् जिस कर्म से लोक में अथाह यश और प्रसिद्धि मिलती हो तथा न मिलने पर शोक उत्पन्न न होता हो उस कर्म को राजस कर्म समझना चाहिए अर्थात् तृष्णा रजोगण का प्रधान लक्षण है।

- <u>**श्रीमद्भगवद् गीता के अनुसार**</u>

रजो रागात्मकं विद्धि तृष्णासङ्गसमुद्भवम्।
तन्निबध्नाति कौन्तेय कर्मसङ्गेन देहिनम्।।

(श्रीमद्भगवद् गीता 14.7)

अर्थात् यह रजोगुण रागात्मक होता है, जो इच्छाओं के प्रति आकर्षण अथवा आसक्ति से उत्पन्न होता है। यह जीवात्मा को कर्मफल के प्रति आसक्त (लगाव) करके शरीर के साथ बाँधता है।

रजः कर्मणि।।

(श्रीमद्भगवद् गीता 14.9)

रजोगुण वाला व्यक्ति कर्म में लगा रहता है।

लोभः प्रवृत्तिरारम्भः कर्मणामशमः स्पृहा।
रजस्येतानि जायन्ते विवृद्धे भरतर्षभ।।

(श्रीमद्भगवद् गीता 14.12)

अर्थात् रजोगुण के बढ़ने पर लोभ प्रवृत्ति, स्वार्थ बुद्धि से कर्मों का सकामभाव से आरम्भ, अशान्ति और विषयभोगों की लालसा ये सब उत्पन्न होते हैं।

3. तमस गुण

तमस गुण निष्क्रियता का प्रतीक है। यह आलस, सुस्ती और उदासीनता उत्पन्न करता है। तमस गुण अनभिज्ञता, कायरता, अस्पष्टता और सभी प्रकार की निम्नस्तरीय गतिविधियों के लिए उत्तरदायी है। यह गुण निराशा और कुटिलता भी उत्पन्न करता है। तामसी व्यक्ति सदैव आत्म- केन्द्रित प्रवृत्तियों तक सीमित रहता है। तामसी गुण से आदमी निराशावादी हो जाता है। तमस गुण काले रंग के द्वारा दर्शाया जाता है।

- <u>**तमोगुण के लक्षण**</u>
- **मनुस्मृति के अनुसार**

यत्तु स्यान्मोहसंयुक्तमव्यक्तं विषयात्मकम्।
अप्रत्वर्यमविज्ञेयं तमस्तदुपधारयते।।

(मनुस्मृति १२.२९)

अर्थात् मोहमूलक, अप्रकट विषयों की ओर उन्मुख करने वाला तथा तर्क और बुद्धि द्वारा न जाना जा सकने वाला गुण तमोगुण है।

लोभः स्वप्नोऽवृतिः क्रौर्यं नास्तिक्यं भिन्नवृत्तिता।
याचिष्णुता प्रमादश्य तामसं गुणलक्षणम्।।

(मनुस्मृति १२.३३)

अर्थात् लोभ, निद्रा, अधीरता, क्रूरता, नास्तिकता, शास्त्रोक्त विधि से विपरीत व्यवहार, याचना वृत्ति तथा प्रमाद ये सब तमोगुण के लक्षण हैं।

यत्कर्म कृत्वा कुर्वंश्च करिश्यंश्च लज्जति।
तज्ज्ञेयं विदुषा सर्व तामसं गुणलक्षणम्।।

(मनुस्मृति १२.३७)

अर्थात् जिस कर्म को करके या करते हुए अथवा भविष्य में करने के विचार पर अर्थात् भूत, वर्तमान और भविष्य में मनुष्य को लज्जित होना पड़े उस कर्म को तमोगुणी कहते हैं।

तमसो लक्षणं कामो।।

(मनुस्मृति १२.३७)

काम (कामुकता या कामवासना) तमोगुण का प्रधान लक्षण है।

- **श्रीमद्भगवद् गीता के अनुसार**

तमः प्रमादे सञ्जयत्युत।।

(श्रीमद्भगवद् गीता १४.९)

तमोगुण तो ज्ञान को ढ़ककर प्रमाद में भी लगाता है।

अप्रकाशोऽप्रवृत्तिश्च प्रमादो मोह एव च।
तमस्येतानि जायन्ते विवृद्धे कुरुनन्दन।।

(श्रीमद्भगवद् गीता १४.१३)

अर्थात् तमोगुण के बढ़ने पर अन्तःकरण और इन्द्रियों में अप्रकाश, कर्तव्य कर्मों में अप्रवृत्ति और प्रमाद अर्थात् व्यर्थ चेष्टा और निद्रादि अन्तःकरण की मोहिनी वृत्तियाँ ये सब ही उत्पन्न होते हैं।

प्रमादमोहौ तमसो भवतोऽज्ञानमेव च।।

(श्रीमद्भगवद् गीता १४.१७)

तमोगुण से प्रमाद और मोह उत्पन्न होते हैं और अज्ञान भी होता है।

2.4.4 त्रिगुण का व्यक्तित्व पर प्रभाव

व्यक्तित्व व्यक्ति के समस्त गुणों, लक्षणों, विशेषताओं आदि की संगठित इकाई है और इसकी व्याख्या करना सम्भव नहीं है। व्यक्तित्व व्यक्ति के शारीरिक, मानसिक व सामाजिक गुणों का योग है। संपूर्ण सृष्टि पंच तत्व पृथ्वी, जल, अग्नि, वायु और आकाश से निर्मित है, जिसके मूल में त्रिगुण की सत्ता ही विद्यमान है। संसार में त्रिगुण के बिना किसी का भी अस्तित्व सम्भव नहीं है। हमारे व्यक्तित्व में केवल एक ही गुण हो ऐसा भी संभव नहीं है। हमारे व्यक्तित्व में त्रिगुण व्याप्त होंगे ही होंगे, कोई गुण अधिक

तो कोई गुण न्यून होगा। त्रिगुण का व्यक्तित्व पर प्रभाव सकारात्मक और नकारात्मक दोनों ही रूपों में देखने को मिलता है।

2.9.5 त्रिगुण की व्यक्तित्व पर विभिन्न विशेषताएँ

मानव शरीर के तीन दोषों के समान तीन गुण सत्व, रज और तम भी मानव के मन और स्वभाव में पाए जाते हैं। मन की आदर्श स्थिति सत्व या पवित्रता है। इन गुणों के साथ मनुष्य हमेशा सजग, दयालु और शान्त रहता है। राजसी गुणों से प्रभावित व्यक्ति प्रसन्नचित्त और विनोदी स्वभाव का होता है। सुस्त और शक्तिहीन मस्तिष्क तमस के गुण को दर्शाता है।

सत्वगुण

- ज्ञान की प्रधानता
- स्थिर और शान्त
- सात्विक वृत्ति
- आध्यात्मिकता से युक्त
- गुरु के प्रति सम्मान
- कथनी और करनी में एकरूपता
- दया, क्षमा, ममता और सहनशीलता
- शारीरिक तथा मानसिक रूप से शुद्धता
- सकारात्मक और वैचारिक दृष्टिकोण

रजोगुण

- सक्रिय
- लोभ और लालच
- महत्वाकांक्षी
- चंचल मन
- क्रोध और अहंकार
- अविश्वसनीयता
- इच्छाएँ

तमोगुण

- आलस्य, निद्रा और अवसाद ;
- भ्रमित

- एकाकी जीवन
- बेईमानी
- यौन विकृतियाँ
- चोरी की प्रवृत्ति
- भारीपन

2.9.6 त्रिगुणात्मक प्रकृति का स्वरूप

त्रिगुणात्मक प्रकृति के स्वरूप को निम्न तालिका में दर्शाया गया है:-

त्रिगुण	रंग	प्रकृति/ विशेषण	विशेषता	श्रेणी	व्यक्तित्व पर प्रभाव
सत्व	श्वेत	सात्विक	सूक्ष्म व अमूर्त	उत्तम	स्वार्थ रहित सामाजिक सेवा करना
रजस	लाल	राजसिक	ऊर्जा व कर्मशील	मध्यम	स्वयं के लाभ हेतु जीवनयापन
तमस	काला	तामसिक	आलस्य व लोभ से परिपूर्ण	निम्न	हानि पहुँचा कर स्वयं का स्वार्थ सिद्ध करना

2.9.7 सारांश

तीनों गुण अर्थात् सत्व, रज और तम हमारे जीवन का आधार हैं। हमारा व्यक्तित्व इन तीनों गुणों से ओतप्रोत है। यदि सत्वगुण और रजगुण दोनों का सामंजस्य है तो ऐसे व्यक्ति का व्यक्तित्व, विचार और कर्म महान होते हैं। यदि हम अपने जीवन में सफलता की संभावना को बढ़ाना चाहते हैं तो हमें अधिक से अधिक सात्विक गुण और राजसिक गुण में सामंजस्य करना होगा। कहने का अभिप्राय है कि हमारे व्यक्तित्व में तमोगुण का अंश जितना कम होगा उतना ही जीवन में सफलता की सम्भावना बढ़ जाएगी।

ॐ

3.1 स्वामी विवेकानन्द का संक्षिप्त परिचय और योग परम्पराएँ

3.1.1 जीवन परिचय

स्वामी विवेकानन्द

स्वामी विवेकानन्द शिकागो के विश्व धर्म परिषद में बैठे हुए

स्वामी विवेकानंद भारत के ही नहीं अपितु पूरी दुनिया के लिए आदर्श, अनुकरणीय एवं प्रेरणादायक संत रहे हैं। स्वामी विवेकानंद का जन्म १२ जनवरी सन् १८६३को सोमवार के दिन कोलकाता में एक कायस्थ परिवार में हुआ था। उनके बचपन का नाम नरेन्द्र नाथ दत्त था। लेकिन उनकी माता भुवनेश्वरी देवी अपने पुत्र को प्यार से वीरू के नाम से पुकारती थीं। पिता विश्वनाथ दत्त कलकत्ता हाईकोर्ट के एक प्रसिद्ध वकील थे। नरेन्द्रनाथ के दादा दुर्गाचरण दत्त संस्कृत और फ़ारसी के विद्वान थे। नरेन्द्र के माता-पिता दोनों ही भगवान शिव के परम भक्त थे। इसी वजह से बालक नरेन्द्र के मन में बचपन से ही धर्म एवं अध्यात्म के संस्कार गहरे होते चले गये थे और उनमें परमात्मा को पाने को लालसा भी प्रबल थी।

3.1.2 शैक्षिक जीवन

६ वर्ष की आयु में विवेकानंद को प्राथमिक विद्यालय में अध्ययन हेतु भेजा गया था। सन् १८७१ में ८ वर्ष की उम्र में नरेन्द्रनाथ ने ईश्वर चंद्र विद्यासागर के मेट्रोपोलिटन शिक्षा संस्थान में प्रवेश पाया। सन् 1877 में नरेंद्रनाथ अपने पिता विश्वनाथ के साथ रामपुर चले गए। रामपुर में उस समय स्कूल नहीं थे, अतः विश्वनाथ स्वयं पुत्र को शिक्षा

देने लगे। पुत्र की प्रतिभा उनसे छिपी न थी, पाठ्य पुस्तकों के अतिरिक्त दर्शन, इतिहास तथा साहित्य सम्बंधी अनेक पुस्तकें पुत्र को पढ़ाने लगे।

सन् १८७९ में अपने परिवार की कोलकाता वापसी के बाद प्रेसीडेंसी कॉलेज, कोलकाता की प्रवेश परीक्षा प्रथम श्रेणी से उत्तीर्ण करके उसमें प्रवेश लिया था। नरेन्द्रनाथ प्रेसीडेंसी कॉलेज से स्नातक की पढ़ाई के साथ-साथ आध्यात्मिक विषयों का ज्ञान प्राप्त करने में भी अधिक रुचि लेते थे। नरेन्द्रनाथ कॉलेज के दिनों में कुश्ती, जिम्नास्टिक एवं एथलेटिक्स के अच्छे खिलाड़ी भी रहे थे।

नरेन्द्रनाथने आधुनिक शिक्षा के साथ-साथ भारतीय धर्म, दर्शन, इतिहास, भगवद्गीता, रामायण, महाभारत, पश्चिमी दर्शन, तर्क, धर्म एवं यूरोपियन इतिहास का भी अध्ययन किया था। सन् में नरेन्द्र नाथ ने ललित कला की परीक्षा उत्तीर्ण की और सन् १८८४में कला स्नातक की डिग्री प्राप्त की। इसी वर्ष इनके पिता का स्वर्गवास हो गया।

3.1.3 आध्यात्मिक जीवन में प्रवेश

बचपन से ही नरेन्द्रनाथ के ऊपर ब्रह्म समाज का विशेष प्रभाव था क्योंकि ब्रह्म समाज ने भारतीय समाज में फैली विभिन्न कुरीतियों जैसे- मूर्ति-पूजा, अंधविश्वास, पर्दा-प्रथा, सती-प्रथा आदि का पुरज़ोर विरोध करके एक निराकार ईश्वर को मान्यता दी थी।

एक बार विलियम हेस्टी (जो एक स्कॉटिश पादरी और धर्मशास्त्री थे) अपनी कक्षा के छात्रों को विश्व प्रसिद्ध (अंग्रेज़ी कविताओं के) लेखक "विलियम वर्ड्स वर्थ" की कविता पढ़ा रहे थे। विलियम हेस्टी ने कविता का सार बताते हुए बताया कि दक्षिणेश्वर में स्थित काली मंदिर में रामकृष्ण ने साधना के बलबूते पर ईश्वर का साक्षात्कार कर लिया है। इतना सुनते ही ज्ञान पिपासु युवक नरेन्द्रनाथ ने यह दृढ़ निश्चय कर लिया कि वे दक्षिणेश्वर जाकर रामकृष्ण से भेंट करेंगे।

सन् १८८१ में नरेन्द्रनाथ पहली बार दक्षिणेश्वर स्थित काली मन्दिर पहुँचे और रामकृष्ण परमहंस के प्रथम दर्शन से ही इनके भीतर एक नई अनुभूति पैदा हुई। ज्ञान पिपासु युवक नरेन्द्रनाथ ने बिना झिझक रामकृष्ण परमहंस से एक सवाल पूछा- "क्या आपने ईश्वर का साक्षात्कार कर लिया है"? रामकृष्ण परमहंस ने उत्तर दिया– ईश्वर को अनुभव किया जा सकता है, कोई उसे देख सकता है और उससे बात कर सकता है, जैसे मैं आपके साथ कर रहा हूँ, लेकिन ऐसा करने की किसे चिन्ता है (God can be realized, one can see and talk to him as। am doing with you but who cares to do so)।

इतना मार्मिक एवं गहरे शब्दों से भरे उत्तर को सुनकर युवक नरेन्द्रनाथ का भय, भ्रम और भ्रांतियाँ सब दूर हो गई। अब इन्हें जीवन का मर्म समझ में आ चुका था। रामकृष्ण

ने तर्कशील युवक नरेन्द्रनाथ को अपने धैर्य और प्रेम से जीत लिया था। अब नरेंद्रनाथ सांसारिक सुखों को छोड़कर पूरी तरह से वैराग्य एवं साधना का जीवन जीना चाहते थे। रामकृष्ण परमहंस ने महाप्रयाण से तीन दिन पूर्व नरेन्द्रनाथको स्पर्श करते हुए कहा था कि आज मैंने अपना सर्वस्व तुझे दे दिया है। इसी के साथ गुरु रामकृष्ण ने नरेन्द्रनाथ को संन्यास की दीक्षा दी तथा इनके विवेक एवं वैराग्य को देखते हुए विवेकानंद नाम दिया। इसके बाद वे नरेन्द्रनाथ दत्त से स्वामी विवेकानंद बने।

3.1.4 स्वामी विवेकानंद का भारत भ्रमण

स्वामी विवेकानंद सबसे पहले भारतीय लोगों एवं भारतीय संस्कृति से अच्छी तरह से प्रत्यक्ष (परिचित) होना चाहते थे। इसलिए इन्होंने सन् १८८८ से १८९३ तक भारत के विभिन्न गाँव, शहर, प्रांतों की अनेक यात्राएँ कीं। भारत माता का निकट से परिचय प्राप्त करने की उत्कट अभिलाषा के कारण वे पहले हिन्दुओं के पवित्रतम तीर्थ नगरी वाराणसी गये। वहाँ वे संस्कृत के प्रकाण्ड विद्वान प्रमदा दास मित्र से मिले। वाराणसी से लखनऊ, आगरा, वृंदावन, हाथरस तथा ऋषिकेश गये तथा कुछ समय के लिए पुनः वराहनगर लौट आये।

२२जनवरी सन् १८९० में गाज़ीपुर के पवाहारी बाबा से भेंट उनके जीवन की इस अवधि की एक महत्वपूर्ण घटना है। इस भ्रमण काल में उन्होंने उत्तरप्रदेश, राजस्थान, गुजरात, महाराष्ट्र, तमिलनाडु, कर्नाटक, हैदराबाद और केरल के अनेक धार्मिक तथा ऐतिहासिक स्थानों की यात्राएँ कीं।

जनवरी सन् १८९१ को अलवर पहुँचे वहाँ उन्होंने पतंजलि के महाभाष्य का अध्ययन किया। सन् १८९२ सितम्बर में पूना में महान राष्ट्रीय नेता बाल गंगाधर तिलक से उनकी भेंट हुई। पूना से वे बेलगाँव आये तथा कुछ दिन वहाँ रहकर मैसूर तथा बैंगलोर चले गये। मैसूर से वे त्रिवेन्द्रम तथा कन्याकुमारी गये। भारत वर्ष के भूत, भविष्य, वर्तमान, उसके पतन का कारण तथा उत्थान के उपायों पर ध्यान देते हुए वे रामेश्वरम् व मदुरई गये। मदुरई में उनकी भेंट रामनाथ के राजा से हुई। उसके बाद वे मद्रास गये जहाँ आलासिंगा पेरूमल के नेतृत्व में युवकों का एक दल उनकी प्रतीक्षा कर रहा था। उन्होंने इस दल को शिकागो में होने वाले विश्व धर्म महासभा में सम्मिलित होने के लिए अमेरिका जाने का अपना संकल्प बताया।

3.1.5 स्वामी विवेकानंद की विदेश यात्रा

भारत भ्रमण के बाद स्वामी विवेकानंद ने भारतीय संस्कृति का प्रचार-प्रसार करने के लिए विदेश की ओर अपना मुख किया। स्वामी विवेकानंद ने ३१ मई, १८९३ को

खेतड़ी के महाराज अजीत सिंह के सहयोग से पश्चिमी देशों की यात्रा प्रारंभ की। स्वामी विवेकानंद जापान, चीन, कनाडा आदि देशों की यात्रा करते हुए अमेरिका पहुँचे। ११ सितंबर, १८९३ को स्वामी जी को विश्व धर्म महासभा में सम्मिलित होने का सुअवसर मिला। उस आर्ट इंस्टीट्यूट के विशाल सभा भवन में लगभग सात हज़ार विभिन्न देशों से आए प्रबुद्ध जन उपस्थित थे। जब स्वामी विवेकानंद मंच पर बोलने के लिए गए तो इनके पहले शब्द थे- Sisters and Brothers of America (मेरे अमेरिकन भाइयों और बहनों)। स्वामी जी का बस इतना ही कहना हुआ और पूरा सभागार तालियों की गड़गड़ाहट से गूँजने लगा। उसके बाद स्वामी जी ने सर्वधर्म समभाव, विश्व शान्ति, सौहार्द, समन्वय, हिंदुत्व एवं भारतीयता का परिचय पूरी दुनिया को करवाया। स्वामी जी के ओजपूर्ण भाषण का इतना प्रभाव पड़ा कि अगले ही दिन स्वामी विवेकानंद को सभी समाचार पत्रों ने धर्म महासभा का सर्वश्रेष्ठ वक्ता घोषित कर दिया। इसके बाद सामान्य संन्यासी युगपुरुष बन चुके थे। विवेकानंद अपने व्यक्तित्व और ओजस्वी भाषणों से श्रोताओं को मन्त्रमुग्ध कर देते थे।

स्वामी विवेकानंद अगले दो वर्ष तक अमेरिका में ही रहे। यहाँ रहकर स्वामी विवेकानंद ने सन् १८९४ में 'न्यूयॉर्क वेदांत सोसायटी' की स्थापना की। अमेरिका के बाद स्वामी विवेकानंद ने यूरोपीय देशों की यात्रा प्रारंभ की। सन् १९९५ में स्वामी विवेकानंद यात्रा करते हुए इंग्लैंड पहुँचे। यहीं पर स्वामी जी मारग्रेट नोबल से भी मिले। यही मारग्रेट नोबल आगे चलकर भगिनी निवेदिता के रूप में सारे संसार में प्रसिद्ध हुईं, जो स्वामी विवेकानंद के प्रमुख शिष्यों में से एक शिष्या थीं।

स्वामी जी ने इटली, इंग्लैंड, रोम, न्यूयॉर्क, यूनान, जर्मनी, फ्रांस, वियना, बाल्कान, मिस्र, श्रीलंका आदि प्रसिद्ध देशों के विभिन्न नगरों की भी यात्राएँ कीं। इन सभी देशों में स्वामी जी के अनुयायियों की संख्या निरन्तर बढ़ने लगी। अनेक पाश्चात्य देशों में भारतीय संस्कृति का लोहा मनवाकर स्वामी विवेकानंद दिसंबर १९०० में भारत लौट आए। अधिक यात्राओं के कारण स्वामी जी का स्वास्थ्य धीरे-धीरे बिगड़ने लग गया था। तथापि स्वामी जी स्वाध्याय, साधना एवं जन कल्याण के कार्यों में निरन्तर लगे रहते थे।

3.1.6 स्वामी विवेकानंद के लेखन से सम्बन्धित प्रमुख कार्य

स्वामी विवेकानंद जी के द्वारा निम्नलिखित ग्रंथ लिखे गए हैं :-

- उतिष्ठ जाग्रत
- मेरे गुरुदेव
- परिव्राजक

- राजयोग
- कर्म योग
- वेदान्त दर्शन
- एड्रेस ऑन भक्ति योग
- माई मास्टर
- लेक्चर्स फ्राम कोलंबो टू अल्मोड़ा

3.1.7 योग सम्बन्धी विचारधारा

जीवन का लक्ष्य है मोक्ष की प्राप्ति। लेकिन जब तक मनुष्य स्वयं में ब्रह्म होने की अनुभूति प्राप्त नहीं कर लेता, वह मोक्ष नहीं प्राप्त कर सकता। इस सिद्धि को प्राप्त करने के अनेक मार्ग हैं। योग को चार वर्गों कर्मयोग, भक्तियोग, राजयोग व ज्ञानयोग में विभक्त किया जा सकता है। इनमें से प्रत्येक मार्ग ब्रह्म सिद्धि का परोक्ष मार्ग है। ये योग विभिन्न स्वभाव के लोगों के अनुकूल होते हैं। अतः योग की सभी प्रणालियों का लक्ष्य मनुष्य के हृदय में विद्यमान अविद्या को हटाना और आत्मा को उसके वास्तविक स्वरूप में फिर से स्थापित कर देना है। ऊपर की ओर देखना और ऊपर उठना तथा पूर्णता की खोज करना इसे ही मोक्ष कहते हैं। जितनी जल्दी कोई मनुष्य ऊपर उठने लगता है उतनी ही जल्दी वह मोक्ष की ओर उन्मुख होता है। वास्तव में मोक्ष का मार्ग ही सच्ची योग साधना है।

3.1.8 स्वामी विवेकानंद के अनमोल वचन

- उठो जागो और तब तक नहीं रुको जब तक लक्ष्य प्राप्त नहीं हो जाता।
- एक समय में एक काम करो और ऐसा करते समय अपनी पूरी आत्मा उसमें डाल दो और बाक़ी सब कुछ भूल जाओ।
- ख़ुद को कमज़ोर समझना सबसे बड़ा पाप है।
- जब तक आप ख़ुद पर विश्वास नहीं करते तब तक आप भगवान पर विश्वास नहीं कर सकते।
- हम जो बोते हैं वो काटते हैं। हम स्वयं अपने भाग्य के निर्माता हैं।
- चिंतन करो, चिंता नहीं, नए विचारों को जन्म दो।
- पहले हर अच्छी बात का उपहास होता है, फिर विरोध होता है और फिर उसे स्वीकार लिया जाता है।
- शक्ति जीवन है, निर्बलता मृत्यु है।

3.1.9 स्वामी विवेकानंद के प्रमुख शिष्य

- अशोकानंद
- विरजानंद
- परमानंद
- भगिनी निवेदिता
- स्वामी सदानंद
- अभयानंद

3.1.10 महासमाधि

स्वामी विवेकानंद एक दूरदर्शी, विवेकशील एवं आध्यात्मिक संत थे। स्वामी जी के अनुयायी बताते हैं कि इन्होंने पहले ही घोषणा कर दी थी कि वे ४० वर्ष की उम्र तक ही जियेंगे। 4 जुलाई 1902 को स्वामी विवेकानन्द ने प्रातः काल की पावन बेला में बेलूर मठ में अपने अनुयायियों को आध्यात्मिक ज्ञान दिया। इसके बाद संध्या ध्यान के लिए स्वामी जी अपनी कुटिया में चले गए। ४ जुलाई, १९०२ को लगभग रात 9 बजे स्वामी जी महासमाधि में प्रविष्ट हो गए। स्वामी जी का अंतिम संस्कार गँगा नदी के पावन तट पर किया गया था। निःसंदेह स्वामी विवेकानंद इस धरा पर थोड़े समय के लिए ही आए, लेकिन देश-दुनिया में अपने दिव्य कर्मों से अमरत्व को प्राप्त कर गए।

3.1.11 सारांश

स्वामी विवेकानन्द ने समूची मानव जाति के कल्याण के लिए अपना सर्वस्व समर्पित कर दिया था। वे बहुमुखी प्रतिभा के धनी थे। उनमें एक साथ अनेक विशेषताएँ देखने को मिलती हैं। कोई भी ऐसा क्षेत्र नहीं है जिससे वे अछूते रहे हों। साहित्य, संगीत, लेखन एवम् अध्ययन के क्षेत्र में तो कहना ही क्या। आध्यात्मिक जीवन एवं योग के सन्दर्भ में स्वामी जी ने जो विचार एवं योगदान दिया है उसके लिऐ युगों-युगों तक मानवता उनकी ऋणी रहेगी। अतः हमें भी ऐसे महामानवों के जीवन से प्रेरणा लेकर अपने जीवन को सन्मार्ग पर प्रेरित करने का प्रयास करना चाहिए।

ॐ

3.2 श्री अरविंद घोष का संक्षिप्त परिचय और योग परम्पराएँ

3.2.1 जीवन परिचय

श्री अरविंद घोष

श्री अरविंद घोष एक योगी, कवि, लेखक, आध्यात्मिक गुरु एवं एक अच्छे दार्शनिक के साथ-साथ भारत की आज़ादी के योद्धा भी थे। अरविंद का जन्म १५ अगस्त १८७२ को बंगाल राज्य के कोलकाता शहर में हुआ था। इनके पिता डा. कृष्णधन घोष पेशे से चिकित्सक थे। माता श्रीमती स्वर्णलता देवी धार्मिक विचारों की गृहणी थीं। पाँच भाई-बहनों में अरविंद तीसरे नंबर पर थे। अरविंद के दो बड़े भाई विनय भूषण एवं मनमोहन थे। जबकि एक छोटी बहन सरोजनी एवं सबसे छोटा भाई वरिंद्र कुमार था।

3.2.2 युवावस्था एवं शिक्षा

सन् १८७९ में जब अरविंद ७ वर्ष के थे तभी इनके पिता पत्नी एवं बच्चों सहित इंग्लैंड चले गए थे। श्री कृष्णधन घोष अरविंद को आरम्भ से ही अंग्रेज़ी माध्यम एवं अंग्रेज़ी कल्चर में पढ़ाना चाहते थे। कृष्णधन घोष चाहते थे कि उनका बेटा बड़ा होकर आई.सी.एस. बने। इंग्लैंड के प्रसिद्ध शहर मैनचेस्टर में डब्ल्यु. एच. ड्रेवेट चर्च के पादरी थे, जो कृष्णधन के अच्छे मित्र थे। इसलिए ड्रेवेट की पत्नी अरविंद को घर पर ही इतिहास, भूगोल, गणित, आदि विषयों के साथ-साथ फ्रेंच , अंग्रेज़ी एवं लैटिन भाषा भी पढ़ाती थीं। श्री अरविंद ने अपनी प्रारंभिक शिक्षा के साथ-साथ शेक्सपियर, शैली, प्लूटो, किट्स, बायावल आदि प्रसिद्ध विद्वानों की रचनाओं का भी गहनता से अध्ययन किया। इंग्लैंड में अरविंद को एकरायड घोष के नाम से पुकारा जाता था। इसके बाद अरविंद ने १८८४ से १८८९ तक सेंट पॉल स्कूल, लंदन में ५ वर्ष तक अध्ययन किया। इस दौरान अरविंद ने विभिन्न प्रसिद्ध लेखकों का साहित्य व कविताओं का भी

अध्ययन किया। यहाँ अरविंद ने प्रधानाध्यापक डॉक्टर वाकर के नेतृत्व में ग्रीक भाषा का अध्ययन किया। सन् १८९० में अरविंद ने कैंब्रिज विश्वविद्यालय के किंग्स कॉलेज, लंदन में एडमिशन ले लिया। यहाँ अरविंद २ वर्ष रहे थे।
इस दौरान सन् १८९२ में अरविंद ने आई.सी.एस. (Imperial Civil Service) की परीक्षा में ११वाँ स्थान प्राप्त किया। उस समय इंपीरियल सिविल सर्विस (I.C.S.) ब्रिटिश साम्राज्य की उच्च नागरिक सेवा के लिए सबसे बड़ी परीक्षा होती थी। लेकिन अरविंद की आई.सी.एस. बनने में कोई रुचि नहीं थी। अरविंद जानबूझकर इस परीक्षा में अयोग्य होना चाहते थे। इसलिए अरविंद घुड़सवारी की प्रायोगिक परीक्षा में सबसे पीछे रहे और इस तरह आई.सी.एस. की परीक्षा के लिए अयोग्य घोषित हो गए।

3.2.3 अरविंद का भारत आगमन

बड़ौदा (गुजरात) के महाराजा सयाजीराव गायकवाड़ तृतीय उन दिनों इंग्लैंड गए हुए थे। महाराजा ने श्री अरविंद का साक्षात्कार लिया और इतने प्रभावित हुए कि उन्होंने बड़ौदा रियासत की सेवा के लिए अरविंद को चयनित कर लिया। १४ वर्ष तक इंग्लैंड में रहकर सन् १८९३ में अरविंद देश सेवा के उद्देश्य से भारत लौट आए। लगातार १३वर्ष तक वे वहाँ नौकरी करते रहे। बड़ौदा में अनेक सरकारी पदों पर कार्य करने के पश्चात अरविंद बड़ौदा कॉलेज (जो अब महाराजा सयाजीराव यूनिवर्सिटी ऑफ़ बड़ौदा है) में फ्रांसीसी भाषा के प्रोफ़ेसर बन गए।
कॉलेज में अच्छे आचरण एवं योग्यता के आधार पर अरविंद को कॉलेज का वाइस प्रिंसिपल बना दिया गया। यहाँ अरविंद संस्कृत, बंगाली और हिंदी भाषा के साथ-साथ भारतीय धर्म एवं संस्कृति के अध्ययन में मग्न रहने लगे थे। बड़ौदा में रहते हुए ही अरविंद ब्रिटिश शासन के विरुद्ध सक्रिय रूप से आवाज़ उठाने लग
गए थे जिसके चलते १८ जून, १९०७ को अरविंद ने कॉलेज के सभी पदों से त्यागपत्र दे दिया। यहाँ अरविंद ने लगभग १३ वर्ष ५ महीने तक कार्य किया। इसके बाद अरविंद ने बंगाल के क्रांतिकारी आंदोलन एवं मध्य प्रदेश के आंदोलनों में महत्वपूर्ण भूमिका निभाई। इस दौरान उनकी भेंट लोकमान्य तिलक व भगिनी निवेदिता से भी हुई।

3.2.4 वैवाहिक जीवन

सन् १९०१ में २८ वर्ष की उम्र में अरविंद का विवाह राँची (तत्कालीन बिहार) के निवासी श्री गोपाल चंद्र बोस की बेटी मृणालिनी देवी से हुआ। लेकिन १९२८ में पांडिचेरी में इंफ्लुएंजा महामारी से मृणालिनी देवी का देहांत हो गया। इसके बाद अरविंद ने पारिवारिक उत्तरदायित्वों से मुक्त होकर गहन योग साधना के लिए अपने आप को शारीरिक और मानसिक रूप से तैयार किया।

3.2.5 अरविंद का राजनीतिक जीवन

कॉलेज से त्याग पत्र देने के बाद अरविंद देश की राजनीति में सक्रिय रूप से भाग लेने लग गए थे। सन् १९०६ से ही अरविन्द दादा नौरोजी के नेतृत्व में अनेक भारतीय आंदोलनों में भाग लेने लग गए थे। सन् १९०७-०८ में अरविंद ने बाल गंगाधर तिलक के साथ भारत के अनेक राज्यों की यात्राएँ कीं एवं भारत की वास्तविक स्थिति से परिचित हुए। मई १९०८ को अलीपुर बम कांड के सिलसिले में अरविंद एवं उनके साथियों को कोलकाता के एक बाग़ में गिरफ़्तार कर लिया। अरविंद ने इस घटना का वर्णन अपने "कारा कहानी" पत्र में भी किया है।

जेल में रहते हुए अरविंद ने "कर्म योगिनी" (अंग्रेज़ी भाषा) और "धर्म" (बंगाली भाषा) में दो पुस्तकों का लेखन कार्य किया। इसके आलावा अरविंद ने बांग्ला पत्रिका "सुप्रभात" में कई लेख भी लिखे। ६ मई १९०९ को अरविंद को जेल से रिहा कर दिया गया। जेल में १ वर्ष रहने के दौरान आध्यात्मिक अनुभवों के कारण अरविंद का जीवन के प्रति दृष्टिकोण पूरी तरह से परिवर्तित हो गया था। इसके बाद अरविन्द ने लगातार पत्रकारिता के क्षेत्र में संपादन का कार्य किया। अरविन्द अपने क्रांतिकारी लेख एवं पत्रिकाओं के माध्यम से अंग्रेज़ों के विरुद्ध नवयुवकों में नए दृष्टिकोण के साथ उत्साह भरते रहते थे।

3.2.6 राजनीतिक जीवन से आध्यात्मिक जीवन में प्रवेश

अरविंद के जीवन में परिवर्तन तब आया जब वह अलीपुर जेल कोलकाता में थे। जेल में अरविंद योगाभ्यास, आत्म चिंतन, गीता, उपनिषद्, वेद आदि का अध्ययन एवं चिन्तन निरन्तर करते रहते थे। एक बार जेल में ध्यानावस्था के दौरान अरविन्द को स्वामी विवेकानंद की वाणी सुनाई दी थी। ये सब अनुभव अरविंद ने अपने पांडिचेरी आश्रम के साधकों को बताये थे। सन् १९१० के बाद अरविंद राजनीतिक गतिविधियों से दूर कोलकाता से ३० किमी दूर मोतीलाल राय हाउस, चंदन नगर में रहने लगे।

3.2.7 यौगिक एवं साधनात्मक जीवन

४ अप्रैल, १९१० को श्री अरविंद चंद्रनगर छोड़कर पांडिचेरी पहुँच गए। पांडिचेरी में अरविंद ने आश्रम का निर्माण किया और ध्यान योग साधना में लीन रहने लगे। श्री अरविंद आश्रम में नियमित प्राणायाम का अभ्यास स्वामी ब्रह्मानंद के शिष्य "बाबाजी देवधर इंजीनियर" के सानिध्य में करते थे। अरविंद ने सन् १९१४ के बाद दर्शन पर मासिक पत्रिका "आर्य" शुरू की थी। इस दौरान अरविंद ने सन् १९२६तक अपने अनुभवों के आधार पर योग, अध्यात्म, गीता, वेद , उपनिषद् आदि पर अनेक रचनाएँ लिखीं।

महर्षि अरविंद ने पूर्णयोग का विस्तृत विवेचन मासिक पत्रिका 'आर्य' में किया था। इस पत्रिका में 'सिन्थेसिस ऑफ़ योग' शीर्षक से लगातार छः वर्षों तक पूर्णयोग पर लेखमाला प्रकाशित होती रही। पूर्णयोग में 'पूर्ण' शब्द यह सूचित करता है कि यह योग मानव को पूर्णत्व प्राप्त कराता है अर्थात् मानव को महामानव बनाता है। यह आत्मा के भीतर जीवन को पूर्णत्व प्रदान करता है और उसे सार्थक बनाता है। श्री अरविंद का योग व्यावहारिक एवं मनोवैज्ञानिक है। सन् १९२६ से १९३८ तक पूरे १२ वर्ष श्री अरविंद गहन मौन साधना एवं ध्यान में लीन रहे। सन् १९३८ से १९५० तक मौन साधना का दूसरा चरण भी श्री अरविंद का १२वर्ष का रहा। इस दौरान सेवक चंपकलाल और श्री माँ ही अरविंद से मिल सकते थे। अन्य सभी का श्री अरविंद के कक्ष में प्रवेश निषेध था।

श्री अरविंद की आध्यात्मिक साधना दिनों दिन गहन होती जा रही थी। साधना के दौरान इन्हें कुछ आन्तरिक अनुभूतियाँ भी हुईं जिन्हें अरविंद ने अभिव्यक्त भी किया था जिसका असंख्य योग जिज्ञासुओं को भी लाभ मिला। महर्षि अरविंद का यह विश्वास था कि सांसारिक दुःख का निवारण केवल आत्मा के विकास से ही हो सकता है। महर्षि अरविंद ने अपने अनुभवों से बताया था कि योग से ही सुप्त चेतना का जागरण हो सकता है। योग के द्वारा व्यक्ति सामान्य जीवन को दिव्य जीवन बना सकता है।

3.2.8 निर्वाण

५ दिसंबर, १९५० को १ बजकर २६ मिनट पर श्री अरविंद भौतिक शरीर को छोड़कर सदा के लिए पंचतत्व में विलीन हो गए। श्री अरविन्द के देहत्याग के पाँचवे दिन तक (एक सौ ग्यारह घंटे) अपूर्व स्वर्ण आभामय प्रकाश निकलता रहा। इस प्रकाश को डॉ. प्रभात सान्याल तथा नीरोदबरण ने स्पष्ट अपनी आँखों से देखा था। अरविंद के अंतिम दर्शन के लिए लाखों लोग उनकी मुक्ति यात्रा में सम्मिलित हुए। अन्त में 9 दिसम्बर की शाम को पाँच बजे सादगी भरे वातावरण में उनकी देह को समाधि दे दी गयी।

3.2.9 प्रमुख रचनाएँ

श्री अरविंद ने अंग्रेज़ी , हिंदी और बांग्ला भाषाओं में लेखन कार्य किया। उनकी प्रमुख रचनाएँ निम्नलिखित हैं :-

- द लाइफ़ डिवाइन
- द सीक्रेट ऑफ़ द वेदाज़
- द आइडियल ऑफ़ ह्यूमन यूनिटी
- द सिंथेसिस ऑफ़ योगा

- द फ्यूचर पोएट्री
- द ह्यूमन सायकिल
- द डिफ़ेंस ऑफ़ इंडियन कल्चर
- एस्से ऑन द गीता
- द साइकोलॉजी ऑफ़ सोशल डेवलेपमेंट
- सावित्री– महाकाव्य
- लेटर्स ऑन योग

3.2.10 सारांश

उपरोक्त विवेचन से यह स्पष्ट हुआ है कि श्री अरविंद जी का आरम्भिक जीवन कैसे व्यतीत हुआ तथा किस प्रकार से उन्होंने राजनैतिक जीवन से आध्यात्मिक जीवन में प्रवेश किया। श्री अरविंद का यौगिक जीवन अत्यन्त कठिन एवं विलक्षण था। उन्होंने अध्यात्म जगत में अद्भुत प्रयोग किये हैं जिनकी कल्पना तक नहीं की जा सकती। अतः संक्षेप में यही कहा जा सकता है कि हमें भी ऐसे महान योगी के जीवन से प्रेरणा ग्रहण कर अच्छे मार्ग पर चलने का प्रयास करना चाहिए।

ॐ

3.3 महर्षि रमण का संक्षिप्त परिचय और योग परम्पराएँ

3.3.1 जीवन परिचय

श्री रमन

श्री रमन महर्षि बीसवीं सदी के महान ऋषि और आध्यात्मिक संत थे। महर्षि रमन का जन्म ३० दिसंबर १८७९ को तमिलनाडु राज्य के तिरुचुली गाँव में हुआ था। श्री रमन के पिता का नाम सुन्दरम अय्यर और माता का नाम अलगम्मल था। उनका जन्म महाशिवरात्रि के दिन हुआ था।

बचपन में इनका नाम वेंकट रमन था। वेंकेट रमन चार भाई-बहनों में दूसरे स्थान पर थे। इनके परिवार के सभी सदस्य भगवान शिव, गणेश, विष्णु व भगवान सूर्य देव आदि देवताओं की पूजा-पाठ घर पर ही करते थे। ऐसा बताया जाता है कि वेंकेट रमन बचपन में लंबे समय तक बहुत गहन निद्रा में सोते थे, इसलिए बचपन में स्नेह से सभी इन्हें कुंभकरण कहते थे।

3.3.2 शिक्षा

रमन महर्षि की प्रारम्भिक शिक्षा तिरुचुली और दिंदिगुल (तमिलनाडु) में हुई थी। जब रमन १२ वर्ष के ही थे, तभी इनके पिता की ४२ वर्ष की उम्र में अचानक मृत्यु हो गई थी। इसके बाद रमन अपने चाचा सुब्बा अय्यर के साथ तमिलनाडु राज्य के मदुरई शहर में चले गए।

मदुरई में रमन ने अंग्रेज़ी माध्यम के स्कॉट मिडिल स्कूल में दाख़िला लिया। इसके बाद अमेरिकन मिशन हाई स्कूल में शिक्षा ग्रहण की। शिक्षा के साथ-साथ मुष्टि युद्ध व मल्ल युद्ध जैसे खेलों में भी रमन अधिक रुचि लेते थे।

3.3.3 वैराग्य एवं साधना

नवंबर १८९५ में किसी व्यक्ति के मुख से पवित्र पर्वत "अरुणाचल" (तिरूवन्नमलै) की प्रशंसा सुनकर रमन का अरुणाचल पर्वत के प्रति आकर्षण हुआ था। लेकिन छोटी उम्र के कारण वे अरुणाचल पर्वत पर जाने में असमर्थ थे। महर्षि रमन घर पर ही एकांत में बैठकर ध्यान साधना किया करते थे। ध्यान की अवधि में उन्हें कई प्रकार की अनुभूतियाँ होने लग गई थीं। ध्यान के निरंतर अभ्यास से महर्षि रमन कम समय में ही अपने वास्तविक स्वरूप को पहचान चुके थे।

इसी दौरान रमन ने प्रसिद्ध तमिल लेखक सेक्किझर की पुस्तक "पेरियापूर्णम्" अर्थात् महान पुराण या महाकाव्य का भी अध्ययन किया। "पेरियापूर्णम्" पुस्तक में 63 महापुरुषों के जीवन का वर्णन है। इस पुस्तक के अध्ययन के बाद उन के हृदय में ईश्वर के प्रति प्रेम एवं संसार से वैराग्य की भावना का उदय हुआ। धीरे-धीरे रमन की स्कूल एवं मित्रों के प्रति रुचि कम हो गई थी।

रमन "मीनाक्षी मंदिर", मदुरई में भी भगवान नटराज की प्रतिमा को कई घंटों तक निहारते रहते थे। मन ही मन प्रार्थना करते थे, "हे भगवान! मुझे भी वही आशीर्वाद प्रदान करो जो आपने अन्य सभी संतों को पूर्व में प्रदान किया है"। इसके बाद रमन तिरूवन्नमलै के लिए रवाना हो गए। वहाँ पहुँचने पर शिखा सूत्र त्याग कर कौपीन धारण करके सहस्त्र स्तंभ हॉल में साधना करने लगे। उसी प्रसंग वे तप करने के लिए पाताल लिंगम गुफाओं (जो चीटियों, छिपकलियों तथा अन्य कीटों से भरी हुई थी) में भी गए। यहाँ रमन ने कई दिनों तक ध्यान योग की कठोर साधना की थी।

सन् १८९६ के मध्य में १७ वर्ष की अवस्था में रमन को अचानक साधना के दौरान अनुभूतियाँ होने लगीं। इन्होंने स्वयं से कहा, "मेरे शरीर की मृत्यु हो चुकी है, लेकिन फिर भी मैं जीवित हूँ।" स्वयं के अनुभव के बाद रमन ने एक पद्धति को समझा, जिसको "आत्म निरीक्षण" विधि का नाम दिया गया।

इस पद्धति में व्यक्ति निरंतर स्वयं पर ध्यान केन्द्रित करता है और उस 'स्वयं' या 'मैं' को जानने का प्रयास करता है। आरंभ में इस क्रिया में प्रयास करना पड़ता है, लेकिन एक बार भीतर उतर जाने के बाद बाहरी चेतना व अहंकार स्वयं ही समाप्त हो जाता है।

एक दिन "गुरु मुरतम मंदिर" में जब वेंकेट रमन ध्यान साधना कर रहे थे। उस समय इनके चाचा और इनकी माता इनसे मिलने आए और रमन से वापस घर चलने का आग्रह किया। लेकिन रमन ने घर जाने के लिए स्पष्ट मना कर दिया। इसके बाद महर्षि रमन ध्यान साधना में और अधिक लीन रहने लग गए। इनकी साधना की चर्चा दूर-दूर तक होने लगी जिसके बाद अनेक आगंतुक इनके पास आने लगे और महर्षि रमन के अनेक अनुयायी बनने आरम्भ हो गए थे। रमन अपने भक्तों को प्रवचन के साथ-साथ

ध्यान योग की अनेक क्रियाएँ भी सिखाते थे।

काव्यकंठ एवं संस्कृत के महान विद्वान श्री गणपति शास्त्री जिन्हें वेद, शास्त्र, तंत्र, योग और आगम की गहन ज्ञान था, वे रमन महर्षि की चर्चा सुनकर मिलने आए और इनसे "आत्म निरीक्षण" की विधि सीखी। पश्चात श्री गणपति शास्त्री ने इस विधि को अपने शिष्यों को भी सिखाया।

सन् १९११ में एक विदेशी पुलिस अधिकारी "फ्रेंक हम्फ्रीज़ " ने भी महर्षि रमन से "आत्म-निरीक्षण" की विधि सीखी थी। "फ्रेंक हम्फ्रीज़ " ने महर्षि रमन के जीवन के बारे में एक साधारण लेख लिखा था जो पहली बार सन् १९१३ में TheInternatIonal PsychIc Gazette में प्रकाशित हुआ था। इसके बाद महर्षि रमन की ख्याति दूर-दूर तक फैलने लगी थी।

3.3.4 आश्रम स्थापना

१९ मई १९२२ को महर्षि रमन की माता का स्वर्गवास हो गया। माता के देहांत के बाद ये "श्रीरमन आश्रम" में रहने लग गए। आश्रम में महर्षि रमन ने अपनी माता की समाधि भी बनवाई थी। उस समय आश्रम में पुस्तकालय, अस्पताल, डाकघर और अन्य सभी प्रकार की सुविधाएँ उपलब्ध थीं। महर्षि रमन आश्रम के ओल्ड हॉल में रहते थे। यूरोप के प्रसिद्ध आध्यात्मिक लेखक पॉल ब्रंटन ने जनवरी १९३१ में श्रीरमन आश्रम का दौरा किया और अपने अनुभवों को एक प्रसिद्ध पुस्तक "ए सर्च इन सिक्रेट इंडिया" में लिपिबद्ध किया था। सन् १९३४ के बाद महर्षि रमन की प्रसिद्धि भारत से बाहर भी होने लगी थी।

3.3.5 महासमाधि

सन् १९४८ में महर्षि रमन के बाजू में एक कैंसर की गाँठ हो गई थी। लेकिन एक वर्ष के बाद आश्रम के चिकित्सकों ने ऑपरेशन के द्वारा उस गाँठ को निकाल दिया था। लेकिन इसके बाद दूसरी गाँठ हो गई उसे भी ऑपरेशन से निकाल दिया गया। इसी तरह तीसरी और चौथी गाँठ हो जाने से तीसरा और चौथा ऑपरेशन भी किया गया था। लेकिन उससे भी कोई लाभ नहीं मिला।

दिनों- दिन उनके के शरीर में कमज़ोरी और थकावट बढ़ती जा रही थी। अप्रैल १९५० में उन्होंने सभी से मिलना बंद कर दिया और अपने कमरे में साधना के साथ मौन धारण करके रहने लगे। आख़िरकार १४ अप्रैल १९५० को ७० वर्ष की उम्र में महर्षि रमन नश्वर शरीर को त्याग कर पंचतत्व में विलीन हो गए। भारत सरकार द्वारा सन् १९७१ में श्री रमन की याद में एक डाक टिकट भी जारी किया गया था।

3.3.6 महर्षि रमन की प्रमुख रचनाएँ

एबर्ट के अनुसार रमण महर्षि ने कभी भी अपने उपदेशों को लिपिबद्ध नहीं किया। जिन कुछ लेखों का श्रेय उन्हें दिया जाता है वे उनके शिष्यों द्वारा पूछे गए प्रश्नों के उत्तर के रूप में अस्तित्व में आए हैं। उनकी स्वयं की पहल पर केवल कुछ भजन लिखे गए थे। रमण महर्षि की प्रमुख रचनाएँ निम्नानुसार हैं:-

1. मैं कौन हूँ? (Who AmI ?) (Nan Yar)
2. आत्म-पूछताछ (Self Enqulry)
3. उपदेश सार (उपदेश उंडियार) (Upadesha Sara)
4. अरुणाचला पंचरत्न (श्री अरुणाचल के पाँच श्लोक) (Five Hymns to Arunachala)
5. चालीस छन्दों में वास्तविकता (Forty Verses on Reality)
6. अक्षरा मन मलाई (द मैरिटल गारलैंड ऑफ़ लेटर्स)
7. नौ रत्नों का हार

3.3.7 सारांश

श्री रमन महर्षि बीसवीं सदी के महान ऋषि और आध्यात्मिक संत थे। श्री रमन महर्षि ने स्वयं के अनुभव के बाद "आत्म निरीक्षण" विधि का अनुसन्धान किया। इस पद्धति में व्यक्ति स्वयं पर निरन्तर ध्यान केंद्रित करता है और उस 'स्वयं' या 'मैं' को जानने का प्रयास करता है। आरम्भ में इस क्रिया में प्रयास करना पड़ता है लेकिन एक बार भीतर उतर जाने के बाद बाहरी चेतना व अहंकार स्वत: ही समाप्त हो जाता है।

3.4 महर्षि दयानंद सरस्वती का परिचय और योग परम्पराएँ

3.4.1 जीवन परिचय

महर्षि दयानन्द

महर्षि दयानंद सरस्वती को आधुनिक भारत के महान चिन्तक, ब्रहमचारी, योग साधक, वेदों के विद्वान, आध्यात्मिक गुरु व समाज सुधारक के साथ-साथ स्वतन्त्रता आन्दोलन के सूत्रधार के रुप में जाना जाता है। दयानंद सरस्वती का जन्म १२ फरवरी सन् १८२४ को गुजरात के टंकारा नगर में मोरबी के पास काठियावाड़ क्षेत्र (राजकोट) में हुआ था। इनके पिता का नाम कृष्ण लाल जी तिवारी था, जो समृद्ध ब्राह्मण परिवार से संबंध रखते थे। इनकी माता का नाम यशोदा बाई था। दयानंद के माता-पिता दोनों ही शिव के परम भक्त थे इसीलिए उन्होनें दयानंद का नाम मूलशंकर रखा। मूलशंकर बचपन से ही तर्कशील बुद्धि वाले थे। प्रारम्भ से ही घर में धार्मिक माहौल था। जिसके कारण मूलशंकर भी बचपन से ही सभी धार्मिक अनुष्ठानों का पालन करते थे। पाँच भाई-बहनों में मूलशंकर सबसे बड़े थे। इनसे छोटे दो भाई और दो बहने थीं।

3.4.2 महत्वपूर्ण घटना क्रम एवं वैराग्य

जब मूलशंकर १४ वर्ष के थे तब इनके जीवन में एक प्रसिद्ध घटना घटी। इस घटना ने इनके जीवन को पूर्ण रूप से बदल दिया। शिवरात्रि के दिन भगवान शिव के दर्शन के लिए मूलशंकर ने भी अपने परिवार के सदस्यों के साथ उपवास रखा और मूलशंकर

पूरी निष्ठा से रात्रि जागरण कर मंदिर में ही रुके रहे।

रात्रि जागरण के समय परिवार के सभी सदस्य सो गए लेकिन बालक मूलशंकर भगवान शिव के दर्शन की अभिलाषा से शिवलिंग को टकटकी लगाकर देखते रहे। कुछ देर बाद मूलशंकर ने देखा कि शिवजी के लिए रखे भोग को चूहे खा रहे हैं और साथ में शिवलिंग पर मल-मूत्र भी कर रहे हैं। यह देख मूलशंकर आश्चर्यचकित होकर सोचने लगे कि जो ईश्वर चूहों से अपनी रक्षा नहीं कर सकता वह हमारी रक्षा कैसे कर सकता है? इस घटना के बाद इन्होंने अपना व्रत तोड़ दिया और रात को ही अकेले घर चले गए।

इस आघात के बाद मूलशंकर का मूर्ति पूजा के प्रति श्रद्धा भाव समाप्त हो गया था। इस घटना के कुछ दिनों बाद ही इनकी छोटी बहन और चाचा की मृत्यु हो गई। इन सभी घटनाओं ने मूलशंकर को विचलित कर दिया था और उनके मन में वैराग्य का भाव उत्पन्न हुआ।

3.4.3 अध्यात्मिक जीवन में पदार्पण

इसके बाद मूलशंकर जीवन-मरण के विषय में गहनता से सोचने लगे। माता-पिता के पास भी उनके तर्कपूर्ण प्रश्नों का कोई उत्तर नहीं था। माता-पिता मूलशंकर का वैराग्य भाव देखकर उन्हें शीघ्र ही विवाह में बाँधना चाहते थे। लेकिन मूलशंकर ने माता-पिता की इसी आशंका को देखते हुए २१ वर्ष की आयु में ही घर को त्याग दिया। अब मूलशंकर जीवन के यथार्थ को वैज्ञानिक दृष्टिकोण के साथ जानने लिए निकल पड़े थे। घर त्यागने के पश्चात मूलशंकर सयाला नामक एक गाँव में गये। वहाँ उन्हें एक नैष्ठिक ब्रम्ह्चारी बनने की प्रेरणा मिली और उन्होंने गैरिक वस्त्र (काषाय वस्त्र) धारण किये। अब मूलशंकर शुद्ध चैतन्य ब्रम्ह्चारी बन गये। उन्होंने कुछ दिन सयाला में ही रहकर उनसे योग शिक्षा भी ग्रहण की। सिद्धपुर में प्रत्येक वर्ष एक धार्मिक मेले का आयोजन होता था। अपने परिभ्रमण काल में एक बार मूलशंकर भी उस मेले में जा पहुँचे, फिर वे घूमते-घूमते बड़ौदा पहुँचे। ब्रह्मानन्द आदि सन्तों की संगत में ये पक्के वेदांती बन गये थे लेकिन इनकी प्यास अभी बुझी नहीं थी। वह विद्वानों और महात्माओं की ख़ोज में नर्मदा की ओर बढ़े, वहाँ से वे चणोद कल्याणी पहुँचे। वहाँ इन्हें ज्वालापुरी और महात्मा शिवानन्द गिरि नामक दो योगी मिले जिनसे इन्होंने पूर्ण योग विद्या सीखी। अन्य अभ्यास और योगियों से मिलने की इच्छा में वे हिमालय की यात्रा पर चल दिये। हरिद्वार, ऋषिकेश, टिहरी, श्रीनगर होते हुए रूद्रप्रयाग, ऊखीमठ, जोशीमठ, बद्रीनाथ पहुँचे। यहाँ उन्होंने आध्यात्मिक तथा भौतिक ज्ञान प्राप्त किया।

3.4.4 ज्ञान की खोज एवं गुरु से भेंट

ज्ञान पिपासु मूलशंकर युवावस्था में ही घर की मोह-माया को छोड़कर गुरु की खोज में निकल पड़े थे। मूलशंकर ने भारत के अनेक प्रसिद्ध एवं दुर्गम स्थानों की यात्राएँ की लेकिन इन्हें कहीं भी आत्म-संतुष्टि नहीं मिली। विभिन्न स्थानों की यात्रा के दौरान मूलशंकर ने अनेक प्रसिद्ध साधु-संन्यासियों से योग की क्रियाएँ सीखीं। परन्तु मूलशंकर को जिसकी खोज थी, वह पूरी नहीं हुई थी। अक्टूबर सन् १८६० को मथुरा में मूलशंकर की भेंट दंडी स्वामी विरजानंद से हुई। स्वामी विरजानंद से मिलने के लिए जब मूलशंकर ने उनकी कुटिया का दरवाज़ा खटखटाया तो कुटिया के अन्दर से स्वामी विरजानन्द ने कहा- कौन है? मूलशंकर ने उत्तर दिया मैं यही जानने के लिए यहाँ आया हूँ 'मैं कौन हूँ'? विश्वास एवं श्रद्धा से भरा हुआ उत्तर सुनकर स्वामी विरजानंद की कई वर्षों से अच्छे शिष्य की ख़ोज पूरी हो चुकी थी।

मूलशंकर स्वामी विरजानंद को गुरु रूप पाकर बहुत प्रसन्न हुए। उन्होंने उसी क्षण स्वयं को पूरी तरह से गुरु को समर्पित कर दिया। इसके बाद गुरु विरजानंद ने मूलशंकर का नया नाम "स्वामी दयानंद सरस्वती" रखा। तीन वर्ष तक गुरु विरजानंद के सान्निध्य में रहकर दयानंद ने घनघोर तप किया। सन् १८६३ को गुरु विरजानन्द ने दयानन्द को धर्म उपदेश देते हुए कहा "दयानंद मैंने तुम्हें संपूर्ण ज्ञान दे दिया है, अब तुम अपने ज्ञान से अविद्या रूपी अंधकार को मिटाओ एवं संपूर्ण देश में वैदिक धर्म का प्रकाश फैलाओ, यही तुम्हारी गुरु दक्षिणा है।"

3.4.5 गुरु आज्ञा से भारत-भ्रमण एवं आर्य समाज की स्थापना

गुरु के अमूल्य शब्दों को लेकर स्वामी दयानंद सरस्वती साहस एवं उत्साह के साथ भारत के लोगों को जागरित करने के लिए गाँव, शहर, एवं क़स्बों में जाकर उपदेश देने लगे। उस समय भारत देश गुलामी, अंधविश्वास, अज्ञानता, अविद्या एवं कुसंस्कारों से ग्रसित हो चुका था। कुछ अज्ञानी लोग स्वामी दयानंद का पुरज़ोर विरोध भी करते थे क्योंकि उन्होंने मूर्ति पूजा के विरुद्ध भी बिगुल बजा दिया था। महर्षि दयानंद ने देश के कोने-कोने में घूमकर नारी शिक्षा पर भी विशेष बल दिया था। स्वामी जी ढोंग-पाखंड एवं अनेक सामाजिक कुप्रथाओं का घोर विरोध करते थे।

इसी युग निर्माण मिशन को आगे बढ़ाने के लिए आख़िरकार १०अप्रैल, १८७५ को मुंबई के गिरगाँव में आर्य समाज की स्थापना की। स्वामी दयानन्द ने बताया कि आर्य समाज के नियम और सिधान्त प्राणिमात्र के कल्याण के लिए हैं। स्वामी जी वेदानुकूल वर्ण आश्रम के निर्धारण की बात कहते थे। स्वामी जी बाल विवाह, सती प्रथा का घोर विरोध करते हुए विधवा विवाह का समर्थन करते थे। राष्ट्रीय स्वतंत्रता के लिए स्वामी

दयानंद ने सन् १८५७ की क्रांति में अपनी महत्वपूर्ण भूमिका निर्वाह की थी।

3.4.6 महानिर्वाण एवं उसके पूर्व की घटना

जोधपुर नरेश महाराज यशवंत सिंह के निमन्त्रण पर स्वामी जी जोधपुर गए। महाराज स्वामी जी के चरणों में बैठकर प्रवचन सुनते थे। लेकिन नन्हीं नाम की वेश्या का महाराज पर अत्यधिक प्रभाव देखकर स्वामी जी को अच्छा नहीं लगा। स्वामी जी ने महाराज को समझाया। महाराज ने स्वामी जी की बात स्वीकार करते हुए उसी समय वेश्या से संबंध तोड़ लिया। इस घटना के बाद उस वेश्या ने स्वामी जी से बदला लेने की योजना बनाई। उसने ने स्वामी जी के रसोइये जगन्नाथ को प्रलोभन देकर स्वामी जी के दूध में पिसा हुआ काँच मिलवा दिया।

स्वामी जी ने यौगिक क्रियाओं तथा वमन-विरेचन से काँच के प्रभाव को कम करने का प्रयास भी किया। लेकिन काँच का प्रभाव विष से भी भयंकर था। काँच स्वामी जी के अमाशय, आंत, लीवर, किडनी को बुरी तरह क्षतिग्रस्त कर चुका था। इससे पहले भी स्वामी दयानन्द जी को मारने के लिए अलग-अलग लोगों के द्वारा लगभग १७ बार ज़हर दिया गया था। जिसे स्वामी जी ने यौगिक क्रियाओं के द्वारा निष्प्रभावी कर दिया था। इससे पता चलता है कि स्वामी जी ने योग-साधना से अपने शरीर को कितना सुदृढ़ बनाया हुआ था। अत्यन्त उदार हृदय स्वामी दयानन्द जी ने रसोइया जगन्नाथ को कुछ नक़द पैसे देकर वहाँ से भगा दिया ताकि लोग उसे दण्डित न कर सकें।

अन्ततः दीपावली के दिन ३० अक्टूबर १८८३ को संध्या के समय स्वामी दयानन्द अपने भौतिक शरीर को त्यागकर अमर हो गए। वास्तव में स्वामी दयानंद भारतीय वैदिक संस्कृति के संरक्षक थे। निःसंदेह स्वामी दयानन्द जी ने भारत की खोई हुई संस्कृति को पुनर्जीवित करने का काम किया है।

3.4.7 अन्तिम शब्द

हे प्रभु तेरी यही इच्छा है, आपकी इच्छा पूर्ण हो! तू ने अच्छी लीला की।

3.4.8 प्रमुख उपदेश

स्वामी दयानंद के मुख्य उपदेश इस प्रकार हैं:-

- ईश्वर को वही प्रिय है जो समाज का आचरण करता है।
- सत्य ही ज्ञान का सबसे बड़ा दर्जा है।
- न्यायप्रियता को कभी हाथ से न जाने दो।
- किसी का अनुचित पक्षपात मत करो और न धर्मान्धता को अपने हृदय में स्थान

दो।

- मनुष्य मात्र से प्रेम करना चाहिए। प्रेम मनुष्य का जन्मसिद्ध धर्म है।
- प्राणिमात्र पर दया दिखानी चाहिए।
- गाय की रक्षा और सेवा करनी चाहिए।
- किसी का मन दुखाना संसार का सबसे बड़ा पाप है।
- आत्मा नित्य और अविनाशी है। इसको कोई नहीं मार सकता।
- अनाथों तथा दीन- दुखीजनों की सहायता और सामाजिक सुधार करने का प्रयत्न करना चाहिए।

3.4.9 दयानंद सरस्वती का ध्येय वाक्य

"कृण्वन्तो विश्वमार्यम्" अर्थात् सारे संसार को श्रेष्ठ बनाओ। वेदों की ओर लौटो।

3.4.10 महर्षि दयानंद दर्शन के चार मुख्य स्तंभ

1. कर्म सिधान्त
2. पुनर्जन्म
3. संन्यास
4. ब्रह्मचर्य

3.4.11 महर्षि दयानंद सरस्वती द्वारा रचित मुख्य कृतियाँ

स्वामी दयानंद सरस्वती ने कई धार्मिक व सामाजिक पुस्तकें अपने जीवन काल में लिखीं थीं। प्रारम्भिक पुस्तकें संस्कृत में थीं किन्तु समय के साथ उन्होंने कई पुस्तकों को आर्यभाषा (हिन्दी) में भी लिखा था। हिन्दी को उन्होंने 'आर्यभाषा' का नाम दिया था। स्वामी दयानंद सरस्वती की मुख्य कृतियाँ निम्नलिखित हैं:-

▪ सत्यार्थ प्रकाश	▪ संस्कार विधि	▪ भ्रान्ति निवारण
▪ ऋग्वेदादिभाष्य भूमिका	▪ पंच महायज्ञ विधि	▪ अष्टाध्यायी भाष्य
▪ ऋग्वेद भाष्य	▪ वेदाङ्गवेदाङ्गप्रकाश	▪ यजुर्वेद भाष्य
▪ संस्कृत वाक्य प्रबोध	▪ चतुर्वेद विषय सूची	▪ आर्याभिविनय
▪ गोकरुणानिधि	▪ आर्योद्देश्य रत्नमाला	▪ व्यवहारभानु

3.4.12 महर्षि दयानंद का यौगिक दृष्टिकोण

महर्षि दयानन्द अपने समय के पहुँचे हुए उच्च कोटि के योग साधक थे। उन्होंने "योगी का आत्मचरित्र" नामक पुस्तक में स्वयं कहा है कि अहमदाबाद में धारेश्वर बाबा जी के आश्रम में इनके सान्निध्य में रहकर मुझे पता चला कि पारमार्थिक कार्यों के लिए योग के चार प्रकार हैं। यह चार मन्त्रयोग, लययोग, हठयोग और राजयोग हैं। इसी पुस्तक में स्वामी जी ने योग की शिक्षा, योग साधना के छः वर्ष और योग की विभूतियाँ आदि तीन मुख्य विषयों में योग के विभिन्न पहलुओं पर विस्तार से प्रकाश डाला है।

नर्मदा नदी के पार व्यास-आश्रम में भी स्वामी जी ने हठयोग की सभी क्रियाओं—आसन, प्राणायाम, मुद्रा-बंध, षट्कर्म के सभी अभ्यास, ध्यान आदि महन्त कर्मान्द स्वामी जी के सान्निध्य में रहकर सीखे थे। बहिरंग योग साधना, अन्तरंगयोग साधना, क्रिया योग, राजयोग, एकान्त साधना, मौन साधना, ध्यान साधना, समाधि आदि योग की सभी विधाओं का अभ्यास कई वर्षों तक तपस्वी योग साधकों के सान्निध्य में रहकर स्वामी जी ने किया था। इससे स्पष्ट होता है कि महर्षि दयानन्द जी हठयोग के उच्च कोटि के योगाभ्यासी थे।

स्वामी जी बारह मास केवल लंगोटी में रहते थे। स्वामी जी सर्दियों के मौसम में बर्फ़ के ऊपर बैठकर कुछ प्राणायामों के अभ्यास से पसीना भी निकाल देते थे। इसी वजह से स्वामी जी का शरीर सुडौल, हष्ट-पुष्ट व बलिष्ठ था। हठयोग सिद्धि के सभी लक्षण स्वामी दयानंद सरस्वती में स्पष्ट रूप से दिखाई देते थे।

3.4.13 सारांश

स्वामी दयानंद सरस्वती जी एक समाज सुधारक और एक योगी भी थे। वे अद्भुत प्रतिभा के धनी थे। उन्होंने अपना सम्पूर्ण जीवन भारत के पुनरुत्थान में लगा दिया था। उन्होंने अपने उपदेशों में मानव के प्रति दया दिखाने एवं सद्व्यवहार करने की बात कही थी। ऐसे सन्त महापुरुष के योगदान एवं व्यक्तित्व को शब्दों की सीमाओं में व्यक्त नहीं किया जा सकता।

अतः संक्षेप में यही कहा जा सकता है कि स्वामी दयानंद सरस्वती एक ऐसी महान आत्मा के रूप में भारत भू पर अवतरित हुए जिन्होंने अपने ज्ञान रूप प्रकाश से सम्पूर्ण विश्व तथा आगामी पीढ़ियों को प्रकाशित करने का अथक प्रयास किया।

ॐ

3.5 गोरक्षनाथ का संक्षिप्त परिचय

योगी गोरक्षनाथ

3.5.1 जीवन परिचय

गुरु गोरखनाथ के जन्म स्थान और माता-पिता का सही-सही विवरण अभी तक प्राप्त नहीं हुआ है। अधिकांश विद्वान इनका जन्म काल ११व से १२वीं शताब्दी के मध्य मानते हैं। गोरखनाथ के जन्मकाल पर विद्वानों में अनेक मतभेद हैं। कश्मीर से सिंघल और असम से काठियावाड़ तक उनके बारे में तरह-तरह की कहानियाँ प्रचलित हैं। कुछ विद्वान इनका जन्म उत्तर प्रदेश के गोरखपुर ज़िले में मानते हैं। डॉ० हजारी प्रसाद द्विवेदी तथा रांगेय राघव इनको ब्राहमण परिवार से मानते हैं। स्वयं गोरखनाथ अपने बारे में गोरखवाणी पद ३६ में कहते हैं:-

आदिनाथ नाती मच्छिन्द्र नाथ पूता।
निज तत निहारै गोरष अवधूता।।

(गोरखवाणी पद ३६)

अर्थात् मैं आदिनाथ भगवान शिव का नाती हूँ और मत्स्येन्द्रनाथ का पुत्र हूँ।

3.5.2 गोरक्षनाथ की ऐतिहासिकता एवं काल

गोरक्षनाथ मत्स्येन्द्रनाथ के शिष्य थे, अतः उनका समय दशम शतक जिसे हमने मत्स्येन्द्रनाथ का समय माना है, के बाद का होना चाहिये। गोरक्षनाथ के शिष्य, गैनीनाथ के शिष्य निवृत्तिनाथ थे जो ज्ञानेश्वर के अग्रज थे। निवृत्तिनाथ ने, जो कि ज्ञानेश्वर से केवल दो वर्ष बड़े थे, ज्ञानेश्वर को नाथपन्थ में दीक्षित किया था। ये ज्ञानेश्वर महाराष्ट्र के प्रसिद्ध सन्त थे, जिन्होनें भगवद्गीता पर सन् १२९० में ज्ञानेश्वरी टीका

लिखी थी। ज्ञानेश्वर की रचनाओं से यह तथ्य भी ज्ञात होता है कि उनके ही आग्रह पर सन् १२९६ में २१ वर्ष की आयु में ही उन्हें समाधि में रख दिया गया। यह समाधि आज भी पूना से कुछ मील दूर पर देखी जा सकती है। गोरक्षनाथ का समय नीचे लिखे लेख के आधार पर ११वें शतक में माना जा सकता है :-

निवृत्तिनाथ की जन्मतिथि	१२७३ ई०
ज्ञानेश्वरनाथ की जन्मतिथि	१२७५ ई०
गैनीनाथ का समय	प्रायः ११७५ ई०
गोरक्षनाथ का समय	प्राय: १०७५ ई

तब पूर्वोक्त सभी तथ्यों को जैसे—कौलज्ञान की रचना एवं अभिनवगुप्तकृत एकादश शतक में मत्स्येन्द्रनाथ की स्तुति को भी स्वीकार किया जा सकता है। गोपीचन्द बंगाल के राजा थे। उनके पिता राजा मानिकचन्द धर्मपाल के भाई थे। मानिकचन्द की पत्नी मैनामती गोरक्षनाथ की शिष्या थीं। अतः गोरक्षनाथ का समय भी ईसा का एकादश शतक ही होना चाहिये।

जनश्रुति है कि मैनामती उन भर्तृहरि की बहन थीं , जिन्होंने अपने भ्राता, उज्जयिनी के विक्रमादित्य (चन्द्रगुप्त द्वितीय) के पक्ष में राजसिंहासन त्याग दिया था। विक्रम ने १०७९ ई० से ११२६ ई० तक शासन किया। भर्तृहरि गोरक्षनाथ के शिष्य थे। अतः हम गोरक्षनाथ का समय ११वीं सदी में मान सकते हैं।

3.5.3 गोरखनाथ के जन्म संबंधी प्रचलित दंतकथा

गुरु गोरखनाथ या गोरक्षनाथ के जीवन से सम्बन्धित सम्पूर्ण विश्व में अनेक दंत कथाएँ प्रचलित हैं। गोरखनाथ और मत्स्येंद्रनाथ के विषय में समाज में एक कथा प्रमुख रूप से प्रचलित है, जिसमें बताते हैं कि एक बार मत्स्येंद्रनाथ अपने शिष्यों के साथ भिक्षा माँगने किसी गाँव में गए हुए थे। तब उन्होंने एक घर के बाहर आवाज़ लगाई तो एक गृह स्वामिनी भिक्षा लेकर आई और भिक्षा पात्र में भिक्षा डालकर रोने लगी। जब मत्स्येंद्रनाथ ने उससे रोने का कारण पूछा तो वह महिला रोते हुए मत्स्येंद्रनाथ से आशीर्वाद स्वरूप पुत्र प्राप्ति की याचना करने लगी।

गुरु मत्स्येंद्रनाथ सिद्ध योगी थे। गृह स्वामिनी के दुःख और श्रद्धा को देखते हुए उन्होंनें ने अपने तपोबल से चुटकी भर भभूत (औषधि) उसे देते हुए कहा कि इस औषधि के सेवन के बाद उसे यथासमय तेजस्वी पुत्र की प्राप्ति होगी। इसके बाद गुरु मत्स्येंद्रनाथ ने कहा कि जब भी वह इधर आएँगे तो अवश्य आपके पुत्र से मिलकर जाएँगे।

बारह वर्ष के बाद गुरु मत्स्येंद्रनाथ पुनः उसी गाँव में आए। इसके बाद जिस गृह स्वामिनी को मत्स्येंद्रनाथ ने पुत्र प्राप्ति का आशीर्वाद दिया था उसके घर के पास जाते ही मत्स्येंद्रनाथ को बालक से मिलने का स्मरण हुआ। मत्स्येंद्रनाथ ने उस घर के पास जाते ही आवाज़ लगाई। गृह स्वामिनी भिक्षा देने के लिए घर से बाहर आई। तब मत्स्येंद्रनाथ ने बालक के विषय में पूछा तो गृह स्वामिनी ने संकोच करते हुए कहा कि मैंने उस भभूत का सेवन नहीं किया बल्कि डर की वजह से उसे फेंक दिया था। मत्स्येंद्रनाथ ने कहा "तुमने ऐसा क्यों किया"? गृह स्वामिनी ने कहा कि मेरे पड़ोस की स्त्रियों ने कहा कि राह चलते साधु की भभूत से कुछ नहीं होता और मेरी खूब खिल्ली उड़ाई। लोक लज्जा के कारण मैंने उस पुड़िया को गोबर के गड्ढे में फेंक दिया था। गुरु मत्स्येंद्रनाथ को आश्चर्य हुआ। उन्होंने उसी समय अपने तपोबल से देखा कि गोबर के गड्ढे से बालक बाहर निकलने की प्रतीक्षा कर रहा था। मत्स्येंद्रनाथ उस गोबर के गड्ढे के पास गए और बालक को आवाज़ लगाई। मत्स्येंद्रनाथ के शिष्यों ने उस गोबर के गड्ढे से एक सुडौल, चुस्त, तेजस्वी व ओजस्वी बालक को बाहर निकाला। उसके बाद गुरु मत्स्येंद्रनाथ उस बच्चे को अपने साथ लेकर चले गये। गुरु मत्स्येंद्रनाथ ने उस बच्चे को योग साधना की अत्यन्त गोपनीय विधियों का ज्ञान दिया। आगे चलकर यही बालक गोरखनाथ के नाम से प्रसिद्ध हुआ। नौ नाथों में गोरखनाथ जी का नाम सबसे प्रसिद्ध योगी के रूप में प्रचलित है। इन्होंने योग के बिखरे हुए गूढ़ ज्ञान को सरल एवं सुलभ बनाकर आम जनमानस तक पहुँचाने का काम किया।

3.5.4 सिद्धयोगी गोरक्षनाथ के जीवन की विस्मयकारी घटनाएँ

गोरक्षनाथ योग के सर्वोच्च शिखर पर आरूढ़ योगी हुए। गोरक्षनाथ गुरु आज्ञा से १२ वर्ष तक केवल वायु का सेवन करते हुए तप करते रहे, जिससे उन्हें विस्मयकारी योग शक्तियाँ प्राप्त हुई। इनकी विस्मयकारी शक्तियों की अनेक कथाएँ प्रचलित हैं जैसे कि:-

- एक नारी विशेष की सन्तानोत्पति के लिये परकाया प्रवेश की सिद्धि द्वारा एक राजा के मृत शरीर में प्रवेश किया।
- गोरक्षनाथ ने अपनी काम रूप नामक योग-शक्ति का प्रयोग कर एक नारी का रूप ग्रहण कर लिया।
- एक अन्य अवसर पर उन्होंने मिट्टी का एक खिलौना बनाया और उसमेंप्राण फूँक कर गाँव के बच्चों को खेलने के लिये दे दिया।
- गोरक्षनाथ ने एक बार एक पूरे पर्वत को सोने का बनाकर उसे पुन: सामान्य कर दिया।
- एक अन्य कथा के अनुसार एक बार उन्होंने एक शिलाखण्ड पर मूत्र विसर्जन

किया और जिसके परिणामस्वरूप वह शिलाखण्ड स्वर्ण की बन गई।

- एक बार इन्होंने कुम्भ मेले में गोदावरी तट पर एकत्रित लोगों को उनका इच्छित भोजन कराकर सन्तुष्ट किया। इसी मेले में एक अवसर पर उन्होंने अपनी अणिमा सिद्धि से मशक का रूप धारण कर लिया व सभी पथिकों को जल से तृप्त किया।
- एक कथानुसार गुरु गोरखनाथ स्वयं को योग शक्ति के द्वारा जलाकर भस्मीभूत होकर पुनः अपने पूर्व रूप में प्रकट हो गये थे।
- गुरु गोरखनाथ आकाश गमन तथा अंतर्ध्यान जैसी सिद्धियों में भी समर्थ थे।
- इनकी मृत्यु के विषय में कहीं कोई भी संकेत नहीं मिलता है। नाथ संप्रदाय के अनुसार गुरु गोरखनाथ अजर, अमर व अविनाशी हैं।

3.5.5 गोरक्षनाथ द्वारा लिखित ग्रंथ ग्रंथ

डॉ० बड़थ्वाल की खोज में योगी गोरक्षनाथ के द्वारा लिखे गये ४० ग्रंथों का पता चला था जिनमें मुख्य ग्रंथ निम्नानुसार हैं:-

1. योग चिंतामणि	5. गोरक्ष शतक	9. योगबीज
2. योग महिमा	6. गोरखसार	10. गोरक्ष शास्त्र
3. योग मार्तण्ड	7. गोरक्ष पद्धति	11. गौरक्षकौमुदी
4. विराट पुराण	8. सिद्ध सिद्धान्त पद्धति	12. गोरक्ष संहिता

3.5.6 योगी गोरक्षनाथ द्वारा दी गई योग साधनाएँ

गुरु गोरक्षनाथ ने मुख्य रूप से हठयोग की साधना का ही प्रचार-प्रसार किया था। उन्होंने हठयोग से मन के संयम की बात कही है व मन संयम को मोक्ष का द्वार बताया है। गोरक्षनाथ ने अपनी साधनाओं में 'प्राण' को मुख्य स्थान दिया है। प्राण साधना द्वारा मन का नियंत्रण संभव है।

योग ग्रन्थों के हमारे शरीर में असंख्य नाड़ी जाल के समान फैली हुई हैं एवं इन नाड़ियों का उद्भव स्थल 'मूलकन्द' माना गया है| योगी गोरक्षनाथ ने इस 'मूलकन्द' से ७२००० (बहत्तर हज़ार) नाड़ियों की उत्पत्ति मानी है।

योगी गोरक्षनाथ की साधनाओं में कुण्डलिनी साधना का प्रमुख स्थान है एवं नाड़ियों में प्रमुख नाड़ी सुषुम्ना से ही कुण्डलिनी एवं प्राण ऊर्ध्वमुख होकर सहस्रार में जाकर विश्रान्ति को प्राप्त होते हैं। गुरु गोरक्षनाथ ने मानव मन के क्रमिक विकास के लिए योग के छः अंगो की साधना का वर्णन किया है एवं इसे "षडंग योग" कहा जाता है।

आसनं प्राण संरोधः प्रत्याहाराश्च धारणा।
ध्यानं समाधिरेतानि योगांगानि वदन्ति षट्।।

(गोरक्ष संहिता १.६)

गुरु गोरक्षनाथ योग में गुरु की कृपा को अत्यन्त आवश्यक मानते हैं। गुरु के द्वारा आसन, षट्कर्म, प्राणायाम एवं षट्चक्र भेदन आदि का विधिपूर्वक अभ्यास कर योगी योग के अंतिम लक्ष्य को प्राप्त करता है। वस्तुतः हठयोग की साधना का मुख्य लक्ष्य गुरु गोरक्षनाथ ने कुण्डलिनी जागरण ही बताया है।

3.5.7 सारांश

गुरु गोरक्षनाथ के जन्म के सम्बन्ध में ११वीं सदी के बीच का काल माना जा सकता है। इनके सम्बन्ध में अनेक दन्त कथाएँ यत्र-तत्र मिल जाती हैं। गुरु गोरक्षनाथ के द्वारा रचित ग्रन्थों से स्पष्ट हो जाता है कि ये बड़े सिद्ध एवं योगी पुरुष थे। समाज को एक सूत्र में बाँधकर योग की शिक्षा देने का श्रेय इन्हें जाता है। इन्होंने व्याप्त भ्रान्तियों एवं आडम्बरों का खण्डन किया था और हठयोग जैसा अप्रतिम योग साधन संसार को उपलब्ध कराया।

3.6 आदि गुरु शंकराचार्य का संक्षिप्त परिचय

आदि गुरु शंकराचार्य

3.6.1 जीवन परिचय

शंकराचार्य को भगवान शंकर का अवतार माना जाता है। उनके जन्म के समय को लेकर विद्वानों में मतभेद है। अधिकतर विद्वानों का मानना है कि उनका जन्म ८वीं शताब्दी में, केरल की पूर्णा नदी के तट पर स्थित कालंडी नामक गाँव में नंबूदरी ब्राह्मण परिवार में हुआ था। उनके पिता का नाम शिवगुरु और माता का नाम आर्यम्बा (सुभद्रा) था। वे वैशाख शुक्ल पंचमी के दिन इस पृथ्वी पर अवतरित हुए थे। अपने माता-पिता की वे एक मात्र सन्तान थे। बाल्यकाल से ही शंकर शुद्ध चित्त एवम् दृढ़ निश्चयी बालक थे। जब वे मात्र एक वर्ष के थे तभी अपने विचारों को अपनी मातृभाषा में व्यक्त करने लगे थे। जब वे दो वर्ष के हुए तब तक उन्होंने सभी पुराणों की कहानियों को कंठस्थ कर लिया था। तीन वर्ष की आयु में उनका मुंडन संस्कार किया गया। छोटी अवस्था में ही इनके पिता का स्वर्गवास हो गया। ८ वर्ष की छोटी आयु में शंकर ने सन्यास ग्रहण कर लिया था।

3.6.2 शंकर की सन्यास संबंधी कथा

शंकर के सन्यास ग्रहण करने के समय की कथा बड़ी विचित्र है। उनकी माँ शंकर को संन्यासी बनने की अनुमति प्रदान नहीं कर रही थीं। एक दिन जब वे स्नान के लिए नदी की ओर जा रही थीं तो शंकर भी उनके साथ थे। जब शंकर स्नान कर रहे थे तभी एक घड़ियाल ने उनका का पैर पकड़ लिया। अपने पुत्र का जीवन संकट में देख उनकी माँ

भय से काँपने लगीं। तब शंकर ने माँ से कहा कि यदि आप मुझे सन्यास की अनुमति देंगी तो घड़ियाल छोड़ देगा। तब माता ने उन्हें सन्यास की अनुमति प्रदान कर दी। माता से अनुमति मिलते ही घड़ियाल ने उन्हें मुक्त कर दिया। इस प्रकार शंकर ने आठ वर्ष की अल्पायु में ही अपना गृह त्याग दिया घर छोड़ते समय उन्होंने माँ को वचन दिया कि जब उनका का अंतिम समय आएगा तो वे आकर उनके साथ रहेंगे।

3.6.3 गुरु की खोज

इसके बाद शंकर नर्मदा तट पर चले गए। जहाँ अकस्मात् उनकी एक सन्यासी गोविन्द भगवद्पाद से भेंट हुई। शंकर ने सन्यासी से दीक्षा के लिये विनती की। सन्यासी ने प्रश्न किया 'तुम कौन हो'? शंकर ने सहजता से उत्तर दिया- न आकाश, न पृथ्वी, न अग्नि, न जल, न वायु। गुरु गोविन्द भगवद्पाद उनके उत्तर से संतुष्ट हुए और उन्हें दीक्षा दे दी। स्वामी गोविंद भगवद्पाद ने अपने शिष्य शंकर को वेद, उपनिषद्, ब्रह्मसूत्र, गीता आदि का उन्नत ज्ञान दिया। फिर वे गुरु के आदेशानुसार काशी चले गये। यहाँ शंकराचार्य ने ब्रह्मसूत्र, गीता व
उपनिषदों पर भाष्य लिखे।

3.6.4 वचन पालन

संन्यासी शंकर ने माता को वचन दिया था कि वे उनके अन्तिम समय में उनके साथ रहेंगे। योगबल से जब उन्हें अपनी माता के अन्तिम घड़ी का पता चला तो वे बिना किसी को सूचना दिये कालंडी पहुँच गये। रोग-शय्या पर पड़ी हुई माता के चरण स्पर्श कर उन्होंने भगवान हरि से प्रार्थना की और कथा है कि उनकी माता को स्वर्ग लोक ले जाने के लिये स्वर्ग दूत आये व उनकी आत्मा को ससम्मान स्वर्ग ले गये। इस तरह सन्यासी शंकर ने अपनी माता को दिए गए वचन को पूरा करते हुए माँ की अंतिम इच्छा भी पूरी की।

3.6.5 शंकराचार्य द्वारा स्थापित मठ

वेदों की महत्ता को प्रसारित और स्थापित करने के लिए उन्होंने सम्पूर्ण भारत का भ्रमण किया। उन्होंने भारत की चारों दिशाओं में चार मठों की स्थापना की। ये मठ हैं:-

1. गोवर्धन मठ- पूर्व दिशा की ओर जगन्नाथपुरी (उड़ीसा) में
2. शारदा मठ- पश्चिम दिशा की ओर द्वारकाधाम (गुजरात) में
3. ज्योति मठ- उत्तर दिशा की ओर बद्रिकाश्रम (उत्तराखण्ड) में और

4. शारदा मठ- दक्षिण दिशा की ओर श्रृंगेरी (कर्नाटक) में

3.6.6 आचार्य की रचनाएँ एवं भाष्य

1. विवेक चूड़ामणि- अद्वैत वेदान्त पर लिखी गई इनकी श्रेष्ठ कृति है।
2. ब्रह्म सूत्र भाष्य
3. उपनिषद् भाष्य- आचार्य शंकर के उपनिषद् भाष्य अत्यन्त सटीक व उच्च कोटि के हैं जिनमें बृहदारण्यक, माण्डुक्य, तैत्तिरीयोपनिषद, केन, कठ आदि प्रसिद्ध हैं।
4. भगवद्गीता पर भाष्य
5. भजगोविंदम् रचना
6. शिवानंदलहरी- भगवान शिव को समर्पित
7. सौन्दर्य लहरी- आदि शक्ति की प्रार्थना
8. विष्णु सहस्रनाम पर भाष्य
9. माण्डुक्य उपनिषद् पर परमगुरू गोणपादाचार्य की **'कारिका'** पर भाष्य

3.6.7 निर्वाण

हिमालय यात्रा के दौरान शंकराचार्य ने इस क्षेत्र में जोशी मठ तथा बद्रीनाथ में एक मंदिर की स्थापना की। यहाँ से वे उच्च पर्वतीय मालाओं की ओर चले गए और इसी क्रम में वे केदारनाथ पहुँच गए। ३२ वर्षीय जगद्गुरु शंकराचार्य यहीं पर ८२० ई. में ब्रह्मलीन हो गए।

3.6.8 सारांश

भारत माता ने जिन महान आत्माओं को जन्म दिया उनमें शंकराचार्य अग्रणी हैं। बाल्यावस्था से ही सतो गुणी, दृढ़ निश्चयी, कुशाग्र बुद्धि के शंकराचार्य मात्र ३२ वर्ष की उम्र में अद्वैत–वेदान्ती, ब्रह्मसूत्र, गीता व उपनिषदों के भाष्यकार, अनेक सुमधुर रचनाओं के रचनाकार हुए। ज्ञान का ऐसा कोई मार्ग नहीं बचा जो शंकराचार्य ने छोड़ दिया हो। एक समाज सुधारक के रूप में उन्होंने भारत की जो सेवा की है आज का समाज और आने वाला समाज उस सेवा के प्रति हमेशा ऋणी रहेगा।

ॐ

3.7 स्वामी कुवलयानन्द का संक्षिप्त परिचय

स्वामी कुवलयानंद

3.7.1 जीवन परिचय

स्वामी कुवलयानंद विश्व प्रसिद्ध शिक्षाविद्, शोधकर्ता एवं योगी थे। स्वामी कुवलयानंद का जन्म ३० अगस्त, १८८३ को गुजरात राज्य के धबोई नामक ग्राम में एक ब्राह्मण परिवार में हुआ था। इनके बचपन का नाम जगन्नाथ गणेशा गुने था। इनके पिता गणेशा गुने एक अध्यापक थे। माता श्रीमती सरस्वती एक गृहिणी थीं।

बचपन से ही स्वामी कुवलयानंद अत्यंत मेधावी थे तथा संस्कृत में अग्रणी छात्र के रूप में विख्यात थे। स्वामी कुवलयानंद को अपनी प्रारम्भिक शिक्षा के दौरान काफ़ी संघर्ष करना पड़ा था। इन सभी संघर्षों एवं कठोर पुरुषार्थ की बदौलत ही कुवलयानन्द ने मैट्रिक की परीक्षा में गुजरात राज्य में प्रथम स्थान प्राप्त किया था जिससे इन्हें जगन्नाथ शंकर सेठ संस्कृत छात्रवृत्ति मिलने लगी। छात्रवृत्ति के सहारे ही कुवलयानंद ने कॉलेज में प्रवेश लेकर १९१०में बड़ौदा कॉलेज से स्नातक की पढ़ाई पूरी की।

कॉलेज के दौरान ही कुवलयानंद लोकमान्य बाल गंगाधर तिलक व श्री अरविंद के विचारों से अत्यधिक प्रभावित थे। इन्हीं विचारों से प्रभावित होकर कुवलयानंदजी ने आजीवन ब्रह्मचारी रहकर मानव कल्याण के कार्य करने की प्रतिज्ञा ली थी।

3.7.2 गुरु एवं योग शिक्षा

स्वामी कुवलयानंद के प्रथम गुरु प्रोफ़ेसर राजरत्न राजप्रिया माणिकराव थे, वे "जुम्मा दादा व्यायाम शाला" बड़ौदा में शारीरिक शिक्षा का प्रशिक्षण देते थे। सन् १९०७ से १९१० तक स्वामी कुवलयानंद ने प्रोफ़ेसर राजरत्न माणिकराव से शारीरिक शिक्षा का प्रशिक्षण प्राप्त किया।

एक बार सन् १९१९ में कुवलयानंद की मुलाक़ात प्रसिद्ध बंगाली योगी परमहंस माधवदास से हुई। इनसे मिलकर कुवलयानंद काफ़ी प्रभावित हुए। माधवदास जी महाराज, स्वामी कुवलयानंद के दूसरे गुरु थे जो नर्मदा नदी के किनारे बने आश्रम में रहते थे। स्वामी कुवलयानंद ने गुरु के सान्निध्य में रहकर योग की गुप्त क्रियाओं को सीखने का प्रयास किया। गुरु माधवदास जी से प्रभावित होकर स्वामी जी के मन में विचार आया कि योग के वैज्ञानिक पक्ष एवं मनोवैज्ञानिक पक्ष को सामान्य जन तक भी पहुँचाना चाहिए ताकि लोग योग के आध्यात्मिक पक्षों के साथ-साथ वैज्ञानिक पक्षों को भी जान सकें। स्वामी कुवलयानंद योग साधना संबंधित अपने व्यक्तिगत अनुभवों को अध्यात्म के साथ-साथ आधुनिक वैज्ञानिक प्रणाली के माध्यम से भी लोगों को समझाना चाहते थे।

3.7.3 योग का वैज्ञानिक अध्ययन एवं योग अनुसंधान केन्द्र की स्थापना

सन् १९२०-२१ में स्वामी जी ने पहली बार अपने विद्यार्थियों की सहायता से योग के विभिन्न आसनों का वैज्ञानिक अध्ययन बड़ौदा हॉस्पिटल की लैबोरेट्री में प्रारम्भ किया। इसके बाद स्वामी कुवलयानंद जी ने आसन, प्राणायाम, मुद्रा, बन्ध एवं षट्कर्म आदि के शरीर तथा मन पर पड़ने वाले प्रभावों का विशेष रूप से वैज्ञानिक अध्ययन किया।

सन् १९२४ में स्वामी कुवलयानंद जी ने कैवल्यधाम स्वास्थ्य और योग अनुसंधान केंद्र की स्थापना लोनावला, महाराष्ट्र में की। यहाँ योग के क्षेत्र में अनुसंधान कार्यों के लिए स्वामी जी ने आधुनिक प्रयोगशाला की भी स्थापना की। इन्होंने यहीं से योग से संबंधित पहली वैज्ञानिक शोध पत्रिका "योग मीमांसा" का प्रकाशन प्रारंभ किया। इसी के साथ स्वामी कुवलयानंद ने कैवल्यधाम में ही पोरबंदर के राणा नटवर सिंह के नाम पर शरीर विकृति विज्ञान प्रयोगशाला की भी स्थापना की थी।

इन सभी अनुसंधान कार्यों का इतना प्रभाव पड़ा कि पश्चिमी राष्ट्रों के अनुसंधानकर्ता भी योग के क्षेत्र में शोध करने के लिए कैवल्यधाम आने लगे।

सन् १९३१ से १९५७ के मध्य कोलंबिया विश्वविद्यालय न्यूयॉर्क (अमेरिका) के स्वास्थ्य एवं शारीरिक शिक्षा विभाग के प्रोफ़ेसर जोसेफ़िन रायबोन, येल विश्वविद्यालय (अमेरिका) के रिसर्च स्कॉलर केटी बेहानन तथा कैलिफोर्निया विश्वविद्यालय (अमेरिका) से चिकित्सक डॉक्टर वेंगर और मिशिगन विश्वविद्यालय (अमेरिका) से चिकित्सक डॉ बगची ने योग अनुसंधान केन्द्र लोनावला का दौरा किया और योग पर अनेक अनुसंधान कार्य किये।

सन् १९३२ में ईश्वरदास चुन्नीलाल योगी स्वास्थ्य केन्द्र के नाम से शांताक्रुज, मुंबई में कैवल्यधाम आश्रम की शाखा खोली गई जिसका उद्देश्य ग़रीब लोगों का योग के द्वारा

निःशुल्क उपचार करना था। इसी दौरान कनकेश्वर, अलीबाग़ के पास कैवल्यधाम अध्यात्म केंद्र भी खोला गया। इसी क्रम में सन् १९४३में राजकोट (सौराष्ट्र) में भी कैवल्यधाम का आध्यात्मिक केन्द्र खोला गया जिसका उद्देश्य योग के आध्यात्मिक पक्ष पर बल देना था।

सन् १९४४ में कैवल्यधाम में ही "श्री माधव योग मंदिर समिति" का गठन किया गया जिसका उद्देश्य योग साहित्य में नवीन वैज्ञानिक अनुसंधान को बढ़ावा देना था।

3.7.4 प्रथम यौगिक अस्पताल की स्थापना

सन् १९६१ में स्वामी जी ने "श्रीमती अमोलक देवी तीर्थराम गुप्ता" यौगिक अस्पताल के नाम से लोनावला में प्रथम यौगिक अस्पताल की स्थापना की।

3.7.5 गोवर्धनदास सेक्सरिया कॉलेज की स्थापना

सन् १९५१ में लोनावला में योग और सांस्कृतिक अध्यापन के उद्देश्य से स्वामी जी के द्वारा गोवर्धनदास सेक्सरिया कॉलेज की स्थापना की गई। वर्तमान में गोवर्धनदास सेक्सरिया कॉलेज ऑफ़ योग एंड कल्चर सिंथेसिस (Govardhandas Seksarla College of Yoga and Culture Synthesls) लोनावला, महाराष्ट्र में योग, आयुर्वेद व चिकित्सा संबंधित विभिन्न प्रकार के पाठ्यक्रम करवाये जा रहे हैं।

3.7.6 निर्वाण

स्वामी कुवलयानंद ने अपना समस्त जीवन भारत की प्राचीनतम एवं महान धरोहर "योग विद्या" को वैज्ञानिक ढ़ंग से दुनिया को परिचित करवाने के लिए समर्पित कर दिया। १८ अप्रैल, १९६६ को ८२ वर्ष की उम्र में लोनावला आश्रम में ही स्वामी कुवलयानंद ने इस नश्वर भौतिक देह का त्याग किया।

3.7.7 सारांश

स्वामी कुवलयानंद जी जैसे महान आत्माओं ने अपना जीवन स्वार्थ के लिये नहीं वरन् परमार्थ के लिये जिया। कोई भी सन्त और महात्मा वस्तुत: ऐसे ही होते हैं, वे इस धरती पर स्वयं के लिये नहीं वरन् पीड़ितों की सेवा और उद्धार के लिये ही आते हैं। स्वामी कुवलयानंद ने अपना समस्त जीवन ब्रह्मचारी रहकर भारत की प्राचीनतम एवं महान धरोहर योग को वैज्ञानिक ढंग से विश्व को परिचित करवाने के लिए समर्पित कर दिया।

4.1 महत्वपूर्ण योग-परम्पराओं का संक्षिप्त परिचय

4.1.1 प्रस्तावना

भारतीय संस्कृति में योग की अनेक परम्पराओं की प्रतिष्ठा है। परम्पराओं का अनुसरण करने के लिये कोई भी स्वतन्त्र है किन्तु यह उसकी पात्रता, संस्कार और संकल्प पर निर्भर होता है। भारतीय योग विद्या की महानता इसलिये है कि यह प्रत्येक व्यक्ति के लिये उसके अनुरूप पृथक-पृथक साधना पद्धति का वर्णन करती है। उपलब्ध योग साहित्यों के अध्ययन एवम् अनुशीलन के बाद विद्वानों ने योग की विभिन्न शाखाओं को तीन प्रमुख परम्पराओं के अन्दर समाविष्ट किया है। वैसे तो माना जाता है कि योग की दो ही परम्पराएँ हैं, एक है निगम परम्परा और दूसरी है आगम परम्परा। निगम परम्परा वैदिक योग परम्परा के अंतर्गत निर्दिष्ट है और दूसरी आगम परम्परा तन्त्र की योग परम्परा के अंतर्गत निर्दिष्ट है।

4.1.2 योग-परम्पराएँ

अध्ययन की सुविधा की दृष्टि से विभिन्न प्राचीन योग परम्पराओं को विद्वानों ने निम्न तीन परम्पराओं की धारणा के रूप में प्रस्तुत किया है। यह सर्व प्रचलित मान्यता है कि सृष्टि के आदिकाल में तीन शक्तियाँ मौजूद थीं और उनके कार्य सृजन, लालन-पालन और संहार करना बताया जाता है। ये तीन शक्तियाँ हैं ब्रह्मा, विष्णु और शिव। भारतीय वाङ्मय के तत्वदर्शियों का मानना है कि इन तीन शक्तियों से अलग-अलग तीन प्रमुख योग परम्पराओं का आविर्भाव हुआ है। प्राचीन तीन परम्पराओं का क्रम निम्नानुसार है:-

- ब्रह्मा (सृष्टिकर्ता)
- विष्णु (पालन कर्ता)
- शिव (संहार कर्ता)

4.1.3 योग की प्रमुख तीन परम्पराएँ

4.1.3.1 ब्रह्मा (सृष्टिकर्ता)

ब्रह्मा जी को सृष्टि का आदि पुरुष तथा राजपुरूष माना जाता है। इनसे जो योग उत्पन्न होता है वह है राजयोग। ब्रह्मा द्वारा उद्भूत राजयोग परम्परा को सुव्यवस्थित रूप देने के लिए ब्रह्मा जी के अवतार के रूप में आने वाले प्रवर्तक हैं – महर्षि पतंजलि। राजयोग की परम्परा के प्रतिष्ठापन तथा उन्नयन के लिए पतंजलि द्वारा रचित प्रमुख ग्रंथ है पातञ्जलयोगदर्शन।

4.1.3.2 विष्णु (पालनकर्ता)

विष्णु समग्र वेदों के आदि प्रतीक हैं। वह वैदिक परम्परा के आदि प्रवर्तक भी हैं, इनसे जो उत्पन्न होता है वह है- वैदिक योग। विष्णु द्वारा उद्भूत वैदिक योग परम्परा को सुव्यवस्थित रूप देने लिए विष्णु अवतार के रूप में आने वाले प्रवर्तक हैं श्री कृष्ण। वैदिक योग परम्परा प्रतिष्ठापन एवं निरन्तरता के लिए श्री कृष्ण द्वारा उपदिष्ट ग्रंथ है- श्रीमद्भगवद्गीता।

4.1.3.3 शिव (संहारकर्ता)

संहारकर्ता शिव योग की तृतीय परम्परा के आदि प्रणेता माने जाते हैं। योग के ग्रंथों में उन्हें आदिनाथ की प्रतिष्ठा दी जाती है उनसे जो योग उत्पन्न होता है वह है- हठयोग। शिव द्वारा उद्भूत योग की परम्परा को सरल और सहज रूप देने के लिए शिव के अवतार के रूप में आने वाले प्रवर्तक हैं- गोरक्षनाथ। आदिनाथ शिव द्वारा प्रवर्तित हठ योग की परम्परा के प्रतिष्ठापन एवं उन्नयन के लिए गोरक्षनाथ द्वारा विरचित ग्रंथ हैं- गोरक्षशतक, गोरक्ष पद्धति, गोरक्ष संहिता, योग बीज और सिद्ध सिद्धान्त पद्धति। अब यहाँ प्रश्न उठता है कि योग में वर्णित उपरोक्त शाखाओं के अतिरिक्त अन्य शाखायें जैसे कर्मयोग, भक्तियोग, मन्त्रयोग आदि फिर किस परम्परा के अधीन हैं? इसका सर्वसम्मत उत्तर तो नहीं है, लेकिन यह स्पष्ट है कि योग में योग साधनाओं की जितनी भी शाखा-प्रशाखाएँ प्रचलित हैं, वह सभी इन तीन प्रमुख परम्पराओं के अंतर्गत ही समाविष्ट हैं। जैसे- वैदिक योग की बात करें तो इस में योग मार्ग की विविध शाखाएँ कर्मयोग, ज्ञानयोग और भक्ति योग स्वयमेव समाविष्ट है।

इसका तात्पर्य यह नहीं है कि वैदिक योग के अलावा इन ज्ञानयोग, कर्मयोग और भक्तियोग की तीनों शाखाओं का सम्बंध अन्य पराम्पराओं से नहीं है, किन्तु वैदिक परम्परा इनके मूल में अवश्य है। जिस प्रकार हठयोग और राजयोग की परम्परा में भी सूत्र व श्लोकों के रूप में परोक्ष रूप से वैदिक योग साधना के कुछ अंग समाविष्ट हैं तथा हठयोग की परम्परा के साथ तन्त्रयोग, लययोग, नादयोग, कुण्डलिनी योग जैसी शाखाएँ मौलिक रूप से समाविष्ट मानी जाती हैं उसी प्रकार अन्य वैदिक और राजयोग की परम्परा में भी किसी न किसी रूप में हठयोग परम्परा के साधन समाविष्ट हैं। राजयोग की परम्परा के अन्तर्गत वर्णित अष्टांग योग, क्रिया योग, समाधि योग आदि का वैदिक और हठयोग की परम्परा में परोक्ष रूप से उल्लेख मिलता है।

अतः हम कह सकते हैं कि योग की परम्परा पर प्रकाश डालने वाली कई मान्यताओं में से यह धारणा सबसे तर्कसम्मत और प्रामाणिक प्रतीत होती है।

4.1.4 ग्रंथ का मूलपाठ

उपर्युक्त उल्लेखों से ज्ञात होता है कि योग परम्परा को किसने प्रारम्भ किया है। उनके ग्रंथों के मूल पाठ का विवरण निम्नानुसार है:-

- गीता के चतुर्थ अध्याय में श्रीकृष्ण अर्जुन को उपदेश देते हुए कहते हैं:

इमं विवस्वते योगं प्रोक्तवानहमव्ययम्।
विवस्वान्मनवे प्राह मनुरिक्ष्वाकवेऽब्रवीत्।।

(श्री.भ.गी.४.१)

एवं परम्पराप्राप्तमिमं राजर्षयो विदुः।
स कालेनेह महता योगो नष्टः परन्तप।।

(श्री.भ.गी.४.२)

स एवायं मया तेऽद्य योगः प्रोक्तः पुरातनः।
भक्तोऽसि मे सखा चेति रहस्यं ह्येतदुत्तमम्।।

(श्री.भ.गी.४.३)

अर्थात् भगवान श्रीकृष्ण ने अर्जुन को कहा कि मैंने ही इस योग का उपदेश सृष्टि के आरम्भ में सबसे पहले विवस्वान अर्थात् सूर्य को बतलाया। इसके पश्चात् विवस्वान ने यह योग ज्ञान अपने पुत्र मनु को व मनु ने यह ज्ञान अपने पुत्र इक्ष्वाकु को दिया। इस प्रकार वंश परम्परा से प्राप्त होने वाले कर्मयोग के इस ज्ञान को अनेक राजऋषियों ने अपने पूर्वजों से सीखा और जाना, परन्तु कालान्तर के प्रभाव से यह योग लुप्तप्राय हो गया था। तुम मेरे भक्त व सखा हो, इसलिए आज मैंने पुनः तुम्हारे सामने सभी रहस्यों में उत्तम इस पुरातन योग के ज्ञान को प्रस्तुत किया है।

योग परम्परा के सम्बन्ध में इससे यह ज्ञात होता है कि भगवान् ने स्वयं सृष्टि के प्रारम्भ में इस परम्परा को प्रारम्भ किया था अर्थात् योग विद्या सृष्टि के प्रारम्भ से ही विद्यमान थी, इस मान्यता को और अधिक बल मिलता है।

- अत्यन्त समृद्ध प्राचीन भारतीय वाङ्मय अनुसार ' **हिरण्यगर्भ** ' ही योग के आदि प्रवक्ता हैं, अन्य कोई नहीं। इस सन्दर्भ में वेद और अन्य ग्रंथ में निम्नानुसार उल्लेख मिलता है:-

- ऋग्वेद के दसवें मण्डल में कहा गया है:-

हिरण्यगर्भः समवर्तताग्रे भूतस्य जातः पतिरेक आसीत्।
स दाधार पृथिवीं द्यामुतेमां कस्मै देवाय हविषा विधेम।।

(ऋग्वेद१०.१२१.१)

अर्थात् हिरण्यगर्भ से ही सबसे पहले सृष्टि का निर्माण हुआ। उसी ने पृथ्वी, स्वर्ग आदि सभी को धारण किया क्योंकि हिरण्यगर्भ को सभी विद्याओं एवं कलाओं का आदि

प्रवर्तक माना जाता है।

- **बृहद्योगियाज्ञवल्क्य स्मृति** में भी कहा गया है:-

हिरण्यगर्भो योगस्य वक्ता नान्यः पुरातनः।

अर्थात् 'हिरण्यगर्भ' ही योग के आदि प्रवक्ता हैं , अन्य कोई नहीं।

महाभारत में हिरण्यगर्भ को योग का उत्पत्तिकर्ता बताते हुए कहा गया है:-

सांख्यस्य वक्ता कपिलः परमर्षिः स उच्यते।
हिरण्यगर्भो योगस्य वेत्ता नान्यः पुरातनः।।

(महाभारत १२.३३७.६०)

अर्थात् सांख्य के वक्ता परमर्षि कपिल और योग के वक्ता हिरण्यगर्भ हैं। इन विषयों में इनसे प्राचीन व पुरातन वक्ता अन्य कोई नहीं है।

हिरण्यगर्भ के बारे में महाभारत में ही एक श्लोक और मिलता है कि:-

हिरण्यगर्भो द्युतिमान् य एषच्छन्दसि स्तुतः।
योगैः सम्पूज्यते नित्यं स एवांह भुवि स्मृतः।।

(महाभारत १२.३४२.९६)

अर्थात् यह द्युतिमान हिरण्यगर्भ वही है जिनकी वेद में स्तुति की गई है। इनकी योगी लोग नित्यपूजा करते हैं और संसार में इन्हें विभु कहते हैं।

4.1.5 सारांश

प्राचीन योग परम्पराओं को विद्वानों ने तीन परम्पराओं की धारणा के रूप में प्रस्तुत किया है। यह सर्व प्रचलित मान्यता है कि सृष्टि के आदिकाल में तीन शक्तियाँ मौजूद थीं और उनके कार्य सृजन करना, लालन-पालन करना और संहार करना बताया जाता है। ये तीन शक्तियाँ हैं- ब्रह्मा, विष्णु और शिव।

योग विद्या वह ब्रहम विद्या है जो सातवें हिरण्यगर्भ स्वयंभू ब्रहमा जी द्वारा प्रणीत है। वेदों में योग का विस्तृत वर्णन किया गया है। वेदो में वर्णित योग को ही सरल भाषा में उपनिषद् में वर्णन किया गया है। स्मृति में, पुराणों में दर्शन में, योग का विस्तृत वर्णन मिलता है। दर्शन में समाधि की सिद्धि के लिए यम, नियमों व अभ्यास तथा अध्यात्म की विधि के उपायों का वर्णन किया गया है।

ॐ

4.2 योगियों का संक्षिप्त परिचय और योग के विकास एवं प्रचार प्रसार में इनका योगदान

4.2. श्री टी. कृष्णमाचार्य

श्री टी. कृष्णमाचार्य

4.2.1 जीवन परिचय

तिरुमलाई कृष्णमाचार्य २०वीं सदी के महान योगी, आयुर्वेदिक चिकित्सक एवं उच्च कोटि के विद्वान थे। प्रामाणिक तौर पर योग के उत्थान में महत्वपूर्ण योगदान देने के कारण इन्हें आधुनिक योग का जनक कहा जाता है। तिरुमलाई कृष्णमाचार्य का जन्म १८ नवंबर १८८८ को मुचुकुंदापुरम् गाँव, चित्रदुर्ग ज़िला , मैसूर राज्य (वर्तमान में कर्नाटक राज्य में) दक्षिण भारत में हुआ था।

कृष्णमाचार्य के पिता श्री तिरुमलाई थे जो वेद-उपनिषदों व दर्शनों के अच्छे ज्ञाता थे। इनकी माता का नाम रंगनायकी अम्मा था। कृष्णमाचार्य छह भाई-बहनों में सबसे बड़े थे। कृष्णमाचार्य के दो भाई और तीन छोटी बहनें थीं। छह वर्ष की उम्र में ही कृष्णमाचार्य ने संस्कृत भाषा को बोलना और लिखना सीख लिया था। बचपन से ही इनके पिता इन्हें आसन एवं प्राणायाम की गूढ़ विधियों का प्रशिक्षण देने लगे थे। जब कृष्णमाचार्य दस वर्ष के थे तब इनके पिता की मृत्यु हो गयी थी।

4.2.2 शिक्षा

इनके पिता की मृत्यु के बाद इनका परिवार गाँव से मैसूर में आकर रहने लगा। मैसूर में कृष्णमाचार्य के परदादा एच.एच. श्री श्रीनिवास ब्रह्मतंत्र परकला स्वामी जी रहते

थे। स्वामी जी उस समय **'परकला मठ'** के प्रमुख स्वामी थे। कृष्णमाचार्य अपना अधिकतर समय अपने परदादा के साथ मठ में ही बिताते थे।

मैसूर में कृष्णमाचार्य ने गणित विषय की पढ़ाई चामराज संस्कृत कॉलेज से पूरी की। इस दौरान कृष्णमाचार्य ने धर्म-दर्शन, व्याकरण एवं तर्कशास्त्र की पढ़ाई की। कृष्णमाचार्य अपने विद्वान शिक्षकों के साथ धर्म, दर्शन एवं अध्यात्म पर अच्छा तर्क-वितर्क करते थे।

सन् १९०६ में अट्ठारह वर्ष की उम्र में इन्होंने बनारस (वर्तमान में वाराणसी) विश्वविद्यालय में प्रवेश लिया। यहाँ इन्होंने ब्रह्मश्री शिवकुमार शास्त्री से तर्क शास्त्र और संस्कृत विषय का ज्ञान प्राप्त किया। इसके साथ ही कृष्णमाचार्य ने ब्रह्म श्री त्रिलिंगा राम शास्त्री से मीमांसा दर्शन और वामकर्ण भट्टाचार्य से तर्क शास्त्र की शिक्षा ग्रहण की।

सभी दर्शनों को विद्वान आचार्यों से पढ़ने के लिए कृष्णामाचार्य ने सन् १९१४ में पटना यूनिवर्सिटी बिहार में प्रवेश लिया। यहाँ इन्हें छात्रवृत्ति मिली और बंगाल के वैद्य कृष्ण कुमार से आयुर्वेद का ज्ञान प्राप्त करने का अवसर भी मिला। इसके साथ ही कृष्णमाचार्य वेद, योग, उपनिषद्, दर्शन एवं सभी भारतीय धर्म ग्रंथों का अध्ययन करते रहे।

इनकी विद्वता का परिचय पहली बार तब हुआ जब दरभंगा रियासत डीक्कनघाट के राजा के राज्याभिषेक के लिए इन्हें आमंत्रित किया गया। राजा के राज्याभिषेक के दौरान एक शास्त्रार्थ का आयोजन भी किया गया था। कृष्णमाचार्य ने शास्त्रार्थ में रियासत के प्रसिद्ध विद्वान आचार्य बिहारीलाल को परास्त किया और राजा से सम्मान प्राप्त किया। इसके बाद कृष्णमाचार्य ११वर्षों तक बनारस में ही रहे।

4.2.3 कृष्णमाचार्य की योग में शिक्षा एवं विवाह

आधुनिक एवं वैदिक शिक्षा के साथ-साथ कृष्णमाचार्य कठिन आसनों का अभ्यास भी निरंतर करते रहते थे। बचपन में ही इनके पिता इन्हें आसन-प्राणायाम सिखाते रहते थे। कृष्णमाचार्य ने प्रसिद्ध योग गुरु बाबू भगवानदास से भी योग की विभिन्न विधियों को सीखा था। इसके बाद इनकी योग के प्रति रुचि बढ़ती ही जा रही थी। कॉलेज की छुट्टियों के दौरान कृष्णमाचार्य ने योग के गूढ़ रहस्य को जानने के लिए हिमालय के अनेक दुर्गम इलाक़ों की यात्राएँ भी की थीं।

गौहननाथ झा के सुझाव पर कृष्णमाचार्य ने लॉर्ड इरविन जो कि मधुमेह से पीड़ित थे, को छह महीने तक योग का प्रशिक्षण दिया जिससे लॉर्ड इरविन के स्वास्थ्य में बहुत सुधार हुआ। इससे प्रभावित होकर लॉर्ड इरविन ने कृष्णमाचार्य के साथ तिब्बत यात्रा के लिए तीन विशेष सहयोगी भेजे। सन् १९१९ में कृष्णमाचार्य उनके साथ कैलाश

पर्वत पहुँचे जहाँ इन्होंने श्री ब्रह्मचारी की शरण में पतंजलि योगसूत्र का अध्ययन किया तथा इसी के साथ आसन व प्राणायाम के चिकित्सकीय प्रभावों का ७ वर्ष तक अध्ययन किया। सन् १९२५में कृष्णमाचार्य का नामा गिरि अम्मा से विवाह हुआ।

4.2.4 मैसूर में योग शिक्षण

विवाह के बाद कृष्णमाचार्य के पारिवारिक उत्तरदायित्व बढ़ गए थे जिसके चलते कृष्णमाचार्य को कर्नाटक राज्य के हसन ज़िले के एक कॉफ़ी बागान में भी काम करना पड़ा था। सन् १९२६ में मैसूर के महाराजा कृष्णराज वडियार-चतुर्थ अपनी माँ के ६०वें जन्मदिन को मनाने के लिए वाराणसी गए थे। वहाँ राजा ने योगाचार्य कृष्णमाचार्य के योग कौशल के बारे में सुना, जिसके चलते महाराजा ने कृष्णमाचार्य से भेंट की और इनकी विद्वता से प्रभावित होकर इन्हें मैसूर पैलेस में योग सिखाने के लिए नियुक्त किया।

सन् १९२६ में कृष्णमाचार्य ने मैसूर साम्राज्य के राजा वडियार के साथ-साथ उनके परिवार के सदस्यों को भी योग का प्रशिक्षण देना प्रारम्भ किया। महाराजा के निवेदन पर कृष्णमाचार्य ने सन् १९३३ में जगनमोहन नामक स्थान पर एक स्वतंत्र योगशाला भी प्रारंभ की। सन् १९३४ में कृष्णमाचार्य ने योग मकरंद (Yoga Makaranda) नामक अपनी पहली पुस्तक लिखी थी, जिसको मैसूर विश्वविद्यालय ने प्रकाशित भी किया। कुछ समय पश्चात् कृष्णमाचार्य, वडियार महाराज के योग-गुरु के साथ-साथ विश्वसनीय सलाहकार भी बन गये थे। वडियार महाराज भी योग में बहुत रुचि रखते थे। कृष्णमाचार्य वडियार महाराज के सामने हठयोग की क्रियाओं का प्रदर्शन करते रहते थे। हठयोग के कुछ उच्च योगासनों का प्रदर्शन, हाथों से कार को रोकना, भारी वस्तुओं को दाँतों से उठाना, श्वासों को रोक देना आदि का प्रदर्शन महाराज के दरबार में अनेक बार कृष्णमाचार्य करते रहते थे। महाराज भी इन सभी क्रियाओं में अधिक रुचि दिखाते थे और कृष्णमाचार्य को व्याख्यान एवं प्रदर्शन के लिए देश के अनेक स्थानों पर भेजते रहते थे।

सन् १९४०में राजा वडियार की मृत्यु के बाद कृष्णमाचार्य को राज दरबार की ओर से मिलने वाली सभी सुविधाएँ बन्द हो गई। उस समय कृष्णमाचार्य ने देश की स्वतंत्रता के लिए कार्य करना शुरू कर दिया। योगशाला को चलाने के लिए कहीं से भी कोई सहायता न मिलने के कारण आख़िरकार सन् १९५० में योगशाला को बंद करना पड़ा। इसके बाद कृष्णमाचार्य ने सन् १९५२ में मद्रास के विवेकानंद कॉलेज में व्याख्याता के पद पर नौकरी करना प्रारम्भ किया। कृष्णमाचार्य की योग शिक्षा पतंजलि योगसूत्र एवं योग याज्ञवल्क्य पर आधारित थी। कृष्णाचार्य असहाय, ग़रीब एवं रोगियों की

निःशुल्क आयुर्वेद एवं योग के द्वारा चिकित्सा करते रहे। इसी के साथ निरन्तर योग साधना, स्वाध्याय, व्याख्यान, पत्रिकाओं में लेख एवं पुस्तकों का लेखन कार्य कृष्णमाचार्य की जीवनचर्या का प्रमुख हिस्सा रहा।

4.2.5 योग विषय पर कृष्णमाचार्य की प्रमुख पुस्तकें

कृष्णमाचार्य ने अपने ज्ञान, अनुभव एवं शिक्षण के आधार पर योग के विषय पर पुस्तकें, कई निबंध और काव्य रचनाएँ भी लिखीं। प्रमुख लिपिबद्ध पुस्तकें निम्न हैं :-

- योग मकरंद (१९३४)
- योगासन्गालु (१९४१)
- योगावल्ली (१९८८)
- योग रहस्य (२००४)

4.2.6 विशेष उपलब्धि

इन्हें "आधुनिक योग का जनक" या "आधुनिक योग का पितामह" कहा जाता है।

- ये वैष्णववाद के समर्थक थे।
- कृष्णमाचार्य प्राचीन वाद्य यंत्र वीणा भी बजाना जानते थे।
- इन्होंने महाराजा कृष्णराज वडियार- चतुर्थ के मैसूर राज्य में अध्यापक के रूप में कार्य किया था।
- ये आयुर्वेद चिकित्सक एवं योगी थे।
- उन्हें आधुनिक योग के सबसे महत्वपूर्ण गुरुओं में से एक के रूप में देखा जाता है।
- कृष्णमाचार्य को एक विद्वान के रूप में माना जाता है।
- उन्होंने दर्शनशास्त्र, तर्कशास्त्र, देवत्व, भाषाशास्त्र और संगीत में उपाधि प्राप्त की थी।

4.2.7 कृष्णमाचार्य के प्रमुख शिष्य

कृष्णमाचार्य के छात्रों में २०वीं सदी के योग के सबसे प्रसिद्ध और प्रभावशाली शिक्षक सम्मिलित थे जिनके नाम निम्नानुसार हैं :-

- इंद्रा देवी (१८९९-२००४)
- के. पट्टाभि जोइस (१९१५-२००९)
- बी.के.एस. अयंगर (१९१८-२०१४)
- टी.के.वी. देसिकाचार (१९३८-२०१६) (कृष्णमाचार्य का पुत्र)
- श्रीवत्स रामास्वामी
- ए.जी. मोहन

4.2.8 निर्वाण

सन् १९८५ में लगभग ९७ वर्ष की उम्र में शारीरिक अंसतुलन के कारण भूमि पर गिरने से कृष्णमाचार्य के कुल्हे में फ्रैक्चर हो गया पर इन्होंने अपने कुल्हे की शल्यक्रिया करवाने से पूरी तरह मना कर दिया। कृष्णमाचार्य ने स्वयं पर विभिन्न योग क्रियाओं एवं विधियों का प्रयोग करके अपने आप को स्वस्थ किया। इस अवधि में इन्होंने अपने अनुभव के आधार पर योग क्रियाओं का ऐसा पाठ्यक्रम तैयार किया जिसे बिस्तर पर लेटकर भी किया जा सकता था। अधिक उम्र और फ्रैक्चर होने के पश्चात भी कृष्णमाचार्य योग क्रियाएँ निरंतर करते रहते थे। साथ ही योग जिज्ञासुओं को योग का प्रशिक्षण भी देते थे।

आख़िरकार २८ फरवरी १९८९ को कृष्णमाचार्य अपने आवास स्थान मद्रास (चेन्नई) में १०० वर्ष की आयु में "जीवेम शरद: शतम्" की पंक्तियों को चरितार्थ करते हुए पंचतत्व में विलीन हो गए।

4.2.9 सारांश

कृष्णमाचार्य ने अपने ज्ञान, अनुभव एवं शिक्षण के बल पर योग को सारे विश्व में पुनः नई पहचान दिलाने का कार्य किया। कृष्णमाचार्य ने योग के मूल एवं भारतीयता से कभी समझौता नहीं किया। आज देश और विदेशों में कृष्णमाचार्य के हज़ारों शिष्य इनके द्वारा बताई शिक्षा विधि द्वारा लाखों लोगों को लाभान्वित कर रहे हैं।

4.3 श्री श्यामाचरण लाहिड़ी (लाहिड़ी महाशय)

श्री श्यामाचरण लाहिड़ी (लाहिड़ी महाशय)

4.3.1 जीवन परिचय

योगी श्यामाचरण लाहिड़ी १८वीं शताब्दी के महान योगी एवं उच्च कोटि के साधक थे। इनका जन्म ३० सितंबर १८२८ को बंगाल राज्य में नदिया ज़िले के धुरणी नामक ग्राम में हुआ था। श्यामाचरण के पिता का नाम श्री गोरे मोहन लाहिड़ी था। श्री गोरे मोहन ने पहली पत्नी के निधन के बाद दूसरा विवाह किया था। पहली पत्नी से तीन संतान की प्राप्ति हुई थी जिनमें दो पुत्र और एक पुत्री थी। दूसरी पत्नी मुक्तेश्वरी देवी को एक ही संतान थी जिसका नाम श्यामाचरण था जो आगे चलकर "काशी बाबा" के नाम से प्रसिद्ध हुए।

4.3.2 शिक्षा

श्यामाचरण लाहिड़ी का परिवार रोज़गार की तलाश में धुरणी गाँव को छोड़कर काशी (उत्तर प्रदेश) रहने चला गया था जिसके चलते श्यामाचरण का पठन-पाठन काशी में ही हुआ था। श्यामाचरण जी बचपन से ही बहुमुखी प्रतिभा के धनी थे। महाराजा जयनारायण घोषाल द्वारा स्थापित माध्यमिक स्कूल में श्यामाचरण ने अंग्रेज़ी , हिंदी, संस्कृत, बंगला, उर्दू, फ़ारसी आदि भाषाओं का अध्ययन किया। इसके बाद संस्कृत के उच्च कोटि के विद्वान नागोली भट्ट से श्यामाचरण ने वेद-उपनिषद्, दर्शन एवं गीता आदि अन्य शास्त्रों का भी ज्ञान प्राप्त किया।

4.3.3 गृहस्थ जीवन में प्रवेश

श्यामाचरण लाहिड़ी का विवाह सन् १८४६ में देवनारायण सान्याल की पुत्री काशीमणि देवी के साथ हुआ था। इनके घर दो पुत्रों एवं दो पुत्रियों ने जन्म लिया था। गृहस्थ जीवन में प्रवेश के बाद श्यामाचरण जीविकोपार्जन के लिए रोज़गार की तलाश में इधर-उधर भटकते रहे। अन्ततः सन् १८५१ में इनको सैनिक इंजीनियरिंग विभाग में लेखाकार के पद पर नौकरी मिली। इसके बाद इनका तबादला हुआ और इन्हें दानापुर (बिहार) के मिलिट्री लेखाशाखा में भेज दिया गया।

कुछ समय बाद दानापुर से इनका स्थानान्तरण उत्तराखण्ड के रानीखेत नामक स्थान पर हो गया। श्यामाचरण अपने काम के प्रति पूरी तरह से समर्पित थे। धन के प्रति इनका कोई मोह नहीं था। कुछ समय बाद श्यामाचरण अपनी सारी संपत्ति अपने सौतेले भाई को सौंपकर और अपने परिवार को काशी में छोड़कर स्वयं रानीखेत में रहने लगे।

4.3.4 गुरु प्राप्ति और दीक्षा

श्यामाचरण रानीखेत में पहाड़ों के प्राकृतिक सौंदर्य को निहारने के लिए नियमित रूप से कई किलोमीटर की पैदल यात्रा करते थे। एक दिन द्रोणागिरि नामक पर्वत का नाम सुनकर भ्रमण करते हुए उसी पर्वत पर जा पहुँचे जहाँ पर अनेक गुफाएँ थीं। श्यामाचरण को वहाँ पहुँचने के बाद ऐसा लगा कि इन्हें कोई आवाज़ देकर बुला रहा है। कुछ देर बाद इन्हें गुफा के पास एक युवा व्यक्ति दिखाई दिया। उसी तेजस्वी युवक ने श्यामाचरण को अपने पास बुलाने के लिए संकेत किया। इसके बाद उन्होंने कहा कि मैंने ही तुम्हें बुलाया है और मैं पिछले चालीस वर्षों से तुम्हारी प्रतीक्षा कर रहा हूँ। इसके बाद उस युवक ने लाहिड़ी के ललाट को स्पर्श किया। ऐसा करते ही लाहिड़ी को शक्तिपात हुआ और पूर्वजन्मों के घटनाओं का स्मरण हुआ।

श्यामाचरण ने उसी समय उस युवक (महावतार बाबाजी) को अपना गुरु मान लिया और क्रिया योग की दीक्षा ली। क्रिया योग की विधि केवल दीक्षित साधकों को ही बताई जाती है। यह विधि पूर्णतया वैज्ञानिक एवं शास्त्रोक्त है। लाहिड़ी ने कई वर्षों तक क्रिया योग का अभ्यास किया। गुरु के आदेशानुसार श्यामाचरण गृहस्थ आश्रम में रहते हुए भी जनकल्याण के कार्यों में निरंतर लगे रहे।

4.3.5 योगी लाहिड़ी द्वारा क्रिया योग का उपदेश

श्यामाचरण क्रियायोग की विधिवत दीक्षा लेने के बाद कार्यालय पहुँचे तो पता चला कि अब उनका तबादला रानीखेत से वापस दानापुर हो गया है। वे दानापुर में अपने कार्यालय कार्य के साथ-साथ नियमित रूप से क्रिया योग की साधना भी करते रहे।

सन् १८८० में नौकरी से अवकाश प्राप्त कर पेंशन लेकर वे वापस काशी आ गए। काशी आने के बाद उन्होंने क्रिया योग की विधि अन्य योग साधकों को सिखाना प्रारम्भ किया। सबसे पहले लाहिड़ी ने काशी के राजा ईश्वरीनारायण और उनके पुत्र प्रभुनारायण को क्रिया योग की शिक्षा दी। इस प्रकार योगी श्यामाचरण लाहिड़ी जी ने योग्य जिज्ञासुओं को क्रियायोग की दीक्षा देने का कार्य प्रारंभ किया।

योगी लाहिड़ी के गुरु ने दीक्षा के समय कहा था- "इस १९वीं सदी में जिस क्रिया योग को मैं तुम्हारे द्वारा विश्व को दे रहा हूँ वह उसी विज्ञान का रूप है, जिसे हज़ारों वर्ष पहले भगवान श्रीकृष्ण ने अर्जुन को प्रदान किया था। बाद में जिसका ज्ञान महर्षि पतंजलि आदि एवं उनके अनेक शिष्यों को प्राप्त हुआ था"। धीरे-धीरे लाहिड़ी महाशय की ख्याति चारों ओर फैलने लगी और उनका घर श्रद्धालुओं के लिये एक तीर्थस्थल बन गया।

4.3.6 योगी लाहिड़ी के प्रमुख शिष्य

योगी लाहिड़ी ने साधना के द्वारा जो ज्ञान अर्जित किया था उस ज्ञान का निःशुल्क लाभ सभी भारतीयों को देना चाहते थे जिसके लिए योगी लाहिड़ी ने अनेक स्थानों पर घूम-घूमकर क्रिया योग का प्रचार-प्रसार किया।

लाहिड़ी जी के अनेक शिष्य थे, जिनमें से कुछ के नाम उल्लेखनीय हैं- पंचानन बनर्जी, वरदाचरण, रामदयाल मजूमदार युक्तेश्वर गिरी, केशवानन्द और प्रणवानन्द इत्यादि। योगी लाहिड़ी अपने शिष्यों को निष्काम भाव से पवित्र जीवन जीने का उपदेश देते थे। उनके द्वारा की गई गीता की आध्यात्मिक व्याख्या वर्तमान भी में शीर्ष स्थान पर है। इन्होंने वेदान्त, सांख्य, वैशेषिक, योगदर्शन, न्यायदर्शन सहित अनेक ग्रंथो की बहुत ही सुन्दर एवं सरल

शब्दों में व्याख्या की है। योगी लाहिड़ी की प्रमुख शिक्षाओं की विशेषता यह थी कि गृहस्थ भी योगाभ्यास द्वारा सहज होकर योग के उच्चतम शिखर पर आरूढ़ हो सकता है। स्वयं योगी लाहिड़ी ने भी क्रिया योग साधना के द्वारा योग की उच्चतम अवस्था को प्राप्त कर लिया था।

4.3.7 साहित्य

योगी लाहिड़ी महाशय के प्रवचनों का पूर्ण संग्रह प्राप्त नहीं है। इनकी सभी प्रमुख रचनाएँ बांग्ला भाषा में ही उपलब्ध हैं। भगवद्गीता भाष्य का हिंदी अनुवाद इनके प्रमुख शिष्य भूपेंद्रनाथ सान्याल ने किया था।

4.3.8 निर्वाण

योगी लाहिड़ी इतने प्रसिद्ध हो गए थे कि श्रद्धालुओं का इनके निवास पर ताँता लगा रहता था। योगी लाहिड़ी ने मानव जाति, देश, धर्म से ऊपर उठकर मानव कल्याणार्थ अपना संपूर्ण जीवन लगाया।

अन्तत: २६ सितंबर १८९५ को योगी लाहिड़ी ६५ वर्ष की उम्र में अपने भौतिक शरीर को छोड़कर ब्रह्मलीन हो गए।

4.3.9 सारांश

योगी लाहिड़ी ने अपने सहज एवं आडंबर रहित गृहस्थ जीवन से यह प्रमाणित कर दिया कि गृहस्थ भी योगाभ्यास से समाधि एवं मोक्ष की प्राप्ति कर सकता है। योगी लाहिड़ी हिंदू, मुसलमान, सिख एवं इसाई सभी धर्मों के लोगों को बिना किसी भेदभाव के क्रिया योग की शिक्षा देते थे। यह हम भारतवासियों के लिए अत्यधिक गौरव की बात है कि उन जैसी दिव्य आत्मा ने हमारे देश में जन्म लेकर न केवल भारतवासियों वरन् समूचे विश्व को धन्य कर दिया।

ॐ

4.4 स्वामी शिवानंद सरस्वती

स्वामी शिवानंद

4.4.1 परिचय

स्वामी शिवानंद सरस्वती को एक प्रसिद्ध दार्शनिक, वेदान्तवादी, तपस्वी, साधक, लेखक, गुरु एवं योग के महान आचार्य के रूप में जाना जाता है। स्वामी शिवानंद का जन्म ८ सितंबर, १८८७ में दक्षिण भारत के तमिलनाडु में ताम्रपर्णी नदी के किनारे बसे छोटे से गाँव पट्टामड़ाई में हुआ था। इनके पिता पी.एस. वेंगाईयर थे, जो कि भगवान शिव के परम भक्त थे। इनकी माता का नाम पार्वती था। वह भी ईश्वर के प्रति श्रद्धा व समर्पण भाव रखने वाली गृहिणी थीं। स्वामी शिवानंद को इनके माता-पिता प्यार से कुप्पु स्वामी पुकारते थे। कुप्पु स्वामी तीन भाई-बहनों में सबसे छोटे थे। वे बचपन से ही विलक्षण बुद्धि के धनी एवं आध्यात्मिकता में प्रति रूचि लेते थे।

4.4.2 विद्यार्थी जीवन से चिकित्सक तक

बालक कुप्पु स्वामी ने हाई-स्कूल तक की पढ़ाई गाँव में ही रहकर की। इसके बाद एस.पी.जी. कॉलेज, तिरुचिरापल्ली से पढ़ाई कर, कुप्पु स्वामी ने सन् १९०५ में तंजोर मेडिकल कॉलेज से चिकित्सा की पढ़ाई की। कॉलेज की छुट्टियों में कुप्पु स्वामी घर न जाकर अस्पताल में ही मरीज़ों की देखभाल करते थे। मरीज़ों की सेवा करना इन्हें अच्छा लगता था। इसी अवधि में इन्होंने 'The Ambrosia' नामक चिकित्सा पत्रिका भी शुरू की थी।

सन् १९१३ में परिवार के विरोध के बाद भी कुप्पु मलाया (मलेशिया) पहुँच गए जहाँ

चिकित्सक के रूप में सरकारी अस्पताल में नौकरी की। कुप्पु स्वामी अस्पताल से कुछ समय निकालकर ग़रीबों, असहायों व पीड़ितों की निःस्वार्थ भाव से चिकित्सा करते एवं उनके लिए निःशुल्क औषधि तथा आहार का प्रबंध भी करते थे। उन्होंने ने मलाया में प्रतिष्ठित चिकित्सक के रूप में १० वर्ष तक काम किया। सन् १९२३ में वे भारत लौट आए।

4.4.3 एक चिकित्सक से सन्यास तक

एक बार एक साधु ने कुप्पु स्वामी को स्वाध्याय के लिए एक पुस्तक भेंट की। उन्होंने उस पुस्तक का कई बार गहनता से अध्ययन किया। पुस्तक पढ़ने से उनके भीतर बीज रूप में दबे हुए साधना के संस्कार उभरने लगे जिससे इनके अन्दर वैराग्य की भावना प्रस्फुटित हुई। इसके बाद सन् १९२३ में नौकरी छोड़कर भारत वापस आए और अच्छे गुरु की तलाश करने में जुट गए। सन् १९२४ में भ्रमण करते हुए ऋषिकेश पहुँचे जहाँ विश्वानंद सरस्वती से इनकी भेंट हुई।

उसी समय इन्होंने विश्वानंद सरस्वती को अपना गुरु बनाया और उनसे सन्यास की दीक्षा ली।

स्वामी विश्वानंद सरस्वती ने सन्यास दीक्षा के बाद कुप्पु स्वामी को शिवानंद नाम दिया। इसके बाद शिवानंद ने कई वर्षों तक लगातार स्वर्गाश्रम (गुरु विश्वानंद के आश्रम) में ही रहकर ध्यान-साधना का अभ्यास किया। इन्होंने सन् १९२७ में मानवता की सेवा के लिए ऋषिकेश में लक्ष्मण झूला के पास एक नि:शुल्क चिकित्सालय का शुभारंभ किया। सेवा और साधना को अपने जीवन का लक्ष्य बना चुके स्वामी जी को निर्विकल्प समाधि की भी प्राप्ति हुई। इसके बाद इन्होंने संपूर्ण भारत का भ्रमण किया और अपने ज्ञान को जन-जन तक पहुँचाने का काम किया।

4.4.4 आश्रम और संघ स्थापना

स्वामी शिवानंद ने ऋषिकेश में सन् १९३२ में शिवानंद आश्रम और १९३६ में दिव्य जीवन संघ (Divine Life Society) की स्थापना की। स्वामी शिवानंद ने १९ फरवरी, १९४७ को ऑल वर्ल्ड साधु फेडेरेशन की भी स्थापना की थी। इसके पश्चात् सन् १९४८ में "योग वेदान्त फोरेस्ट अकादमी" की स्थापना की।

4.4.5 शिवानंद सरस्वती के प्रमुख शिष्य

स्वामी शिवानंद सरस्वती के प्रमुख शिष्यों के नाम निम्नानुसार हैं :-

- स्वामी चिन्मयानंद- चिन्मय मिशन के संस्थापक
- स्वामी ज्योतिर्मयानंद– योग रिसर्च फाउंडेशन अमेरिका के संस्थापक

- स्वामी सत्यानंद सरस्वती- बिहार योग विद्यालय, मुंगेर के संस्थापक
- स्वामी शिवानंद राधा– यशोधरा आश्रम कनाडा के संस्थापक
- स्वामी वेंकटेश्वरानंद- डिवाईन लाइफ़ सोसायटी (साउथ अफ़्रीका और मॉरीशस) के आध्यात्मिक शिष्य
- स्वामी प्रणवानंद- मलेशिया आश्रम के संरक्षक
- स्वामी चिदानंद तथा स्वामी कृष्णानंद- ऋषिकेश आश्रम के संरक्षक
- ओंकारानंद सरस्वती- ओंकारानंद आश्रम के संस्थापक

4.4.6 स्वामी शिवानंद रचित पुस्तकें

स्वामी शिवानंद ने योग, स्वास्थ्य, आयुर्वेद एवं अध्यात्म आदि विषयों पर 300 से भी अधिक पुस्तकें लिखकर अपनी लेखनी से लोगों को लाभान्वित किया है। स्वामी शिवानंद की प्रमुख पुस्तकें निम्न हैं:-

- विचार शक्ति
- मन इसके रहस्य और नियंत्रण
- प्राणायाम का विज्ञान
- भगवद्गीता
- जप योग
- तंत्र योग, नाद योग और क्रिया योग
- प्रकाश, शक्ति और बुद्धि
- योग करने के आसान उपाय

4.4.7 महासमाधि

करुणा एवं निःस्वार्थ भाव से सेवा करते हुए १४जुलाई १९६३ को ७५ वर्ष की आयु में गँगा नदी के किनारे ऋषिकेश में स्वामी शिवानंद सरस्वती इस भौतिक शरीर से मुक्ति प्राप्त करके महासमाधि में लीन हो गए।

4.4.8 सारांश

स्वामी शिवानन्द बीसवीं सदी के भारत के महान योग गुरुओं में से एक थे। "सेवा करें, प्यार करें, शुद्ध करें, ध्यान करें, एहसास करें" यह स्वामी शिवानंद का समाज को उपदेश था। ग़रीबों , असहायों व पीड़ितों की निःस्वार्थ भाव से सेवा करना उनका लक्ष्य होता था। स्वामी शिवानंद के अनुसार हम सभी का उद्देश्य भी यही होना चाहिए।

4.5 हिमालय के स्वामी राम

स्वामी राम

4.5.1 जीवन परिचय

२०वीं शताब्दी के दिव्यसंत श्री स्वामी राम का जन्म उत्तर भारत के ब्राह्मण परिवार में गाँव टोली गढ़वाल क्षेत्र, हिमालय में २ जुलाई १९२५ को हुआ था। वर्तमान में इन्हें हिमालयन योगी के नाम से भी जाना जाता है। इनके बचपन का नाम बृज किशोर कुमार था।

4.5.2 गुरु और शिक्षा

बचपन में ही स्वामी राम के माता-पिता का देहान्त हो गया था। "बंगाली बाबा" ने ही बृज किशोर का लालन-पालन किया। हिमालय की तलहटी में रहने वाले महान संत बंगाली बाबा की शरण में रहकर स्वामी राम ने योग-विज्ञान, दर्शन आदि के साथ-साथ महात्मा गाँधी , श्री अरविन्द एवं रवीन्द्र नाथ टैगोर के जीवन दर्शन का भी अध्ययन किया था। बचपन में बंगाली बाबा के ही साथ रहकर संपूर्ण हिमालय के साधु-संतों से मुलाक़ात की एवं अनेक कठिन यौगिक क्रियाओं को सीखा।
स्वामी राम ने हिमालय के दिव्य संत अघोरी बाबा, सोमवारी बाबा और गूदड़ी बाबा की कृपा और आशीर्वाद से योग में अनेक सिद्धियाँ भी प्राप्त कर ली थीं। स्वामी राम ने भारत के विभिन्न नगरों जैसे– बैंगलोर, प्रयाग, वाराणसी आदि में रहकर विभिन्न विषयों में शिक्षा ग्रहण की। इसके बाद ऑक्सफ़ोर्ड यूनिवर्सिटी, इंग्लैंड से भी उपाधि प्राप्त की।

4.5.3 शंकराचार्य की गद्दी पर आसीन

२४ वर्ष की युवास्था में ही स्वामी राम "करवीर पीठ", दक्षिण भारत के शंकराचार्य की गद्दी पर बैठे। यहाँ इन्हें शंकराचार्य की उपाधि मिली। सन् १९४९से १९५२ तक लगातार चार वर्ष तक स्वामी राम शंकराचार्य की गद्दी पर आसीन रहे। पर इससे इनको आत्म संतुष्टि नहीं मिली। इसलिए स्वामी राम ने ध्यान साधना के लिए पुनः हिमालय की ओर लौटने का फ़ैसला किया।

4.5.4 आश्रम स्थापना एवं विदेश यात्रा

स्वामी राम 'शंकराचार्य की गद्दी को छोड़कर नेपाल क्षेत्र में हिमालय पर्वत पर नंगे पैरों सिर्फ़ कमण्डल लेकर रहने लगे। यहाँ इन्होंने अपना पहला आश्रम स्थापित किया। यह आश्रम काठमाण्डू से बाहर धुलिखेल के रास्ते में हिमालय पर्वत के घने जंगलों में था। कुछ वर्ष इन्होंने इस आश्रम में साधना की। इसके बाद स्वामी राम ने यह आश्रम स्वामी विशुद्ध देव को सौंप दिया। आजकल इस आश्रम को "हंसदा योगाश्रम" के नाम से जाना जाता है।

इसके बाद स्वामी राम ने अपने गुरु के प्रोत्साहन से पश्चिमी दर्शनशास्त्र और मनोविज्ञान का अध्ययन किया और यूरोप के कई विश्वविद्यालयों में भारतीय दर्शन को पढ़ाने का कार्य भी किया। इसी दौरान इन्होंने लन्दन में एक चिकित्सा सलाहकार के रूप में भी अपनी सेवाएँ दी थीं। देश में रहकर लोगों की सेवा करने के उददेश्य से इन्होंने मास्को (रूस) में परामनोवैज्ञानिक अनुसंधान केन्द्र के साथ मिलकर अनेक शोध कार्य किए और वे रूस से भारत लौट आए। यहाँ आकर ऋषिकेश में 'साधना मंदिर ट्रस्ट' की स्थापना की।

सन् १९६६ में स्वामी राम ने "हिमालयन इंस्टिट्यूट ऑफ़ योग साइंस एण्ड फ़िलॉसफ़ी" संस्था की स्थापना कानपुर में की। साथ ही इस संस्था की अमेरिका एवं यूरोप के कई देशों में शाखाएँ भी खोली गईं। अपने गुरु के निर्देशानुसार स्वामी राम ने सन् १९६९ में विज्ञान एवं अध्यात्म के बीच समन्यवय स्थापित करने के लिए संयुक्त राज्य अमेरिका की यात्रा की। विदेश में सबसे पहले १९७० में अमेरिका के नगर ग्लेनव्यू एवं इलिनोइस में "हिमालयन इंस्टिट्यूट ऑफ़ योग साइंस एंड फ़िलॉसफ़ी " की स्थापना की थी। आजकल इसका मुख्यालय हेनशेल, पेंसिल्वेनिया, अमेरिका में है। यहाँ स्वामी राम को योगी, दार्शनिक, लेखक, कवि एवं मानवतावादी और परोपकारी व्यक्तित्व के रूप में नई पहचान मिली। यहाँ स्वामी राम ने लगभग २३ वर्ष तक कार्य किया। इसके बाद पुनः भारत लौट आए और सन् १९८९ में जौली ग्रांट (देहरादून) में हिमालयन इंस्टीट्यूट हॉस्पिटल ट्रस्ट की स्थापना की। वर्तमान में इस

विश्वविद्यालय में अनेक पाठ्यक्रम जैसे MBBS, MD, BSC Nurslng, MSC Nurslng, BCA, BBA, BCOM, MBA, MCA, MSC (ln Biochemistry, Biotechnology, Microbiology) BSC in Yoga Sclences and Holistic Health आदि संचालित हो रहे हैं।
स्वामी राम ने ग़रीबों की सहायता के लिए निःशुल्क शिक्षा एवं स्वास्थ्य सेवाओं के लिए उत्तर भारत के हिमालय क्षेत्र में विशेष योगदान दिया था। स्वामी राम देहरादून के पास पहाड़ों में लाखों ग़रीबों की सेवा के लिए निःशुल्क चिकित्सा सुविधाएँ उपलब्ध करवाते रहते थे। स्वामी राम के समर्पित शिष्य उत्तराखंड के पहाड़ी क्षेत्रों में आज भी स्वास्थ्य, चिकित्सा, शिक्षा, पानी, स्वच्छता आदि सेवा कार्यों को निस्वार्थ भाव से पूरा कर रहे हैं।

4.5.5 स्वामी राम कृत प्रमुख पुस्तकें

स्वामी राम ने अध्यात्म व योग पर अनेक प्रामाणिक पुस्तकों का लेखन किया है जिनमें से प्रमुख पुस्तकें निम्न हैं:-

- Meditation and its Practice
- The Art of Joyful Living
- Perennial Psychology of the Bhagavad Gita
- Wlsdoms of the Anclent Sages: Mundaka upnishad
- Happyness is your creation
- Royal Path: Lesson on Yoga
- Love and Famlly Life
- Consclous Llvlng: A Guidebook for Spiritual Transformation
- Fearless Living: Yoga and Faith
- Lecture on Yoga: Practlcal Lessons on Yoga
- Llvlng wlth the Hlmalayan Masters

4.5.6 ध्येय वाक्य और विशेष ध्येय वाक्य

"Be happy and fearless" **(प्रसन्न और निडर रहें)**
"Remember that you are a child of divinity"
(याद रखें कि आप दिव्यता की संतान हैं)
"Loss and gain cannot even touch your shadow."
(हानि और लाभ आपकी छाया को भी नहीं छू सकते)

विशेष:-

स्वामी राम ने शरीर का तापमान, मस्तिष्क तरंगों एवं हृदय गति रोकने और नियंत्रित करने जैसी कई शारीरिक क्रियाकलापों का प्रदर्शन कई बार वैज्ञानिकों के सामने किया था।

4.5.7 स्वामी राम की मृत्यु

वास्तव में स्वामी राम एक अच्छे डॉक्टर, वैज्ञानिक एवं मानव कल्याणकारी सोच के योगी थे। स्वामी राम ने १९९४ मे मल्टी स्पेशलिटी अस्पताल (Multl speclallty Hosp|tal) और १९९५ में एक मेडिकल कॉलेज (Med|cal College) की भी स्थापना की थी। स्वामी राम ने अपनी मृत्यु से पहले सभी योजनाओं को प्यार करो, सेवा करो, याद रखो (Love, Serve & Remember) के उद्देश्य (Moto) के साथ करने के लिए ट्रस्ट के सभी सदस्यों को संदेश दिया था। १३ नवंबर १९९६ को स्वामी राम ने इस भौतिक शरीर को त्याग दिया और सदा के लिए पंचतत्व में विलीन हो गए।

4.5.8 सारांश

स्वामी राम ने अध्यात्म एवं योग का प्रचार-प्रसार भारत ही नहीं विदेशों में भी किया था। वे एक अच्छे चिकित्सक, वैज्ञानिक एवं मानव कल्याणकारी सोच के योगी थे। स्वामी राम ने ग़रीबों की मदद के लिए निःशुल्क शिक्षा एवं स्वास्थ्य सेवाओं के लिए उत्तर भारत के हिमालय क्षेत्र में विशेष योगदान दिया था। " प्रसन्न और निडर रहें"– यह उनका ध्येय वाक्य था।

ॐ

4.6 महर्षि महेश योगी

महर्षि महेश योगी

4.6.1 जीवन परिचय

महर्षि महेश योगी का जन्म १२ जनवरी १९१८ को छत्तीसगढ़ के राजिम शहर के पास पांडुका गाँव में हुआ था। इनके पिता का नाम रामप्रसाद श्रीवास्तव था। महर्षि महेश योगी का वास्तविक नाम महेश प्रसाद था। महेश योगी ने मैट्रिक तक की पढ़ाई हितकारिणी स्कूल, जबलपुर से की थी। सन् १९४२में महर्षि महेश ने इलाहाबाद विश्वविद्यालय से भौतिकशास्त्र में स्नातक की डिग्री प्राप्त की। स्नातक की डिग्री प्राप्त करने के बाद महर्षि महेश गन कैरिज फैक्ट्री, जबलपुर में उच्च श्रेणी लिपिक के पद पर नियुक्त हो गये। महेश नौकरी के साथ भारतीय वैदिक साहित्य का भी निरन्तर अध्ययन करते रहे। लेकिन आधुनिक शिक्षा एवं नौकरी में इन्हें आत्म संतुष्टि नहीं मिल रही थी। इनके मन में बचपन से ही कुछ अलग करने की इच्छा थी। इनके जीवन में एक ऐसी घटना घटी जिसके बाद महर्षि महेश का झुकाव आध्यामिकता की ओर हो गया था।

4.6.2 प्रसिद्ध घटना एवं वैराग्य

एक दिन महर्षि महेश साइकिल से अपने बड़े भाई के घर की ओर जा रहे थे तभी मार्ग में उन्हें सुमधुर प्रवचन सुनाई पड़े। सम्मोहक शब्दों को सुनते ही महेश साईकिल को वहीं छोड़कर प्रवचन स्थल पर पहुँच गए। इन्होंने देखा कि स्वामी ब्रह्मानंद सरस्वती अपनी मधुर वाणी से प्रवचन सुना रहे हैं। उसी क्षण महेश अपनी सुध-बुध खो बैठे और मन ही मन स्वामी ब्रह्मानंद सरस्वती को अपना गुरु मान लिया। यहीं से इनको वैराग्य हो गया और उसके बाद कभी घर नहीं गए।

इन्होंने अपने गुरु स्वामी ब्रह्मानंद सरस्वती के सानिध्य में रहकर योग, ध्यान, मौन एवं अध्यात्म की साधना का कई वर्षों तक अभ्यास किया। इसके बाद इन्हें कई तरह के अनुभव हुए। इस दौरान इन्हें भावातीत ध्यान की भी अनुभूति हुई। भावातीत ध्यान को स्वयं अच्छे से अनुभव करने के बाद भावातीत ध्यान (Transcendental Medltatlon) की अलख जगाने के लिए महर्षि महेश विश्व भ्रमण पर निकल पड़े। इन्होंने सौ से भी अधिक देशों में भावातीत ध्यान के माध्यम से दुनिया को भारतीय संस्कृति एवं वैदिक ज्ञान की सहज अनुभूति करवाई।

4.6.3 गुरु की मृत्यु एवं गंगा में छलाँग

बताते हैं कि सन् १९५३ में ब्रह्मलीन हुए स्वामी ब्रह्मानंद सरस्वती को उनके भक्तगण वाराणसी के दशमेध घाट पर जल समाधि देने लगे तो शोकाकुल गुरुभक्त महेश योगी ने भी उसी क्षण गँगा में छलाँग लगा दी। गोताखोरों ने पर्याप्त परिश्रम के पश्चात् इनको अचेत अवस्था में गँगा नदी से बाहर निकाला। इस घटना के बाद महेश योगी ने हिमालय क्षेत्र में सन् १९५३ से १९५५ तक दो वर्ष की कठिन साधना के बाद अपने अनुभवों के माध्यम से पूरे भारत वर्ष में घूम-घूमकर ध्यान, योग एवं अध्यात्म की अलख जगाई।

4.6.4 महेश योगी का भारत भ्रमण

महेश योगी को मौन धारण करने के बाद जो अनुभूतियाँ हुई उनका लाभ वे सभी देशवासियों को देना चाहते थे। इसी उद्धेश्य से उन्होंने उत्तरकाशी (हिमालय) की कन्दराओं-गुफाओं को छोड़कर सार्वजनिक रूप से परम्परागत ध्यान-तकनीक को सिखाना शुरू किया। इस ध्यान की विधि को महेश योगी ने अपने गुरु से सीखी थी। इस ध्यान विद्या को भावातीत ध्यान (Transcendental Deep Medltatlon) कहा जाता था। लेकिन बाद में इस विद्या को परिशुद्ध करके महेश योगी ने इसे "भावातीत ध्यान" का नाम दिया।

भारतीयों को ध्यान की यह विद्या अच्छे से समझ में आने लगी थी। महेश योगी ने लगातार दो वर्षों तक (१९५५ से १९५७) इस आध्यात्मिक उत्थान आन्दोलन से लोगों को ख़ूब प्रेरित किया जिससे लोगों ने उन्हें महर्षि नाम से पुकारना आरंभ कर दिया। इनके अनुयायियों ने महर्षि अर्थात् महान ऋषि की उपाधि से इनको विशेष सम्मान दिया था।

4.6.5 महर्षि महेश योगी की विश्व यात्रा

सन् १९५८ में महर्षि महेश ने मद्रास (वर्तमान चेन्नई) में अपने गुरुदेव की स्मृति-समारोह में संबोधन में कहा था कि मेरे पास ऐसी विद्या है जो हर आदमी के लिए उपयोगी है। मैं इसे पूरी दुनिया को सिखाना चाहता हूँ। उनकी पुस्तक "Thirty Years Around the World" जो सन् १९८६ में प्रकाशित हुई थी, उसमें उनकी यात्राओं का विस्तृत वर्णन मिलता है। महर्षि महेश ने सबसे पहले सन् १९५८ में रंगून (बर्मा) का दौरा किया था। इसके बाद थाईलैंड, सिंगापुर, हाँगकांग आदि एशियाई देशों में भावातीत ध्यान (Transcendental Meditation) को सिखाना प्रारम्भ किया। सन् १९५९ में अमेरिका की यात्रा की। महर्षि महेश ने अपनी ध्यानात्मक आध्यात्मिक शिक्षाओं के प्रचार के लिए "अंतरराष्ट्रीय ध्यान सोसायटी" का भी गठन किया था। सन् १९६०-६१ में महर्षि महेश ने फ़्रांस , स्विटजरलैंड, इंग्लैंड, स्कॉटलैंड, जर्मनी, नीदरलैंड, इटली, ऑस्ट्रेलिया, न्यूज़ीलैंड , अफ़्रीका , स्वीडन, ग्रीस, केन्या व कनाडा आदि देशों में आध्यात्मिक व्याख्यान दिए। अपनी विदेश यात्राओं के दौरान भी वे लेखन कार्य करते रहे। सन् १९६६में महर्षि ने "StudentsInternational Meditation Society" (SIMS) की स्थापना की। इसके बाद सन् १९७० तक एक हज़ार से भी अधिक महाविद्यालयों, संस्थानों, विश्वविद्यालयों में भी SIMS के केन्द्र स्थापित किए। इनमें हॉर्वर्ड, येल, यू.सी.एल.ए. आदि विश्वविद्यालय भी सम्मिलित थे। महर्षि महेश योगी के द्वारा चलाए गए आन्दोलन ने उस समय ज़ोर पकड़ा जब रॉक ग्रुप बीटल्स ने सन् १९६८ में इनके आश्रम का दौरा किया। इसके बाद महर्षि जी का ट्रांसेंडेंटल मेडिटेशन अर्थात् भावातीत ध्यान पूरी दुनिया में लोकप्रिय हुआ। महेश योगी जी के प्रमुख शिष्यों में पूर्व प्रधानमंत्री श्रीमती इंदिरा गाँधी से लेकर आध्यात्मिक गुरु दीपक चोपड़ा तक सम्मिलित रहे हैं। हॉलीवुड के प्रसिद्ध हास्य कलाकार एंडी कॉफमन और जादूगर डॉग हेनिंग भी इनके प्रमुख शिष्य रहे हैं।

महर्षि महेश योगी ने वेदों में निहित ज्ञान पर अनेक पुस्तकों की रचना की। इन्होंने अपनी शिक्षाओं एवं उपदेशों के प्रचार के लिए आधुनिक तकनीकों का भी आश्रय लिया। इसी उद्देश्य के लिए इन्होंने "Transcendental Meditation Moment Global Country Of World Peace" की भी स्थापना की थी। इन सभी कार्यों के साथ-साथ महर्षि महेश साप्ताहिक विडियो पत्रकार वार्ताएँ भी आयोजित करते थे।

4.6.6 महर्षि महेश का जीवन दर्शन

महर्षि महेश योगी के दर्शन का मूल आधार परमानंद था। इनका मानना था कि जीवन परमानंद से भरपूर है और मनुष्य का जन्म इसका आनंद उठाने के लिए ही हुआ है।

प्रत्येक व्यक्ति में ऊर्जा, ज्ञान और सामर्थ्य का अपार भंडार है। इसके सदुपयोग से वह जीवन को सुखद बना सकता है। इसी उद्देश्य को पूरा करने के लिए वर्ष १९९० में नीदरलैंड (हॉलैंड) के ब्लोड्राप शहर में महर्षि महेश ने अपनी संस्था का मुख्यालय बनाकर सारे संसार में संगठन से जुड़ी गतिविधियों का संचालन किया। महर्षि महेश ने सन् १९९८ में महर्षि मुक्त विश्वविद्यालय की भी स्थापना की जिसके माध्यम से दूरस्थ शिक्षा की सुविधा दी जाती थी।

4.6.7 राम मुद्रा

महर्षि महेश योगी के द्वारा सन् २००२ में चलाई गई मुद्रा (Currency) 'राम' को यूरोपीय देश नीदरलैंड्स में क़ानूनी मान्यता प्राप्त है। आज भी नीदरलैंड्स के कुछ गाँवों व नगरों में दस यूरो प्रति 'राम' पर यह मुद्रा चलती है। राम मुद्रा में एक राम, पाँच राम और दस राम के नोट होते थे। अमेरिका के भी तीस से अधिक शहरों में उस समय 'राम' मुद्रा का चलन था।

4.6.8 महर्षि महेश योगी द्वारा रचित प्रमुख ग्रंथ

महर्षि महेश योगी द्वारा रचित प्रमुख ग्रंथ की सूची निम्नानुसार है:-

- The Science of being and Art of Living it
- Love and God
- Meditation
- Yoga Asanas, Spiritual Regeneration Movement
- Maharishi Mahesh Yogi on the Bhagavad-Gita
- Transcendental Meditation
- Robes of Silk, Feet of Clay

4.6.9 महर्षि महेश का निर्वाण

सन् २००५ के बाद महर्षि महेश सभी प्रकार की गतिविधियों से दूर रहकर अपने आश्रम में ध्यान साधना में लीन रहने लगे थे। जनवरी २००८ में उन्होंने घोषणा कर दी थी कि अब मेरा अन्तिम समय आ गया है, गुरु के प्रति मेरा जो कर्तव्य था वह पूरा हो चुका है। इसके बाद नीदरलैंड के स्थानीय समय के अनुसार एम्स्टर्डम के पास छोटे से शहर प्लोड्राप में स्थित अपने आवास पर ५ फरवरी, २००८ को महर्षि महेश ने अन्तिम सांस ली।

4.6.10 विशेष

"मैं लोगों को भावातीत ध्यान सिखाता हूँ , जो लोगों को अपने जीवन के भीतर झाँकने का अवसर प्रदान करता है। इससे लोग शान्तिशान्ति और प्रसन्नता के हर क्षण का आनंद लेने लगते है, चूँकि पहले सभी संतों का यही संदेश रहा है इसलिए लोग मुझे भी संत कहते हैं"

4.6.11 सारांश

महर्षि महेश योगी अद्वैत वेदांत के समर्थक थे। २०वीं सदी में उन्होंने पूरे विश्व में ध्यान और योग की अलख जगाने का महत्वपूर्ण कार्य किया था। उनके दर्शन का मूल आधार परमानंद था। महर्षि योगी ने एक राम नाम की मुद्रा की स्थापना भी की थी। गुरुजी का भावातीत ध्यान पूरी पश्चिमी दुनिया में लोकप्रिय हुआ।

ॐ

4.7 श्रीराम शर्मा आचार्य का योगदान

पंडित श्रीराम शर्मा आचार्य

4.7.1 जीवन परिचय

आधुनिक युग के युगद्रष्टा मनीषी पंडित श्रीराम शर्मा आचार्य का जन्म २० सितंबर १९११ को उत्तर प्रदेश में आगरा जनपद के आँवलखेड़ा ग्राम में (जो जलेसर मार्ग पर आगरा से २५ किलोमीटर की दूरी पर स्थित है) एक ज़मींदार ब्राह्मण परिवार में हुआ था। इनके पिता पंडित रूपकिशोर जी शर्मा राजघरानों के राजपुरोहित एवं भागवत कथाकार थे। इनकी माता दान कुँवारी बाई अत्यंत धार्मिक विचारों की महिला थीं।

4.7.2 शिक्षा दीक्षा

पंडित श्रीराम शर्मा का साधना के प्रति बचपन से ही झुकाव था। जब श्रीराम शर्मा स्कूल में पढ़ते थे तब अपने सहपाठियों को बैठाकर अध्यात्म व ज्ञान की बातें बताया करते थे। १० वर्ष की अल्पायु में इनके मन में छटपटाहट हुई कि साधना से सिद्धि मिल सकती है या नहीं? इसी खोज में हिमालय की यात्रा प्रारंभ की लेकिन सगे-संबंधियों ने इन्हें रास्ते में ही पकड़ लिया। जब इनसे पूछा कि तुम कहाँ जा रहे हो तो इन्होंने बताया कि हिमालय ही मेरा वास्तविक घर है और मैं वहीं पर जा रहा हूँ।

श्रीराम के पिता रूप किशोर शर्मा के आग्रह पर मदन मोहन मालवीय ने इनका यज्ञोपवीत संस्कार करवाया और गायत्री मन्त्र की दीक्षा भी दी। मन्त्र दीक्षा के समय मदनमोहन मालवीय ने श्री राम शर्मा को कहा था- "गायत्री ब्रह्मा की कामधेनु है और इसका फल तभी मिलेगा, जब आप श्रद्धा, समर्पण, विवेक, निष्ठा से गायत्री मन्त्र का उच्चारण करोगे।"

मालवीय जी ने श्रीराम को मन्त्र दीक्षा के समय ही गायत्री जप के विधि-विधान अच्छी

तरह से समझा दिए थे। गायत्री मन्त्र की दीक्षा लेने के बाद श्रीराम शर्मा पूरे विधि-विधान से कई-कई घंटों तक गायत्री मन्त्र का जप करते रहते थे।

किशोरावस्था से ही इन्होंने समाज सुधार की रचनात्मक प्रवृत्तियाँ चलाना आरम्भ कर दी थीं। वे जन्म से ही प्रतिभाशाली थे। वे औपचारिक पाठयक्रम तक सीमित नहीं रहना चाहते थे। उन्हें पता था कि मानव मन की असीम संभावनाएँ एवं असीमित शक्तियाँ है। श्रीराम शर्मा बाज़ारों की गलियों में जाकर स्वस्थ, शिक्षित एवं स्वावलंबी भारत कैसे बने, पशुओं की रक्षा कैसे करें आदि विषयों पर हाथ से लिखे हुए पोस्टर बाँटते थे।

4.7.3 आध्यात्मिक साधना एवं अनुभूतियाँ

पंद्रह वर्ष की आयु में बसंत पंचमी के दिन १८जनवरी १९२६ को जब श्रीराम शर्मा संध्या उपासना में उपांसु जप का अभ्यास कर रहे थे, तभी इनका चित्त संकल्प-विकल्प से मुक्त हो गया जिससे ये योग की मनोमय अवस्था में पहुँच गए। सिद्ध योगियों के अनुसार यह गहरे ध्यान और समाधि के समीप पहुँचने की अवस्था है। साधना के दौरान श्रीराम शर्मा को कुछ अनुभूतियाँ भी हुई थीं जिनका ज़िक्र इन्होंने प्रवचनों में कई बार किया था।

आत्म-साक्षात्कार के समय बालक श्रीराम शर्मा को विगत कई जन्मों में संपन्न क्रिया-कलापों का दिग्दर्शन भी हुआ साथ ही उन्हें हिमालय में जाकर कठोर तप करने का संदेश भी प्राप्त हुआ।

प्रथम आत्म-साक्षात्कार के समय इन्हें तीन महत्वपूर्ण उपदेश प्राप्त हुए:-

- गायत्री महाशक्ति के चौबीस-चौबीस लाख की चौबीस महापुरश्चरण आहार के कठोर तप के साथ पूरा करना।
- अखंड घृत दीप की स्थापना एवं जन-जन तक इसके प्रकाश को फैलाने के लिए अपना समय लगाकर ज्ञान-यज्ञ अभियान चलाना।
- चौबीस महापुरश्चरणों के दौरान युगधर्म का निर्वाह करते हुए राष्ट्र के निमित्त स्वयं को समर्पित करना एवम् हिमालय यात्रा करना और भविष्य के लिए दिव्य आत्माओं से मार्गदर्शन भी प्राप्त करते रहना।
- लक्ष्य को प्राप्त करने की पूर्व की तैयारी अथवा स्थिति को पुरश्चरण कहा जाता है तथा गुरु से मन्त्र प्राप्त करने के बाद, सिद्धि प्राप्त करने के लिए साधना मार्ग पर निरंतर बढ़ने को महापुरश्चरण कहते हैं।
- पंडित श्रीराम शर्मा ने उपर्युक्त तीनों दायित्वों को साधना एवं अध्यात्म के द्वारा केवल पूरा ही नहीं किया बल्कि इससे भी आगे बढ़कर मानव उत्थान के लिए अनेक कार्य किए।

4.7.4 भारतीय स्वतंत्रता आन्दोलन में अमूल्य योगदान

भारत के पराधीन होने का दर्द श्रीराम शर्मा को पहले से ही सता रहा था लेकिन उन्हें कोई मार्ग नज़र नहीं आ रहा था। गुरुसत्ता ने इनका मार्गदर्शन किया और एक सच्चे स्वतंत्रता सेनानी के नाते संघर्ष करने का आदेश दिया। सन् १९२७ से १९३३ तक का इनका जीवन एक सक्रिय स्वतंत्रता सेनानी के रूप में रहा। घर के सदस्यों के विरोध के बाद भी श्रीराम शर्मा कई किलोमीटर पैदल चलकर आगरा के उस शिविर में पहुँचे जहाँ देश की आज़ादी के लिए युवाओं को प्रशिक्षण दिया जा रहा था।

इस तरह से पंडित श्रीराम शर्मा भारतीय स्वतंत्रता आंदोलन में कूद पड़े थे जिसके कारण इन्हें छह-छह महीने के लिए कई बार जेल भी जाना पड़ा। आसनसोल जेल (पश्चिम बंगाल) में इन्हें जवाहरलाल नेहरू की माता श्रीमती स्वरूपरानी नेहरू, रफ़ी अहमद क़िदवई , मदनमोहन मालवीय, देवदास गाँधी जैसी प्रसिद्ध विभूतियों के साथ रहने का अवसर भी मिला। स्वतंत्रता संग्राम के दौरान पंडित श्रीराम शर्मा ने एक सधे हुए क्रांतिकारी की तरह कार्य किया। इन्हें अंग्रेज़ी दासता स्वीकार नहीं थी। इसलिए ये कभी भी दमनकारी शासकों एवं उनकी नीतियों के प्रति नहीं झुके।

एक बार नमक आंदोलन के दौरान की घटना है, फ़िरंगी इन्हें पीट रहे थे और झंडा छीनने का प्रयास कर रहे थे। इन्होंने झंडा मुँह से कसकर पकड़ लिया था। ज़मीन पर घसीटा गया, बेहोश हो गए लेकिन झंडा मुँह से नहीं छोड़ा। साथियों के द्वारा इन्हें अस्पताल ले जाया गया। चिकित्सकों द्वारा झंडे का टुकड़ा दाँतों के बीच से निकाला गया। इस जज़्बे को देखते हुए सभी लोग इनकी देशभक्ति एवं सहनशीलता की प्रशंसा करने लगे। तब से इन्हें आज़ादी के मतवाले "उन्मत्त श्रीराम मत्त" नाम से नई पहचान मिली थी।

4.7.5 पत्रकारिता में प्रवेश

सन् १९३५ के बाद श्रीराम शर्मा के जीवन का नया अध्याय शुरू हुआ। गुरु की पावन प्रेरणा से इन्होंने महर्षि अरविंद से मिलने के लिए पांडिचेरी, गुरुदेव रवींद्रनाथ टैगोर से मिलने के लिए शान्ति निकेतन (पश्चिम बंगाल) तथा महात्मा गाँधी से मिलने के लिए साबरमती आश्रम, अहमदाबाद की यात्राएँ कीं। सभी महापुरुषों से मिलकर श्रीराम शर्मा को नई ऊर्जा, जोश और प्रेरणा मिली। इसके बाद भारत को गुलामी की बेड़ियों से कैसे मुक्त करवाया जाए, इसी संकल्प को लेकर पत्रकारिता के क्षेत्र में कूद पड़े। बाबू गुलाबराय व श्रीकृष्णदत्त पालीवाल के अनुभव का लाभ लेते हुए श्रीराम शर्मा ने 'अखंड ज्योति' नामक पत्रिका का पहला अंक बसत पंचमी के दिन सन् १९३८ में प्रकाशित किया। तत्पश्चात श्रीराम शर्मा 'मत्तप्रलाप' पत्रिका में छपे अपने लेखों एवं गीतों के द्वारा युवाओं में क्रांति की ज्योति जगाने लगे। साथ ही विभिन्न पत्र-पत्रिकाओं में अपना क्रांतिकारी लेखन कार्य भी करते रहे।

4.7.6 अखिल विश्व गायत्री परिवार की स्थापना

मानव मात्र के कल्याण के लिए अखिल विश्व गायत्री परिवार की स्थापना स्वयं आचार्य श्रीराम शर्मा के द्वारा सन् १९५० के दशक में की गई थी। इस संस्था के द्वारा विचार क्रांति अभियान, प्रज्ञा अभियान चलाए गये जिसका उद्देश्य व्यक्ति में वैचारिक परिवर्तन लाकर समाज का उत्थान करना था। "हम बदलेंगे, युग बदलेगा", "मनुष्य भटका हुआ देवता है" आदि गायत्री परिवार के प्रमुख एवं प्रसिद्ध नारे हैं।

4.7.7 युग निर्माण योजना

सन् १९५८ में मथुरा में सहस्रकुंडीय गायत्री महायज्ञ के समय पंडित श्रीराम शर्मा ने 'युग निर्माण योजना' की नींव रखी। युग निर्माण योजना के अन्तर्गत व्यक्ति निर्माण, परिवार निर्माण, समाज निर्माण आदि अभियान आचार्य श्रीराम के द्वारा गायत्री तपोभूमि मथुरा से सन् १९६२ में आरंभ किए गए थे। नवनिर्माण का यह अभियान स्वस्थ शरीर, स्वस्थ मन एवं सभ्य समाज की रचना का उद्देश्य पूरा करने के लिए पिछले कई दशकों से पूरे विश्व में चलाया जा रहा है। इस आंदोलन के द्वारा आध्यात्मिक, नैतिक, बौद्धिक, सामाजिक, सांस्कृतिक एवं सतयुगी वातावरण निर्मित करने का प्रयास किया जा रहा है।

विभिन्न शिविरों के माध्यम से देश, धर्म, समाज, संस्कृति, राष्ट्र एवं विश्व के उत्थान एवं कल्याण के लिए सतत आंदोलन (साधना, स्वास्थ्य, शिक्षा, स्वावलंबन, नारी जागरण, पर्यावरण) का आयोजन किया जा रहा है।

4.7.8 शान्तिकुंज

शान्तिकुंज हरिद्वार में गंगा तट पर स्थित एक पवित्र स्थान है, जहाँ अखिल भारतीय गायत्री परिवार का मुख्यालय है। इस मुख्यालय की स्थापना आचार्य श्रीराम शर्मा के द्वारा सन् १९७१में की गई थी। यहाँ गायत्री माता का देवालय एवं सप्त ऋषियों की प्रतिमाओं के साथ भटके हुए देवता का मंदिर भी है। सन् १९६२ से प्रज्वलित दीप भी यहीं स्थापित है।

4.7.9 ब्रह्मवर्चस शोध संस्थान

ब्रह्मवर्चस शोध संस्थान हरिद्वार में ही गंगा के किनारे शान्तिकुंज के पास स्थित एक अनुसंधान संस्थान है। इसकी स्थापना आचार्य श्रीराम शर्मा ने सन् १९७९ में की थी। इस संस्थान में यज्ञ से उत्पन्न ऊर्जा और मन्त्र शक्ति से साधक की मस्तिष्कीय तरंगों एवं जैव विद्युत आदि का प्रायौगिक परीक्षण किया जाता है। यह संस्थान आधुनिक तथा प्राचीन विज्ञान का व्यावहारिक मिश्रण है।

4.7.10 देव संस्कृति विश्वविद्यालय

गायत्री परिवार के संस्थापक आचार्य श्रीराम शर्मा के दिव्य स्वप्न को साकार करने के उद्देश्य से ११ अप्रैल २००२ को देव संस्कृति विश्वविद्यालय की स्थापना की गई। इस विश्वविद्यालय में गणित, आयुर्वेद, योग, मन्त्र विज्ञान, मनोविज्ञान आदि विषयों में वैदिक देव प्रणाली द्वारा स्नातक, परास्नातक एवं पीएचडी पाठयक्रमों का शिक्षण करवाया जाता है।

4.7.11 चयनित रचनाएँ

पण्डित श्रीराम शर्मा ने लगभग ३२०० ग्रथों की रचना की जिसमें चारों वेदों का सरल भाष्य, उपनिषद् सहित अनेक सद्ग्रंथ सम्मिलित हैं।

पुस्तकें

- अध्यात्म एवं संस्कृति
- गायत्री और यज्ञ
- विचार क्रांति
- व्यक्ति निर्माण
- परिवार निर्माण
- समाज निर्माण
- युग निर्माण
- बाल निर्माण
- वेद पुराण एवं दर्शन
- स्वास्थ्य और आयुर्वेद

समग्र साहित्य

- भारतीय संस्कृति के आधारभूत तत्व
- गायत्री महाविद्या
- यज्ञ का ज्ञान-विज्ञान
- युग परिवर्तन कब और कैसे
- स्वयं में देवत्व का जागरण
- समग्र स्वास्थ्य
- ईश्वर कौन है? कहाँ है? कैसा है?
- जीवेम शरदः शतम्
- विवाहोन्मादः समस्या और समाधान

क्रांतिधर्मी साहित्य

- शिक्षा ही नहीं विद्या भी
- भाव संवेदनाओं की गंगोत्री
- आद्य शक्ति गायत्री की समर्थ साधना
- जीवन साधना के स्वर्णिम सूत्र
- महिला जागृति अभियान
- इक्कीसवीं सदी बनाम उज्ज्वल भविष्य- भाग १ व भाग २
- युग की माँग प्रतिभा परिष्कार- भाग १ व भाग २
- सतयुग की वापसी
- समस्याएँ आज की समाधान कल के
- मन: स्थिति बदले तो परिस्थिति बदले

4.7.12 प्रमुख ध्यान साधनाएँ

पण्डित श्रीराम शर्मा ने ध्यान की विभिन्न तकनीकों का अनुसन्धान किया। प्रमुख ध्यान साधनाएँ निम्नानुसार हैं :-

- सविता ध्यान साधना
- ज्योति अवतरण की ध्यान साधना
- दिव्य अनुदानों की ध्यान-धारणा
- प्राणाग्नि कुण्डलिनी ध्यान
- रसानुभूति अमृत वर्षा ध्यान

4.7.13 महानिर्वाण

युगऋषि पं. श्रीराम शर्मा ने सन् १९८४ में पंचकोशीय साधना में प्रवेश किया और सन् १९९० तक लगभग छः वर्ष इसी साधना में लीन रहे। इसके बाद वे स्वेच्छा से २ जून १९९० को गायत्री जयंती के दिन प्रातः ८ बजकर ५ मिनट पर गायत्री मन्त्र का उच्चारण करते हुए, ८० वर्ष की उम्र में स्थूल शरीर को छोड़कर सदा के लिए ब्रह्मतत्व में विलीन हो गए।

आचार्य श्रीराम के संकल्प को पूरा करने के लिए इनकी पत्नी श्रीमती भगवती देवी शर्मा ने आगे का कार्यभार संभाला। इसके बाद १९ सितंबर १९९४ को भाद्रपद पूर्णिमा के दिन श्रीमती भगवती देवी शर्मा भी ब्रहम तत्व में विलीन हो गई।

4.7.14 सारांश

श्रीराम शर्मा जन्म से ही प्रतिभाशाली थे। उनका साधना के प्रति बचपन से ही झुकाव था। किशोरावस्था में ही इन्होंने समाज सुधार की रचनात्मक गतिविधियाँ चलाना आरंभ कर दी थीं। पंद्रह वर्ष की आयु में इनका चित्त संकल्प विकल्प से मुक्त होकर योग की मनोमय अवस्था अर्थात् गहन ध्यान और समाधि के समीप पहुँच गया था। भारत को गुलामी की बेड़ियों से मुक्त कराने के लिए श्रीराम शर्मा पत्रकारिता के क्षेत्र में कूद पड़े थे। स्वतंत्रता संग्राम के दौरान पंडित श्रीराम शर्मा ने एक सधे हुए क्रांतिकारी की तरह कार्य किया। उन्होंने लगभग ३२०० ग्रथों की रचना की तथा ध्यान की विभिन्न तकनीकों का अनुसन्धान किया। मानव मात्र के कल्याण के लिए अखिल विश्व गायत्री परिवार की स्थापना स्वयं आचार्य श्रीराम शर्मा के द्वारा की गई थी। इस संस्था के द्वारा विचार क्रांति अभियान, प्रज्ञा अभियान चलाए गये जिसका उद्देश्य व्यक्ति में वैचारिक परिवर्तन लाकर समाज का उत्थान करना था। **"हम बदलेंगे, युग बदलेगा"**, गायत्री परिवार का प्रमुख एवं प्रसिद्ध नारा रहा है।

ॐ

5.0 योग के स्कूलों (धाराओं) का परिचय

5.1 प्रस्तावना

जिस तरह से विश्व भर के धर्मग्रंथों की विभिन्न व्याख्याओं के आधार पर भिन्न-भिन्न दर्शन प्रतिपादित किए गए हैं ठीक उसी तरह से विभिन्न ग्रंथों या गुरुओं द्वारा योग की विभिन्न शाखाएँ प्रतिपादित की गई हैं। योग का ध्येय एक हो सकता है लेकिन उसे प्राप्त करने के कई मार्ग बताए गए हैं, इसलिए भिन्न-भिन्न व्यक्तित्वों वाले लोग अपने-अपने आध्यात्मिक विकास के लिए योग के भिन्न-भिन्न मार्गों को अपने लिए उपयुक्त पाते हैं।

फिर भी जिस तरह से दो भिन्न-भिन्न मार्गों से होकर किसी पर्वत शिखर पर चढ़ा जा सकता है, उसी तरह से अध्यात्म के सभी मार्ग एक ही लक्ष्य की ओर ले जाने वाले हैं। जबकि बहुत से लोगों को लगता है कि जीवन में आगे बढ़ने के साथ-साथ उनकी आध्यात्मिक आवश्यकताओं की पूर्ति के लिए इनमें से एक से अधिक मार्ग आवश्यक होते हैं। योग के कई मार्ग हैं। इनमें से छह को प्राचीन भारतीय संस्कृति में महत्वपूर्ण माना गया है। ये ६ मार्ग इस प्रकार हैं:-

1. ज्ञान योग
2. भक्ति योग
3. कर्म योग
4. राज योग
5. हठ योग
6. मन्त्र योग

5.1 ज्ञान योग

5.1.1 ज्ञान योग क्या है

संस्कृत में ज्ञान का अर्थ होता है, 'बोध' इसलिए ज्ञान योग को बोध का योग अथवा मार्ग भी कहते हैं। यह शाश्वत को अशाश्वत या क्षणभंगुर से तथा वास्तविक को अवास्तविक या भ्रामक से अलग करके आत्मबोध का मार्ग प्रशस्त करता है। आमतौर पर ज्ञान योग अद्वैत वेदांत मार्ग है। सभी भारतीय दर्शनों में मन (चित्त) को आत्मबोध के मार्ग की बाधा माना गया है। अतः मस्तिष्क को उच्चतर स्तर पर ले जाना आवश्यक है और ऐसा मस्तिष्क के माध्यम से ही किया जाना चाहिए। इस मार्ग की प्रमुख तकनीकों में मनन और ध्यान सम्मिलित हैं।

ज्ञान योग को "दुरूह मार्ग" माना जाता है और यह इतना गहरा है कि सामान्यत: पर इस मार्ग पर लोग अन्त में जाते हैं। इस मार्ग पर चलने के लिए अत्यंत दृढ़ इच्छाशक्ति और बौद्धिक क्षमता की आवश्यकता होती है।

ज्ञानयोग से तात्पर्य है– 'विशुद्ध आत्मस्वरूप का ज्ञान' या 'आत्मचैतन्य की अनुभूति'। इसे उपनिषदों में ब्रह्मानुभूति भी कहा गया है। अद्वैत सिद्धान्त के अनुसार मोक्ष का साक्षात साधन ज्ञान ही है। इस विषय में बहुत सी श्रुतियाँ प्रमाण हैं और यह भी कहा गया है कि -

"ऋते ज्ञानन्न मुक्तिः" अर्थात् ज्ञान के बिना मुक्ति सम्भव नहीं है।

ज्ञानयोग के साहित्य में उपनिषद्,, गीता तथा आचार्य शंकर के अद्वैत पूरक ग्रंथ तथा उन पर भाष्य पूरक ग्रंथ है। इन्हीं से ज्ञान योग की परम्परा दृढ़ होती है। आधुनिक युग से विवेकानन्द आदि विचारकों के विचार भी इसमें समाहित होते हैं।

निष्काम कर्म और उपासना मल और विक्षेप की निवृत्ति करके ज्ञान द्वारा मुक्ति देते हैं। ज्ञान से ही आत्म साक्षात्कार होता है और फिर उसकी दृष्टि में संसार और संसार बन्धन का अत्यन्त अभाव होकर सर्वत्र एक अखण्ड सच्चिदानंद सत्ता ही रह जाती है।

5.1.2 ज्ञानयोग का स्वरूप

ज्ञानयोग दो शब्दों से मिलकर बना है-

'ज्ञान' तथा 'योग'। ज्ञान शब्द के कई अर्थ किये जाते हैं- लौकिक ज्ञान, वैदिक ज्ञान, साधारण ज्ञान, असाधारण ज्ञान, प्रत्यक्ष ज्ञान एवं परोक्ष ज्ञान। किन्तु ज्ञानयोग में उपरोक्त मन्तव्यों से हटकर अर्थ सन्निहित किया गया है। ज्ञान शब्द की उत्पत्ति "ज्ञ" धातु से हुई है जिससे तात्पर्य है जानना या बोध।

जैसे-जैसे व्यक्ति को ज्ञान होता जाता है, वैसे-वैसे उसे अपनी अज्ञानता का आभास

होता जाता है। अज्ञानता सब दुखों का मूल कारण है। ज्ञान से ही मुक्ति मिलती है। योग एवं अध्यात्म के क्षेत्र में ज्ञान का अर्थ नॉलेज (Knowledge) नहीं है, बल्कि ज्ञान का वास्तविक अर्थ बोध (Self Reallsatlon) अर्थात् आत्मानुभूति होता है। इसलिए ज्ञान योग को आत्मानुभूति योग या बोधयोग प्राप्ति का मार्ग भी कहा जाता है।

ज्ञानयोग में ज्ञान से आशय अधोलिखित किये जाते हैं:-

- आत्मस्वरूप की अनुभूति
- ब्रहम की अनुभूति
- सच्चिदानन्द की अनुभूति
- विशुद्ध चैतन्य की अवस्था

5.1.3 ज्ञानयोग के दार्शनिक आधार

ज्ञानयोग जिस दार्शनिक आधार को अपने में समाहित करता है, वह है ब्रहम। इस प्रकार मूल स्वरूप का बोध होना अर्थात् ब्रह्म की अनुभूति होना ही वास्तविक अनुभूति या वास्तविक ज्ञान है एवं इस अनुभूति को कराने वाला ज्ञानयोग है।

व्यक्ति परमात्मा को ज्ञान मार्ग से पाना चाहता है। वह इस संसार की छोटी-छोटी वस्तुओं से सन्तुष्ट होने वाला मनुष्य नहीं है। अनेक ग्रंथोंके अवलोकन से भी उसे सन्तुष्टि नहीं मिलती। उसकी आत्मा सत्य को उसके प्राकृत रूप में देखना चाहती है और उसका अनुभव करके उस सर्वव्यापी परमात्मा के साथ एक होकर उसी में समा जाना चाहती है। ऐसे दार्शनिक के लिए तो ईश्वर उसका जीवन है तथा ईश्वर स्वयं उसी की आत्मा है।

ज्ञान योग में उस आत्मा को जानना ही ब्रह्म को जानना है। उस आत्म तत्व को जानने के लिए पहले इन्द्रियों का संयम करके, कामरूपी शत्रु को मारकर, मन और बुद्धि से भी जो परे है, उस आत्म तत्व को पहचाना जाता है।

5.1.4 विभिन्न ग्रंथों में ज्ञानयोग

- **भगवत गीता के अनुसार**

ज्ञानयोग की प्रशंसा करते हुए गीता में भगवान श्रीकृष्ण कहते हैं-

न हि ज्ञानेन सदृशं पवित्रमिह विद्यते ॥

(भ.गीता ४.३८)

अर्थात् इस लोक में ज्ञान के समान पवित्र करने वाला कुछ भी नहीं है क्योंकि ज्ञान रूपी अग्नि में सारे शुभ, अशुभ बन्धन वाले कर्म भस्म हो जाते हैं। ज्ञान योग का प्रारम्भ आत्मजिज्ञासा से ही होती है।

- **अष्टावक्र गीता के अनुसार**

ऋषि अष्टावक्र ने राजा जनक से ज्ञान प्राप्ति के फल के विषय में कहा है-

तेन ज्ञानफलं प्राप्तम योगाभ्यासफलं तथा।
तृप्तः स्वच्छेन्द्रियो नित्यमेकाकी रमते तुयः।।

(अष्टावक्र गीता १७.१)

अर्थात् जो साधक सदा संतुष्ट या तृप्त है, शुद्ध इन्द्रियों वाला है और नित्य एकान्त में रमण करता है वही ज्ञान और योगाभ्यास (दोनों) का फल प्राप्त करने का अधिकारी है।

- **सांख्य दर्शन के अनुसार**

सांख्य दर्शन में महर्षि कपिल ने पुरुष (चेतना का सिद्धान्त), प्रकृति (जड़ का सिद्धान्त) सहित कुल २५तत्वों के ज्ञान के आधार पर ही मुक्ति की बात कही है।

ज्ञानान्मुक्तिः।।

(सांख्य दर्शन ३.२३)

अर्थात् सूक्ष्म शरीर में जो मन आदि हैं उनसे ज्ञान प्राप्त होता है और ज्ञान से ही मुक्ति मिलती है।

- **आदि शंकराचार्य के अनुसार**

वेद सभी धर्मों का मूल है। वेद भारतीय धर्म, संस्कृति तथा दर्शन आदि शास्त्रों का प्राणरूप है। वेदों में तीन काण्ड हैं– कर्मकाण्ड, उपासना काण्ड और ज्ञान काण्ड। ज्ञान काण्ड को वेदान्त भी कहते हैं। वास्तव में वेदान्त की साधना को ज्ञानयोग के नाम से जाना जाता है। वेदान्त में बताया गया है कि जब जीव को ब्रह्म का ज्ञान हो जाता है, तो उसे स्वतः ही मोक्ष प्राप्त हो जाता है। ब्रह्मभाव की स्थिति को प्राप्त करना ही ज्ञानयोग का लक्ष्य है। शांकरभाष्य में भी कहा गया है

केवलात् तत्त्वज्ञानादपि मोक्ष प्राप्ति।।

अर्थात् तत्वज्ञान से ही मोक्ष की प्राप्ति हो सकती है।

- **श्रुतियों के अनुसार**

"ऋते ज्ञानन्न मुक्तिः"

अर्थात् ज्ञान के बिना मुक्ति संभव नहीं है।

5.1.5 ज्ञान योग के चरण

ज्ञान योग साधना के चरणों को दो भागों में विभक्त किया गया है- बहिरंग साधन और

अंतरंग साधन।

बहिरंग साधन	अंतरंग साधन
1. विवेक	1. श्रवण
2. वैराग्य	2. मनन
3. षट् सम्पत्ति	3. निदिध्यासन
4. मुमुक्षुत्व	

5.1.6 बहिरंग साधन

वेदान्त अर्थात् ज्ञान योग का सफलतापूर्वक अध्ययन करने के लिए जो गुण और पात्रता आवश्यक है उन्हें "साधन चतुष्टय" कहते हैं। इसका उल्लेख आदिगुरु शंकराचार्य ने तत्व बोध में किया है। इनमें चार प्रकार की साधनाएँ अथवा साधन हैं, जो निम्नानुसार हैं :-

नित्यानित्यवस्तु विवेकः
इहामुत्रार्थफलभोग विरागः
शमादिषट्संपत्ति मुमुक्षुत्वं चेति॥

(तत्व बोध १.३)

साधन चतुष्टय के अन्तर्गत विवेक, वैराग्य, षट्सम्पत्ति और मुमुक्षत्व आते हैं। ये गुण सभी मनुष्यों में थोड़ी मात्रा में होते हैं। किन्तु एक विशेष स्तर तक विकसित होने पर ये गुण मनुष्य को अध्यात्मविद्या का अधिकारी बना देते हैं। भला-बुरा, लाभ-हानि, शुभ-अशुभ का भेद विवेक है। घर की एक अशिक्षित बालिका को भी कुछ विवेक होता है। वह घर का कूड़ा झाड़ कर बाहर फेंक देती है, क्योंकि वह अनुपयोगी है। वह उपयोगी वस्तुएँ घर में संभालकर रखती है। जब यह विवेक शक्ति बढ़कर नित्य और अनित्य का भेद करने लगे तो वह अध्यात्म विद्या में सहायक होती है।

वैराग्य भी हम सब में होता है। तभी हम अनुपयोगी वस्तुओं का संग्रह नहीं करते। किन्तु जब सभी कर्मफलभोग में दोष दिखाई देने लगे और हृदय से उनका त्याग कर दें, ऐसा वैराग्य मुमुक्षु के लिए उपयोगी है। षट् सम्पत्तियाँ शम, दम, उपरति, तितिक्षा, श्रद्धा और समाधान हैं। मोक्ष प्राप्त करने की प्रबल इच्छा मुमुक्षत्व है। अब इन चारों गुणों को अधिक स्पष्ट करते हैं।

1. विवेक (Discrimination)

विवेक से अभिप्राय है वास्तविक और अवास्तविक तथा शाश्वत और क्षणिक के बीच

का अन्तर। आदिगुरु शंकराचार्य ने तत्व बोध में विवेक का स्वरूप बताते हुए कहा है:-

नित्यवस्तु एकं ब्रह्म
तद् व्यतिरिक्तं सर्वम् अनित्यम्
अयमेव नित्यानित्यवस्तुविवेकः।।

(तत्व बोध १.३)

अर्थात् नित्य वस्तु ही एकमात्र ब्रह्म है। इसके अलावा समस्त जगत अनित्य अर्थात् मिथ्या है। यही नित्य और अनित्य वस्तु ही विवेक है। साधारण शब्दों में कहें तो ब्रह्म ही सत्य है अर्थात् ब्रह्म के प्रति श्रद्धा, समर्पण और अटल विश्वास ही सत्य है जबकि विभिन्न नाम और स्वरूपों वाला जगत असत्य अर्थात् माया है।

2. वैराग्य (Detachment)

वैराग्य शब्द वि+राग से मिलकर बना है जिसका अर्थ होता है- राग से अलग होना। सामान्यतः वैराग्य का अर्थ है आसक्ति का अभाव। वैराग्य के विषय में महर्षि पतंजलि ने कहा है:

दृष्टानुश्रविकविषयवितृष्णस्य वशीकारसंज्ञा वैराग्यम्।

(पा.यो. १.१५)

अर्थात् जिस रूप में जो वस्तुएँ देखी जाती हैं (सांसारिक वस्तुएँ) और सुनी जाती हैं (अन्य सांसारिक वस्तुएँ) उनके प्रति अनासक्ति का भाव होना ही वैराग्य है। यह अनासक्ति अभ्यास से आती है न कि इच्छा करने से या अपने आप। विवेक से ही वैराग्य तक का सफ़र तय किया जा सकता है।

वैराग्य (विराग) के विषय में तत्व बोध ग्रंथ में भी कहा गया है:-

इहस्वर्ग भोगेषु इच्छाराहित्यम्।।

(तत्व बोध १.४)

अर्थात् इस लोक और स्वर्ग लोक के समस्त भोगों को भोगने की इच्छा न रह जाना ही वैराग्य (विराग) है। राग बाँधने वाला है और वैराग्य मुक्ति देने वाला है। विरक्त होने पर ही हम नित्य वस्तु ब्रह्म को प्राप्त करने के लिए आगे बढ़ सकते हैं।

3. षट् सम्पत्ति (Six Virtues)

यह साधन चतुष्टय के साधना का तीसरा साधन है। इसके अन्तर्गत छ: साधन आते हैं।

शमो दम उपरमस्तितिक्षा श्रद्धा समाधानं च इति।।

(तत्व बोध १.५)

शम, दम, उपरति, तितिक्षा, श्रद्धा और समाधान ही षट्-सम्पत्तियाँ हैं। शम आदि

छः गुण आध्यात्मिक साधक की वह सम्पत्ति है जिसके बल पर वह अनित्य जगत से विरक्त होकर नित्य तत्व की ओर अग्रसर होता है।
ये छ: साधन निम्नानुसार हैं :-

शम (Temperance of Mind)

'शम' का अर्थ है शमन करना अर्थात् शान्त करना अर्थात् मन का संयम करना ही शम है। मन का निग्रह कर लेने पर सभी इन्द्रियों का शमन स्वतः होने लग जाता है। तत्व बोध में कहा गया है:-

मनो निग्रहः।।

(तत्व बोध १.६)

अर्थात् मन के ऊपर नियन्त्रण प्राप्त करना ही शम है।
मन को नियंत्रण करने के विषय में गीता में भी कहा गया है:-

असंशयं महाबाहो मनो दुर्निग्रहं चलं।
अभ्यासेन तु कौन्तेय वैराग्येण च गृह्यते।।

(भ.गी. ६.३५)

अर्थात् हे महाबाहो अर्जुन! ये मन बड़ा चंचल है। परन्तु अभ्यास एवं वैराग्य के द्वारा इस चंचल मन को वश में किया जा सकता है, इसमें किंचित मात्र भी सन्देह नहीं है। वास्तव में मन के निग्रह को ही 'शम' कहते हैं।

दम (Temperance of Sense Organs)

'दम' का अर्थ है दमन करना या आत्म नियंत्रण करना।
तत्व बोध में कहा गया है:-

चक्षुरादि बाह्येन्द्रिय निग्रहः।।

(तत्व बोध १.७)

अर्थात् चक्षु आदि बाह्य इन्द्रियों का निग्रह करना ही दम है। ज्ञानेन्द्रियों और कर्मेन्द्रियों को अपने-अपने विषयों से अर्थात् बाह्य विषयों से हटा लेना या निग्रह कर लेना ही दम है।

उपरति (Renunciation)

आदि शंकारचार्य के तत्वबोध के अनुसार:-

स्वधर्मानुष्ठानमेव।।

(तत्व बोध १.८)

अर्थात् अपने धर्म अथवा स्वधर्म का अनुष्ठान ही उपरति है। अपने धर्म का दृढ़ता से अनुष्ठान करने पर मन अधर्म में, पाप या दुराचार में नहीं जाता। यह मन की उपरति है। मनुष्य का परम धर्म सत्य की खोज करना है। इस कार्य में दृढ़तापूर्वक लग जाने से मन अनित्य वस्तुओं में सुख खोजने नहीं जाता। यह भी उपरति है। दूसरे शब्दों में कहें तो कर्मफलों का परित्याग करते हुए अपने कर्मों को ईश्वर को समर्पित करना भी उपरति है।

तितिक्षा (Endurance / Forbearance)

तितिक्षा अर्थात् धैर्यपूर्वक दून्वदों को सहन करना। साधना की अवधि में आने वाले सभी प्रकार के कष्टों को प्रसन्नतापूर्वक एवं धैर्य के साथ सहन करते हुए लक्ष्य प्राप्ति के लिए निरन्तर प्रयासरत रहना ही तितिक्षा है।

तत्व बोध में कहा गया है:-

शीतोष्ण सुखदुःखादि सहिष्णुत्वम्॥

(तत्व बोध १.९)

अर्थात् गर्मी-सर्दी, सुख-दुःख आदि दून्वद सहन करने का स्वभाव तितिक्षा है।

श्रद्धा (Devoutness)

प्रमाणित ग्रंथों एवं गुरुओं के प्रति दृढ़ आस्था, अटूट निष्ठा और विश्वास ही सच्ची श्रद्धा है। तत्व बोध में कहा भी गया है:-

गुरुवेदान्त वाक्यादिषु विश्वासः श्रद्धा॥

(तत्व बोध १.१०)

अर्थात् गुरु और वेदान्त के वाक्यों में विश्वास रखना श्रद्धा है।

समाधान (Concentration of Mind)

तत्व बोध के अनुसार:-

चित्तैकाग्रता॥

(तत्व बोध १.११)

चित्त की एकाग्रता ही समाधान है। अपने लक्ष्य से ज़रा भी विचलित न होना, चाहे रास्ते में कितनी भी बाधाएँ क्यों न आएँ। संकल्प में कोई विकल्प नहीं होना चाहिए। दृढ़ संकल्पित एवं अटल होकर अपने चित्त को सर्वदा ब्रह्म में स्थिर एवं एकाग्र करने का नाम ही समाधान है।

4. मुमुक्षुत्व (The Desire for Liberation)

तत्वबोध के अनुसार:-

मोक्षो मे भूयाद् इति इच्छा।।

(तत्व बोध १.१२)

अर्थात् मुझे मोक्ष प्राप्त हो इस इच्छा का नाम मुमुक्षत्व है।
मुमुक्षुत्व अर्थात् अपने वास्तविक स्वरूप को पहचानकर मुक्ति की अभिलाषा करना। स्वयं को सभी बन्धनों से मुक्त करने की तीव्र अभिलाषा ही मुमुक्षुत्व है। आधिभौतिक, आधिदैविक व आध्यात्मिक इन तीनों प्रकार के दुखों से छुटकारा पाकर मोक्ष प्राप्त करने की तीव्र इच्छा का होना भी मुमुक्षुत्व कहलाता है।

5.1.7 अन्तरंग साधन (Internal Sadhan)

साधना चतुष्टय से बुद्धि भावना और इच्छा शक्ति को तैयार करने में सहायता मिलती है। इस तरह की तैयारी करके साधक को किसी सिद्ध गुरु की शरण में रहकर वेदान्तों का अध्ययन करना चाहिए। ज्ञान योग साधना के अन्तरंग तीन चरण हैं- श्रवण, मनन और निदिध्यासन जिसका संक्षिप्त विवरण निम्नानुसार है:

१. श्रवण (Hearing) (निर्देशों को सुनना या ग्रहण करना)

यह ज्ञानयोग का प्रथम अन्तरंग साधन है। आध्यात्मिक पथ पर श्रवण अत्यंत ही महत्वपूर्ण है। श्रवण का अर्थ है संशय को दूर करने के लिए गुरुमुख से उपदेशों को सुनना। साधक को जीव, जगत , आत्मा और ब्रह्म आदि के विषय में अनेक प्रकार के संशय उत्पन्न होते हैं। उन सभी संशयों को दूर करने के लिए श्रद्धा और समर्पण से गुरु उपदेशों को ग्रहण करना ही श्रवण है। यह ग्रंथों, गुरु, बुद्धिमान व्यक्तियों आदि विभिन्न स्रोतों से मिलने वाले आध्यात्मिक ज्ञान को ग्रहण करने की प्रक्रिया है।

२. मनन (Contemplation)
(श्रवण किये गये मन्तव्य पर चिन्तन करना)

यह ज्ञानयोग का दूसरा अन्तरंग साधन है। मनन का अर्थ है सुने गए ज्ञान के बारे में निरंतर चिंतन-मनन करना, कोई संदेह होने पर उसका निवारण करना और स्वयं निष्कर्ष पर पहुँचना। जिस तरह से कोई पशु जुगाली करता है (अपने निगले गए भोजन को बार-बार चबाता है) उसी तरह से एक अनुशासित व्यक्ति को भी सुने गए ज्ञान को बार-बार दुहराकर उस पर चिंतन करना चाहिए। श्रवण का बल मनन ही होता है। इसलिए ब्रह्मज्ञान विषय को गंभीरता से सुनकर मनन किया जाता है।

३. निदिध्यासन (Self-realization)

यह ज्ञानयोग का तीसरा एवं अन्तिम अन्तरंग साधन है। निदिध्यासन का आशय है अनुभव करना, बोध होना, आत्मसाक्षात्कार होना। सामान्यतः निदिध्यासन वह स्थिति है जिसमें साधक गुरु उपदेशों का मनन करके निष्कर्ष या सत्य पर पहुँचता है और उसे अपने अस्तित्व के साथ समन्वय कर लेता है। जड़ और चेतन सभी पदार्थों में ब्रह्म को ही अनुभव करना अर्थात् ब्रह्म का ही ध्यान करना निदिध्यासन है। सभी वस्तुओं से अपना ध्यान हटाकर साक्षी पक्षी की तरह बन जाना, स्वयं को तथा संसार को ब्रह्ममय समझने से ब्रह्म से एकत्व स्थापित हो जाता है। ये ब्रह्म वाक्य हैं- सर्व खल्विदं ब्रहम, तत्वमसि, अहं ब्रहमास्मि।

उपर्युक्त ज्ञानयोग के तीनों साधन मानव चेतना व आत्मस्वरूप को जानने का प्रमुख साधन है। श्रवण, मनन एवं निदिध्यासन की महत्ता को बताते हुए महर्षि याज्ञवल्क्य अपनी पत्नी मैत्रेयी को उपदेश देते हुए कहते हैं:-

आत्मावा अरे द्रष्टव्यः श्रोतव्यो मन्तव्यो निदिध्यासितव्यो मैत्रेय्यात्मनि खल्वरे दृष्टे श्रुते मते विज्ञात इदः सर्व विदितम्।

(बृ. उप. ४.५.६)

हे मैत्रेयी! यह आत्मा ही दर्शनीय, श्रवणीय, मननीय और ध्यान किये जाने योग्य है। इस आत्मा के ही दर्शन, श्रवण, मनन और जानने से यह सब कुछ जाना जाता है।

5.1.8 सारांश

निष्कर्ष रूप में कहा जा सकता है कि ज्ञानयोग के अंतरंग व बहिरंग साधनों के क्रमबद्ध अभ्यास से मोक्षरूपी लक्ष्य को आसानी से प्राप्त किया जा सकता है। अतः जीव और ब्रह्म की एकता का हो जाना ही मोक्ष है। ज्ञानयोग साधना का मुख्य लक्ष्य ब्रह्मभाव की स्थिति को प्राप्त करना ही है। श्रवण, मनन व निदिध्यासन रूपी ज्ञानयोग की अंतरंग त्रिवेणी में डुबकी लगाने वाला साधक सभी पापों से मुक्त होकर (सभी पाप, ज्ञानरूपी अग्नि से दग्ध हो जाते हैं) अपने वास्तविक स्वरूप को प्राप्त कर लेता है।

ॐ

5.2 भक्ति योग

भक्तियोग

5.2.1 प्रस्तावना

ईश्वर के प्रति निःस्वार्थ और गहन प्रेम ही भक्ति है। भक्ति योग श्रद्धा का मार्ग है। इसमें अलौकिक प्रेम के लिए अपने हृदय को उन्मुक्त रखने तथा अपने प्रियतम ईश्वर के साथ मिलन पर बल दिया गया है। यह भक्ति प्रायः भजन गाकर या ईश्वर की प्रशंसा करके प्रकट की जाती है। कभी-कभी इसमें आनंद विभोर होकर ईश्वर के नाम का निरन्तर जाप किया जाता है जिसे कीर्तन कहते हैं। भक्ति योग में यह नहीं बताया गया है कि अपनी भक्ति का आधार किसे बनाएँ और न ही इसे करने की कोई विशिष्ट विधि बताई गई है। यह भक्त की इच्छा पर छोड़ दिया गया है।

5.2.2 भक्ति क्या है?

भक्ति शब्द संस्कृत भाषा के मूल शब्द 'भज्' धातु से बना है जिसका अर्थ होता है- सेवा, उपासना, पूजा या भजना। भक्ति योग सेवा, श्रद्धा, समर्पण, प्रेम का मार्ग है। कहा भी गया है- **भक्तिनाम प्रेम विशेषः** अर्थात् ईश्वर के प्रति विशेष व अखण्ड प्रेम का नाम ही भक्ति है। दूसरे शब्दों में कहें तो भगवान की सेवा तथा उनके गुणों का गान करना ही भक्ति है। नारद भक्ति सूत्र और शाण्डिल्य भक्ति सूत्र ये दोनों ग्रंथ भक्ति के लिए सबसे प्रसिद्ध हैं। नारद भक्ति सूत्र को नारद भक्ति दर्शन भी कहते हैं।

5.2.3 भक्ति की परिभाषाएँ

- **स्वामी विवेकानन्द के अनुसार**

सच्चे व निष्कपट भाव से ईश्वर की खोज करना भक्ति योग है।

- **शाण्डिल्य-भक्ति-सूत्र के अनुसार**

सा परानुरक्तिरीश्वरे।

(शा.भ.सू.२)

अर्थात् ईश्वर में परम अनुराग रखना ही भक्ति है।

- **महर्षि शाण्डिल्य के अनुसार**

आत्मरत्यविरोधेनेति शाण्डिल्यः।

(ना.भ.सू.१८)

आत्मरति के अविरोधी विषय में अनुराग का होना ही भक्ति है। दूसरे शब्दों में कहें तो आत्मा की उन्नति जो भक्ति मार्ग से होती है, उस मार्ग के जो भी अनुकूल सहायक तत्व अथवा विषय हैं उनके प्रति अनुराग (प्रेम) का होना ही भक्ति है।

- **देवर्षि नारद के अनुसार**

नारदस्तु तदर्पिताखिलाचारता तद्विस्मरणे परमव्याकुलतेति।

(ना.भ.सू.१९)

अपने समस्त कर्मों को ईश्वर को अर्पण करना और उस ईश्वर का थोड़ा भी विस्मरण अर्थात् याद न रहने पर व्याकुल, उदास, दुखी होना ही भक्ति है।

- **नारद-भक्ति-सूत्र के अनुसार**

सा त्वस्मिन् परमप्रेमरूपा।

(ना.भ.सू.२)

भगवान के प्रति परम प्रेम ही भक्ति है।

- **महर्षि पराशर पुत्र श्री व्यास जी के अनुसार**

पूजादिष्वनुराग इति पाराशर्यः।

(ना.भ.सू.१६)

भगवान की पूजा आदि में अनुराग का होना ही भक्ति है।

- **महर्षि गर्गाचार्य के अनुसार**

कथादिष्विति गर्गः।

(ना.भ.सू.१७)

भगवान के दिव्य गुण कथन के श्रवणादि में अनुराग का होना ही भक्ति है।

5.2.4 भक्ति के प्रकार (Types of Bhakti)

भक्ति मुख्य रूप से दो प्रकार की होती है। पहली परा भक्ति एवं दूसरी अपरा भक्ति। परा भक्ति एक प्रकार की होती है और अपरा भक्ति दो प्रकार की होती है। अपरा भक्ति का

ही नाम गौणी भक्ति है।

१) परा भक्ति

अपरा भक्ति या गौणी भक्ति के पश्चात 'परा भक्ति' अत्यंत महत्वपूर्ण है। परा भक्ति में मनुष्य चैतन्य प्राणियों के अंदर जगमगाती हुई अखंड ज्योति में अपने प्रेम को नियोजित करता है। जब प्रेम या भक्ति की दिशा मनुष्यों तथा सामाजिक बंधनों से हटकर ईश्वर की ओर मुड़ जाती है तो उसका रूप नि:स्वार्थ और दिव्य हो जाता है। इसे परा भक्ति कहते हैं। पराभक्ति को निर्गुण भक्ति भी कहा जाता है। यह भक्ति की सिद्धावस्था होती है। परा भक्ति से निर्बीज समाधि की प्राप्ति होती है। इसी परा भक्ति के कारण भगवान के परम विराट स्वरूप को अर्जुन ने देखा था। भगवत गीता में कृष्ण कहते हैं:-

ब्रह्मभूत: प्रसन्नात्मा न शोचति न काङ् क्षति।
सम: सर्वेषु भूतेषु मद्भक्तिं लभते पराम्।।

(भ.गी. १८.५४)

अर्थात् परम ब्रह्म की अनुभूति में स्थित मनुष्य मानसिक शान्ति प्राप्त करता है, वह न तो शोक करता है और न ही कोई कामना करता है क्योंकि वह सभी के प्रति समभाव रखता है, ऐसा परम योगी मेरी परा-भक्ति को प्राप्त करता है।

२) अपरा भक्ति (गौणी भक्ति)

मनुष्य जन्म से ही व्यक्तियों तथा वस्तुओं से प्रेम करता है। माँ का प्रेम, गुरु के प्रति शिष्य का प्रेम आदि में जो भक्ति भाव होता है वह अपरा भक्ति के अन्तर्गत आता है। विवेकी मनुष्य में यह विकसित होकर परा भक्ति का रूप ले लेता है। अपरा भक्ति को गौणी या सगुण भक्ति भी कहते हैं। यह भक्ति की साधना अवस्था होती है। सगुण भक्ति को हिन्दी साहित्य में राम भक्ति व कृष्ण भक्ति के रूप में विभाजित किया गया है। तुलसीदास, केशवदास आदि रामभक्ति धारा के कवि माने जाते हैं। कृष्ण भक्ति की धारा में सूरदास, मीराबाई, रसखान आदि प्रमुख कवि आते हैं। नवधा भक्ति गौणी भक्ति का ही एक प्रक्रार है।

अपरा भक्ति (गौणी भक्ति) के भी दो प्रकार है:– वैधि भक्ति और रागानुगा।

- **वैधि भक्ति (The Path of Devotion with Rules and Regulations)**

इस भक्ति में साधक अपने मत (सम्प्रदाय) के अनुसार बाह्य साधनों का सहारा लेकर अपने इष्टदेव की भक्ति करता है।

- **रागानुगा भक्ति (Divine Love)**

नवधा भक्ति की चरम/उच्च अवस्था के बाद ही रागानुगा भक्ति का आरम्भ होता है। इस भक्ति में साधक के अन्तःकरण में एक अलौकिक भगवत प्रेम भाव उत्पन्न होने लगता है। इस अवस्था में साधक को सभी सजीव एवं निर्जीव वस्तुओं में अपने आराध्य दिखाई देने लग जाते हैं। मीरा और रामकृष्ण परमहंस की भक्ति साधना रागात्मिक भक्ति के अन्तर्गत ही आती है।

5.2.5 नवधा भक्ति (Navadha Bhakti)

भक्ति के अनेक प्रकार हैं लेकिन नवधा भक्ति अधिक प्रचलित है। नवधा भक्ति को अगर इतिहास के झरोखे से देखें तो सतयुग और त्रेतायुग में इसका वर्णन दो महापुरुषों ने किया है। नवधा भक्ति का पहला वर्णन सतयुग में मिलता है जब भक्त प्रहलाद ने अपने पिता हिरण्यकश्यप के सामने नौ प्रकार की भक्ति का वर्णन किया था। इसके बाद त्रेतायुग में भगवान श्रीराम ने नवधा भक्ति के बारे में माता शबरी को बताया था। नवधा का अर्थ होता है 'नौ प्रकार से' (नौ भेद) अर्थात् नौ प्रकार से की जाने वाली भक्ति को नवधा भक्ति कहते हैं। इसमें साधना करने के नौ प्रकार का वर्णन है। भक्त अपनी श्रद्धा अनुसार इन नौ मार्गों में से किसी भी एक मार्ग को अपनाकर ईश्वर के निकट पहुँच सकता है।

नवधा भक्ति

5.2.6 नवधा भक्ति श्रीरामचरितमानस के अनुसार

नवधा भक्ति का विस्तृत वर्णन रामायण के अरण्य काण्ड में मिलता है। वनवास के

दौरान जब श्रीराम और लक्ष्मण माता शबरी से मिले थे तब माता शबरी ने कहा था- मैं नीच कुल से हूँ, मंदबुद्धि हूँ, मैं निराश्रित किस प्रकार आपकी आराधना करूँ? इसके उत्तर में भगवान श्रीराम ने कहा- 'जो सच्चे मन से भगवान को भजता है, वही भक्त है'। इसके बाद श्रीराम ने माता शबरी को नवधा भक्ति के बारे में विस्तार से बताया। इसी प्रसंग को श्रीरामचरितमानस के अरण्य कांड के दोहा ३४.४, ३५.१ से ३५.३ में तुलसीदास जी कहते हैं कि मैं तुझसे अब अपनी नवधा भक्ति कहता हूँ। तू सावधान होकर सुन और मन में धारण कर।

पहली भक्ति है : संतों का सत्संग।

दूसरी भक्ति है : मेरे कथा प्रसंग में प्रेम।

तीसरी भक्ति है : अभिमान रहित होकर गुरु के चरण कमलों की सेवा।

चौथी भक्ति है : कपट छोड़कर मेरे गुण समूहों का गान करें।

पाँचवीं भक्ति है : मेरे (राम) मन्त्र का जाप करना और मुझमें दृढ़ विश्वास रखना।

छठी भक्ति है : इंद्रियों का निग्रह, शील (अच्छा स्वभाव या चरित्र), भौतिक कार्यों से वैराग्य का भाव रखना और निरन्तर सन्तपुरुषों की संगति और उनके धर्म आचरण में लगे रहना।

सातवीं भक्ति है : जगत को, समभाव से, मुझ में ओतप्रोत (राममय) देखना और सन्तों को मुझसे भी अधिक मानना।

आठवीं भक्ति है : जो कुछ मिल जाए, उसी में संतोष करना और स्वप्न में भी पराए दोषों को न देखना।

नवीं भक्ति है : सरलता और सबके साथ कपटरहित व्यवहार करना, हृदय में मेरा भरोसा रखना और किसी भी अवस्था में हर्ष और विषाद का न होना। जो स्त्री-पुरुष उक्त नौ में से किसी एक का भी पालन करता है वह मुझे प्रिय है।

5.2.7 नवधा भक्ति श्रीमद्भागवत महापुराण के अनुसार

नवधा भक्ति का वर्णन 'श्रीमद्भागवत महापुराण' में भी मिलता है। भक्त प्रहलाद अपने पिता हिरण्यकश्यप को नवधा भक्ति का वर्णन करते हुए कहते हैं:-

श्रवणं कीर्तनं विष्णोः स्मरणं पादसेवनम्।
अर्चनं वन्दनं दास्यं सख्यमात्मनिवेदनम्।।
इति पुंसार्पिता विष्णौ भक्तिश्चेन्नवलक्षणा।
क्रियेत भगवत्यध्दा तन्मन्येऽधीतमुत्तमम्।।

(भा.म.पु. स्क.७,अ.५,श्लो.२३व२४)

अर्थात् भगवान विष्णु की भक्ति के नौ स्वरूप हैं श्रवण, कीर्तन, स्मरण, पादसेवन, अर्चन, वंदन, दास्य, सख्य और आत्मनिवेदन। यदि पूरे समर्पण के साथ भगवान विष्णु की यह नौ प्रकार की भक्ति की जाए तो उसे अपना लक्ष्य अवश्य ही प्राप्त हो जाता है। यह नवधा भक्ति ही सबसे उत्तम अध्ययन है।
उपर्युक्त भक्ति के नौ प्रकारों का संक्षिप्त विवरण निम्नानुसार है:-

- **श्रवण भक्ति (Listening)**

भगवान की महिमा, लीला, चमत्कार, मंगल चरित्र आदि को सुनना, मनन करना ही श्रवण कहलाता है। सिद्ध महाराज परीक्षित इस भक्ति का अच्छा उदाहरण है।

- **कीर्तन भक्ति (Praising)**

सत्संग के द्वारा भगवान की महिमा के बारे में जो भी सुना और मनन किया उसका यशोगान करना। गीत एवं भजनो के माध्यम से ईश्वर की अलौकिक शक्तियों का गुणगान करना ही कीर्तन है। नारद एवं शुकदेव की भक्ति कीर्तन भक्ति का अच्छा

उदाहरण है।

- **स्मरण भक्ति (Remembering)**

स्मरण अर्थात् ईश्वर को याद करना। ईश्वर के विषय में जो भी सुना है या देखा है उसका मन से बार-बार चिंतन करना ही स्मरण भक्ति है। अर्थात् हर समय, हर क्षण ईश्वर का चिन्तन, मनन करते रहना ही स्मरण भक्ति है। भक्त प्रहलाद की भक्ति इसी श्रेणी में आती है।

- **पादसेवन भक्ति (Rendering Service)**

भगवान के चरणों एवं उनकी पवित्र चरण पादुकाओं की निरन्तर सच्चे मन से सेवा करना ही पाद सेवा है। भक्त पूरी तरह से सच्ची श्रद्धा से भगवान के चरणों में अपने आप को समर्पित कर देता है। माता लक्ष्मी, हनुमान और विभीषण की भक्ति पादसेवन भक्ति के सबसे अच्छे उदाहरण हैं।

- **अर्चन भक्ति (Worshiping anImage)**

भगवान की पूजा करना ही अर्चन है। पूजा-पाठ करके, मन्त्र जाप करके, भजन गाकर, आरती करके, फल-फूल आदि अपने आराध्य को श्रद्धापूर्वक अर्पण करना ही सच्चे अर्थों में अर्चन भक्ति है। इससे भक्त को आत्मिक सुख एवं शान्ति की प्राप्ति होती है। पृथुराजा, रुक्मिणी, शबरी आदि अर्चन भक्ति के सबसे अच्छे उदाहरण हैं।

- **वंदन भक्ति (Paying Homage)**

श्रद्धापूर्वक ईश्वर को साष्टांग नमस्कार (नमन) करना ही वंदन भक्ति है। भक्त ईश्वर के सामने पूरे समर्पण से नतमस्तक होकर स्तुतिगान करता है। इसके बाद भक्त को सभी में ईश्वर दिखाई देने लगता है। अक्रूर, नलकूबर और राजा रहुगण की भक्ति इसका सबसे अच्छे उदाहरण है।

- **दास्य भक्ति (Servitude)**

भक्त अपने अहम् भाव को त्यागकर अपने आपको ईश्वर का दास मानने लगता है। इस भक्ति की भावना से ओतप्रोत होकर भक्त स्वयं अपने आपको ईश्वर की सेवा में दृढ़ संकल्प के साथ समर्पित कर देता है। हनुमान की श्रीराम के प्रति भक्ति इसका सबसे अच्छा उदाहरण हैं।

- **सख्य भक्ति (Friendship)**

ईश्वर के प्रति मित्रता का भाव रखना ही सख्य भक्ति है। इस प्रकार की भक्ति में भक्त स्वयं को ईश्वर के मित्र के रूप में देखता है। सुदामा-कृष्ण, अर्जुन-कृष्ण अच्छे सखा थे। सुदामा और अर्जुन दोनों योगेश्वर श्रीकृष्ण के अच्छे भक्त भी थे।

- **आत्मनिवेदन भक्ति (Complete Surrender of the Self)**

भक्त अपने आपको भगवान के चरणों में सदा के लिए समर्पित कर देता है। इसके बाद उसे अपना भान भी नहीं होता है। यह भक्ति सबसे उत्तम मानी जाती है। इस भक्ति की भावना से ओत-प्रोत भक्त को अपने वास्तविक स्वरूप का ज्ञान हो जाता है अर्थात् भक्त स्वयं ईश्वर का रूप हो जाता है। राजा बलि इस भक्ति से ओत-प्रोत थे। द्रौपदी, कुन्ती, उद्धव इस भक्ति के श्रेष्ठ उदाहरण हैं।

5.2.8 भक्त के प्रकार

भगवद्गीता के निम्नलिखित श्लोक में भक्त के चार प्रकार बताए गए हैं:-

चतुर्विधा भजन्ते मां जनाः सुकृतिनोऽर्जुन।
आर्तो जिज्ञासुरर्थार्थी ज्ञानी च भरतर्षभ।।

(भ.गी ७.१६)

हे भरतवंशियों में श्रेष्ठ अर्जुन! पवित्र कर्म करने वाले आर्त, जिज्ञासु, अर्थार्थी और ज्ञानी-- ये चार प्रकार के मनुष्य मेरा भजन करते हैं अर्थात् मेरे शरण होते हैं।
यह गीता का अत्यन्त महत्वपूर्ण श्लोक है, इसमें भगवान श्रीकृष्ण अपने चार प्रकार के भक्तों का वर्णन करते हैं। सभी भक्तों का संक्षिप्त वर्णन निम्न है:-

- **आर्त भक्त**

आर्त अर्थात् दुखी। आर्त भक्त वह होते हैं जो केवल संकट अथवा दुःख की घड़ी में ही परमात्मा को याद करते हैं जैसे- व्यापार में घाटा होने पर, असाध्य बीमारी में, पैसों के अभाव में, प्राणों पर संकट आने पर, कोई बड़ी कठिनाई आदि होने पर। सामान्य रूप से वह कभी भी भगवान का भजन अथवा भक्ति नहीं करते हैं। यह भक्त की सबसे निम्न कोटि कही जाती है।

- **जिज्ञासु भक्त**

जिज्ञासु भक्त वह होते हैं जो कुछ जानने की इच्छा रखते हैं। आत्मा, परमात्मा एवं ब्रह्म को जानने की इच्छा रखने वाले भक्त जिज्ञासु भक्त की श्रेणी में आते हैं। राजा

चण्डकपालि एवं अर्जुन जिज्ञासु भक्ति की श्रेणी में आते हैं। यह भक्त आर्त भक्त से थोड़ी उच्च श्रेणी के होते हैं।

- **अर्थार्थी भक्त**

जो भक्त किसी वस्तु, पदार्थ अथवा लौकिक फल की कामना की पूर्ति के लिए भगवान की भक्ति करते हैं, उन्हें अर्थार्थी भक्त कहते हैं। ऐसे भक्त किसी कामना की पूर्ति के लिए ही भगवान का भजन करते हैं। जैसे ही उनकी कामना पूर्ण हो जाती है, वह भक्त भक्ति करना छोड़ देता है। इसलिए जो भक्त केवल किसी विशेष उद्देश्य को प्राप्त करने के लिए ही भगवान की भक्ति करते हैं, वह अर्थार्थी भक्त कहलाते हैं।

- **ज्ञानी भक्त**

ऐसे भक्त जो परम सत्य, वास्तविक ज्ञान, आत्म कल्याण एवं ब्रह्म प्राप्ति के लिए ईश्वर की भक्ति करते हैं, वो ज्ञानी भक्त कहलाते हैं। जिसकी सभी कामनाएँ समाप्त हो चुकी हैं और जो निष्काम भाव से बिना किसी उद्देश्य के भगवान की भक्ति करता है, वह भक्त ज्ञानी कहलाता है। ज्ञानी को सबसे श्रेष्ठ भक्त माना जाता है।

5.2.9 भगवद्गीता में भक्त के गुण व लक्षणों का वर्णन

भगवद्गीता के १२वें अध्याय में प्रारम्भ से लेकर अन्त तक भक्त के गुणों व लक्षणों को विस्तार से बताया गया है। प्रिय भक्त की योग्यताओं को बताते हुए श्रीकृष्ण कहते हैं कि जो किसी से द्वेष नहीं करता और सबसे मित्रतापूर्ण व्यवहार करता है, जो प्रत्येक अवस्था (सुख-दुःख) में अपने आप को समभाव से युक्त रखता है, जो क्षमाशील है, जो करुणावान है, अहंकार रहित है, जो अपने आप में ही सन्तुष्ट रहता है, जिसकी इन्द्रियाँ उसके नियंत्रण में हैं, जिसमें क्लेश या कष्ट से उद्विग्नता नहीं आती, जो पवित्र है, जो उदासीन है, जो निष्काम भाव से परिपूर्ण है, जो मितभाषी है (प्रिय बोलने वाला) व जो भक्त अपने समस्त कर्मों का अर्पण मुझमें करता है, वही भक्त मुझे प्रिय है। उदाहारण के लिए निम्न सूत्र में बताया गया है:

समः शत्रौ च मित्रे च तथा मानापमानयोः।
शीतोष्णसुखदुःखेषु समः सङ्गविवर्जितः।।

(भ.गी.१२.१८)

अर्थात् जो भक्त मित्रों-शत्रुओं के प्रति समभाव में रहता है, जो आदर-निरादर, गर्मी-सर्दी, सुख-दुःख से प्रभावित नहीं होता हो और आसक्तिरहित है, वह भक्त मुझे बहुत प्रिय है।

5.2.10 भक्तियोग में मन्त्र जाप

युगों से मन्त्रों या प्रार्थनाओं का जाप सभी धर्मों और मतों का एक अनिवार्य तत्व रहा है। जब सामूहिक रूप से जाप किया जाता है, तो सामूहिक भावना का उदय होता है। सभी के मन एक हो जाते हैं। यह एकता उच्च ऊर्जा वाले क्षेत्र का निर्माण करती है जो वहाँ पर उपस्थित सभी लोगों को स्फूर्ति और शक्ति से भर देती है। मन्त्रमन्त्र जाप से सभी इन्द्रियां एक जगह केन्द्रित हो जाती हैं और मन उच्च स्तर की ओर प्रेरित होता है। मन्त्रमन्त्र जाप को ध्वनि योग माना जा सकता है।

विशेष रूप से संस्कृत मन्त्रोंके जाप का हमारी चेतना के स्तर पर बहुत गहरा प्रभाव पड़ता है। वे ऊर्जा केंद्रों को सक्रिय करते हैं जिससे हमें पवित्र और ऊर्जादायक अनुभूति होती है। मंत्रोच्चार से ध्यान करने में सहायता मिलती है जिससे हम अपनी भक्ति को सही दिशा देने में सक्षम हो पाते हैं। मन्त्रमन्त्र को भक्ति योग के मार्ग का प्राथमिक तत्व माना जाता है।

मन्त्रमन्त्रजाप के द्वारा इन्द्रियों एवं मन पर नियंत्रण हो जाता है। संस्कृत भाषा में निहित मन्त्रों के जाप से हमारे शरीर पर बहुत गहरा प्रभाव पड़ता है। मन्त्रमन्त्र जप ध्वनि, ऊर्जा, सांस और इन्द्रियों में समन्वय स्थापित करता है। मन्त्रों की शक्ति उसके शब्दों में है। भक्ति, श्रद्धा और विश्वास के साथ मन्त्रों के नियमित जाप से हमें सकारात्मक और रचनात्मक ऊर्जा प्राप्त होती है और नकारात्मक प्रभावों से मुक्ति मिलती है।

5.2.11 सारांश

साधना जगत में भक्तियोग का विशिष्ट स्थान है। भगवान के साथ संबंध जोड़ने के कारण इसे योग कहा गया है। यह योग की विभिन्न शाखाओं में से एक है। इसको उत्कृष्ट एवं सर्वोत्तम माना गया है क्योंकि यह सबसे सरल एवं सुगम है। इसका अधिकारी कोई भी बन सकता है, इसमें किंचित मात्र भी संदेह नहीं है।

भक्ति के माध्यम से भक्त उस भक्तवत्सल भगवान को अपने वश में कर लेता है, त्रेतायुग में भीलनी ने तथा द्वापर युग में द्रौपदी ने अपनी पुकार से अपने प्रभु को अपने सामने आने के लिए विवश कर दिया था। ईश्वर स्वयं भक्तों की करुण पुकार पर अपने भक्त के समक्ष आने को तत्पर रहता है तथा आपत्ति के समय में अपने भक्त की रक्षा हेतु अस्त्र-शस्त्र धारण करके रणभूमि में भी पहुँच जाता है।

भक्ति तर्क आधारित नहीं है बल्कि श्रद्धा, समर्पण एवं विश्वास पर इसकी नींव टिकी हुई है। विभिन्न शोध यह कहते हैं कि अपने इष्ट देव की स्तुति, प्रार्थना, उपासना आदि करने से असाध्य शारीरिक एवं मानसिक रोग दूर होते हैं तथा आत्मबल बढ़ जाता है। इसके बाद वह भक्त बड़ी से बड़ी विपदा, संकट और आपदा आने पर भी अपने संकल्प से विमुख नहीं होता है।

ॐ

5.3 कर्म योग

5.3.1 प्रस्तावना

सभी भारतीय धर्म ग्रंथों में कहा गया है कि कर्म ही पूजा है। कर्म का अर्थ होता है क्रिया (Action) या कार्य करना। 'कर्म' का अर्थ है क्रिया और 'योग' का अर्थ है जुड़ना। इस प्रकार कर्म योग का अर्थ है क्रिया के द्वारा जुड़ना। जिस कर्म में कर्ता की क्रिया का फल निहित होता है, उसे ही कर्म कहते हैं।

यह मार्ग मुख्य रूप से उन लोगों द्वारा चुना जाता है जो बहिर्मुखी होते हैं, अर्थात् जो कर्म-केन्द्रित होते हैं। इस योग से व्यक्ति निःस्वार्थ अर्थात् व्यक्तिगत लाभ या पुरस्कार का लोभ छोड़कर कर्म के लिए प्रेरित होता है जिससे उसका हृदय पवित्र रहता है। अपने कर्मों के फल के प्रति अनुरक्ति को त्यागकर और उन्हें ईश्वर को समर्पित करके भक्त अहंभाव का त्याग करना सीखते हैं। भगवद्गीता के अनुसार कर्म योग आन्तरिक और बाह्य गतिविधियों की स्वार्थ रहित भक्ति है, जिसे ईश्वर को समर्पित कर दिया जाता है।

5.3.2 कर्म सिद्धान्त

कर्म का अर्थ है, 'गतिविधि' जिसमें प्रत्यक्ष कार्य और आंतरिक अनुभव दोनों सम्मिलित होते हैं। प्रत्येक कर्म का एक फल मिलता है, जिसे कर्म फल कहते हैं। साथ ही इसका चित्त अर्थात् संस्कार पर गहरा प्रभाव भी पड़ता है। ग्रंथों में लिखा है कि भगवान भी कर्मफल से बच नहीं सकते हैं। लेकिन मनुष्य के लिए समस्या की असली जड़ संस्कार है। मनुष्य संस्कार से तभी मुक्त होता है, जब उसे फल/परिणाम मिल जाता है। यह फल या परिणाम किसी दूसरे कर्म (गतिविधि या अनुभव) के रूप में हो सकता है, जिससे और अधिक संस्कार या कर्म की उत्पत्ति होती है। दूसरे शब्दों में हम जो

भी कर्म करते हैं, हमें उसके परिणाम का सामना करना होता है। अगर हमारे कर्म अच्छे हैं, तो हमें सुखानुभूति होगी और कर्म ख़राब होने पर हमें दुःख का अनुभव होगा। कर्म का सिद्धान्त है- जैसा आप बोते हैं, वैसा ही काटते हैं।

कर्म का सिद्धान्त सार्वभौमिक है। जब तक हम अपने संस्कारों से मुक्त नहीं होते हैं, हमें बार-बार जन्म लेना पड़ता है। कर्म-संस्कार-कर्म का यह निरन्तर क्रम हमें जन्म-जीवन-मरण-पुनर्जन्म के अनंत काल तक चलने वाले चक्र में उलझाए रखता है। अगर हम भारतीय दर्शन की इस बात को मानें कि मानव जीवन कष्टों से भरा है तो हम इस बात को सरलता से समझ सकते हैं कि हमारे इस निरन्तर कष्ट का कारण कर्म संस्कार ही है।

5.3.3 कर्मयोग की मुख्य धारणाएँ एवं बिंदु

- कोई भी मनुष्य बिना कर्म के एक पल भी जीवित नहीं रह सकता। कर्म सृष्टि का मूल है।
- कर्म की गति बहुत गहरी है। इसे कोई नहीं पहचान सकता।
- कर्म के बिना कोई स्वतंत्र लाभ प्राप्त नहीं कर सकता।
- समाज की रक्षा के लिए अर्थात् लोक-संग्रह के लिए कर्म आवश्यक है। यदि कोई कर्म न करे तो न समाज श्रेष्ठ रहेगा न कोई व्यक्ति।
- जिसने आत्मज्ञान प्राप्त कर लिया हो उसके लिए कर्म और अकर्म में कोई अन्तर नहीं, उसके लिए प्रत्येक कर्म ही योग है।
- निष्काम कर्म ही कर्म है। मनुष्य के अन्दर कर्म करने की स्वाभाविक प्रवृत्ति होती है।

5.3.4 गीता के अनुसार कर्मयोग
(Karma Yoga According to Gita)

- **कर्मयोग**

गीता निष्काम कर्मयोग का सबसे उत्कृष्ट ग्रंथ है। गीता में कर्मयोग के प्रत्येक पक्ष को अच्छे से समझाया गया है। इसके तीसरे अध्याय का नाम कर्मयोग है, चौथे अध्याय का नाम ज्ञान-कर्म सन्यास योग है एवं पाँचवें अध्याय का नाम कर्म संन्यास योग है। कर्म ही बन्धन एवं कर्म ही मोक्ष का द्वार है।

गीता में योगेश्वर भगवान श्रीकृष्ण कहते हैं:-

न हि कश्चित् क्षणमपि जातु तिष्ठत्यकर्मकृत
कार्यते ह्यवशः कर्म सर्वः प्रकृतिजैर्गुणैः ॥

(भ.गी. ३.५)

अर्थात् यदि मनुष्य कर्मों को प्रारम्भ करना बन्द कर दे अर्थात् किसी भी प्रकार का कर्म न करे तो भी उसे निष्काम भाव नहीं मिल सकता और यदि वह सभी प्रारम्भ किए हुए कर्मों का त्याग कर देता है तो कर्म त्याग करने से भी उसे सन्यास अथवा सिद्धि की प्राप्ति नहीं हो सकती है। इस संसार में कोई भी मनुष्य बिना कर्म किये किसी भी समय अर्थात् एक पल के लिए भी नहीं रह सकता। व्यक्ति न चाहते हुए भी प्रकृति के वशीभूत होकर हर समय कुछ न कुछ करता ही रहता है। कर्म करना मनुष्य की स्वाभाविक वृत्ति है।

- **निष्काम एवं आसक्ति रहित कर्म**

तस्मादसक्तः सततं कार्यं कर्म समाचर।
असक्तो ह्याचरन्कर्म परमाप्नोति पूरुषः ॥

(भ.गी. ३.१९)

अर्थात् इसलिए हे अर्जुन! तुम निर्धारित अथवा निश्चित कर्तव्य कर्म को निरन्तरता व आसक्ति भाव से रहित होकर, अच्छी प्रकार से करते रहो क्योंकि कर्तव्य कर्म को आसक्ति रहित होकर करने से ही उस परमसुख अथवा परमगति की प्राप्ति होती है।

- **कर्मफल की इच्छा का त्याग**

कर्म प्रकृति का शाश्वत नियम है। गीता के तीसरे अध्याय में श्रीकृष्ण ने कर्म के स्वरूप को विस्तार से समझाया है। गीता के अनुसार मनुष्य को सदैव कर्मशील बने रहना चाहिए। सम्पूर्ण कर्मयोग को भगवान श्रीकृष्ण ने गीता के एक श्लोक में बता दिया है। गीता के दूसरे अध्याय का यह श्लोक वर्तमान में भी बहुत प्रसिद्ध है:

कर्मण्येवाधिकारस्ते मा फलेषु कदाचन।
मा कर्मफलहेतुर्भूर्मा ते संगोऽस्त्वकर्मणि ॥

(भ.गी. २.४७)

अर्थात् भगवान श्रीकृष्ण अर्जुन को कहते हैं कि कर्म को करने में ही तुम्हारा पूर्ण अधिकार है। उस कर्म से मिलने वाले फल की प्राप्ति में तुम्हारा कोई अधिकार नहीं है क्योंकि किसी भी फल की प्राप्ति में मनुष्य के पूर्व के कर्म संस्कार, स्थान व समय की भी भूमिका होती है। इसलिए न तो कभी अकर्मण्यता (कर्मत्याग) करो और न ही अपने अनुरूप (अनुसार) फल की इच्छा।

- **कर्म तथा कर्म फल का ईश्वर को अर्पण**

शुभाशुभफलैरेवं मोक्ष्यसे कर्मबंधनैः।
सन्न्यासयोगयुक्तात्मा विमुक्तो मामुपैष्यसि ॥

(भ.गी. ९.२८)

अर्थात् अपना सब कुछ मुझे अर्पित करने से तु सभी शुभ व अशुभ (अच्छे व बुरे) फल

प्रदान करने वाले कर्म के बन्धनों से पूरी तरह से मुक्त हो जाएगा और संन्यास योग से युक्त होकर मुझे प्राप्त हो जाएगा।

- **यज्ञ कर्म**

नियतं कुरु कर्म त्वं कर्म ज्यायो ह्यकर्मणः।
शरीरयात्रापि च ते न प्रसिद्ध्येदकर्मणः ॥

(भ.गी. ३.८)

अर्थात् प्रत्येक व्यक्ति को अपने नित्य कर्मों को कर्तव्य की भावना से करते रहना चाहिए क्योंकि कर्म न करने की अपेक्षा तो कर्म करना श्रेष्ठ होता है। कर्म किये बिना तो इस शरीर का पालन-पोषण भी असम्भव हो जाएगा। अतः नियत कर्म करना मनुष्य के लिए हितकारी होता है।

यज्ञार्थात्कर्मणोऽन्यत्र लोकोऽयं कर्मबंधनः।
तदर्थं कर्म कौन्तेय मुक्तसंगः समाचर ॥

(भ.गी. ३.९)

अर्थात् मोक्ष अथवा मुक्ति के बीच में यह कर्म (आसक्ति युक्त) ही बहुत बड़ी बाधा बना हुआ है। जब व्यक्ति कर्म व उसके फल में आसक्ति कर लेता है तो वह कर्म बन्धन पैदा करता है जिससे वह कभी भी मोक्ष अथवा मुक्ति को प्राप्त नहीं कर पाता है। इसलिए हे कुन्ती पुत्र अर्जुन! तुम उन सभी कर्मों से अतिरिक्त यज्ञीय कर्म अथवा कर्तव्य कर्म करो। यह यज्ञीय कर्म ही मुक्ति का साधन है।

5.3.5 कर्म के प्रकार

5.3.6 गीता के अनुसार कर्म के प्रकार

कर्म से सर्वथा मुक्ति असंभव है। आसक्त या अनासक्त दोनों प्रकार के कर्मों का फल मनुष्य को अवश्य ही मिलता है। गीता में योगेश्वर भगवान श्रीकृष्ण ने तीन प्रकार के कर्म बताये हैं, जो निम्न हैं:-

कर्मणो ह्यपि बोद्धव्यं बोद्धव्यं च विकर्मणः।
अकर्मणश्च बोद्धव्यं गहना कर्मणो गतिः ॥

(भ.गी. ४.१७)

इस श्लोक में कर्म के तीन प्रकारों (कर्म, अकर्म और विकर्म) का वर्णन किया गया है। मनुष्य को ठीक से जानना चाहिए कि कर्म क्या है? अकर्म क्या है? और विकर्म क्या है? क्योंकि कर्म की गति बहुत ही गहन है। उपर्युक्त तीनों प्रकारों कर्म का सामान्य विवरण निम्नानुसार है:-

1. कर्म

शास्त्रों के अनुसार एवं वेदानुकूल किये जाने वाले कर्म इसी श्रेणी में आते हैं। सामान्यतः कर्मेन्द्रियों एवं ज्ञानेन्द्रियों के द्वारा जो भी चेष्टाएँ की जाती हैं , वह कर्म है। फलासक्ति भाव से कर्म करने से लोभ, क्रोध, मोह, अहंकार, द्वेष, भय व तनाव उत्पन्न होता है और अनासक्त भाव से कर्म करने पर सभी प्रकार के विकारों से छुटकारा मिल जाता है।

2. अकर्म

अकर्म अर्थात् कर्म का अभाव। जो भी कर्म मनुष्य करता है उन सभी कर्मों में मैं और मेरापन का भाव आ जाता है तो वह कर्म कहलाता है, लेकिन इसी भाव में अनासक्ति हो जाती है तो वह अकर्म बन जाता है। अकर्म ही कर्म बन्धन से छुटकारा दिलाकर मोक्ष प्रदान करने में समर्थ होते हैं।

3. विकर्म (Inaction)

विकर्म अर्थात् पाप कर्म या निकृष्ट कर्म। जो कर्म स्वार्थ भावना, बदले की भावना एवं नकारात्मक दृष्टिकोण के साथ किये जाते हैं, वे सभी कर्म विकर्म कहलाते हैं।

5.3.7 योग दर्शन के अनुसार कर्म के प्रकार

योग सूत्र में महर्षि पतंजलि ने योगी के कर्म तथा दूसरे व्यक्तियों के कर्मों की चर्चा की है।

कर्माशुक्लाकृष्णं योगिनस्त्रिविधमितरेषाम्।

(पा.यो.द. ४.७)

अर्थात् योगी के कर्म अशुक्ल और अकृष्ण होते हैं तथा दूसरे व्यक्तियों के तीन प्रकार के होते है।

चार प्रकार के कर्म का संक्षिप्त विवरण निम्नानुसार है:-

- **शुक्लकर्म (Meritful Action)**

जो कर्म कर्तव्य भाव से किये जाते हैं, वे सभी कर्म शुक्ल कर्म कहलाते हैं। शुक्ल कर्म पुण्य कर्म है, श्रेष्ठ है, वेदों के अनुकूल है अर्थात् शास्त्रों के अनुरूप है। शुक्ल कर्म के अनुरूप जीवनयापन करने से स्वर्गलोक की प्राप्ति होती है।

- **कृष्णकर्म (Demeritful Action)**

पापकर्म अर्थात् निषिद्ध कर्म ही कृष्ण कर्म कहलाते हैं। शास्त्र विरुद्ध कर्मों को कृष्णकर्म कहा जाता है। कृष्ण कर्मों से दुःख मिलता है एवं नरक लोक की प्राप्ति होती है।

- **शुक्ल कृष्ण कर्म (Mixed Action)**

पाप एवं पुण्य कर्मों का मिश्रण ही शुक्ल कृष्ण कर्म है। सामान्य जीवन में मनुष्य जो कर्म करता है वह कर्म शुक्ल-कृष्ण कर्म ही है।

- **अशुक्ल-अकृष्ण कर्म (Selfless Action)**

अशुक्ल का अर्थ है पुण्य से रहित और अकृष्ण का अर्थ है पाप से रहित कार्य। अर्थात वह कार्य जिनके करने से न तो पुण्य मिलता है और न ही पाप मिलता है। इन्हें निष्काम कर्म कहा जाता है। ये कर्म फल आसक्ति से रहित होकर किये जाते हैं। ये कर्म योगियों के कहे जाते हैं। इन कर्मों को करने से योगी साधक को तत्वज्ञान की प्राप्ति होती है और अन्त में कैवल्य (मोक्ष) प्राप्त हो जाता है।

5.3.8 वैदिक ग्रंथों में कर्म के प्रकार (Types of Karma in Vedic Texts)

विभिन्न **ग्रंथों** में कर्म के अलग-अलग प्रकारों का वर्णन किया गया है। वैदिक ग्रंथ वेदान्त दर्शन/उत्तर मीमांसा दर्शन में मुख्यतः दो प्रकार के कर्म
बताए गए हैं, जिनका वर्णन निम्नलिखित है:-

१. विहित कर्म और २. निषिद्ध कर्म

१. विहित कर्म (Prescribed Karma)

जो कर्म करने योग्य हैं अर्थात् अच्छे कर्म जिनमें अच्छाईयाँ निहित हैं। विहित कर्म के चार भेद हैं:-

- **नित्य कर्म (Regular and Periodic Duties)**

प्रतिदिन किए जाने वाले अनुष्ठान जैसे- सन्ध्या पूजा एवं दिनचर्या के सभी कार्य नित्य कर्म कहलाते हैं।

- **नैमित्तिक कर्म (Obligatory Duties)**

जो कर्म किसी विशेष प्रयोजन के लिए किये जाते है उन्हें नैमित्तिक कर्म कहते हैं जैसे- जन्मदिन, मुंडन, श्राद्ध, तर्पण, दाहसंस्कार, पर्व, त्यौहार आदि पर किए जाने वाले सभी कर्म नैमित्तिक कर्म कहलाते हैं।

- **काम्य कर्म (Rituals done for Fulfilment of Desires)**

जो कर्म किसी कामना या उद्देश्य की पूर्ति के लिए किए जाते हैं उन्हें काम्य कर्म कहते

हैं, जैसे- नौकरी-प्राप्ति, संतान-प्राप्ति, स्वर्ग-प्राप्ति आदि के लिए किए जाने वाले सभी कर्म काम्य कर्म हैं।

- **प्रायश्चित कर्म (Atonement Karma)**

ऐसा माना गया है कि दुनिया की सबसे बड़ी सज़ा प्रायश्चित ही है। व्यक्ति के द्वारा कोई अनैतिक या पापकर्म हो जाए तो उसके प्रायश्चित के लिए वह जो कर्म करता है, वें सब कर्म प्रायश्चित कर्म ही हैं।

२. निषिद्ध कर्म (Prohibited Karma)

जो कर्म शास्त्रों के अनुकूल नहीं हैं जैसे- हिंसा, चोरी, झूठ, व्यभिचार इत्यादि सभी कर्म निषिद्ध कर्म कहलाते हैं।

5.3.9 उपनिषदों के अनुसार कर्म के प्रकार

उपनिषद् में कर्म के निम्नलिखित तीन प्रकार बताए गए हैं:-

अ. संचित्त कर्म (Accumulated Karma)

अनन्त जन्मों के कर्म (पूर्व जन्मों के कर्म) जो हमने अनेक शरीर धारण करके किये हैं, उन सभी अच्छे-बुरे कर्मों का जोड़ ही संचित्त कर्म कहलाता है। हमारे अनन्त जन्मों के संस्कार चित्त में संचित्त रहते हैं।

ब. प्रारब्ध कर्म (Predestined Karma)

संचित्त कर्मों का अंशमात्र ही प्रारब्ध कर्म है। हमने पूर्व जन्म में जो भी कर्म किए उन्हीं के अनुरूप इस जन्म के रूप में फल मिलता है।

स. क्रियमाण कर्म (Future Karma)

वर्तमान में किये जाने वाले सभी कर्म क्रियमाण कर्म कहलाते हैं। वर्तमान में हो रहे सभी अच्छे-बुरे कर्मों का फल भविष्य में अवश्य ही मिलता है।

5.3.10 सारांश

अगर मनुष्य कोई भी काम करते हुए अपने आप को पूरी तरह समर्पित कर सकता है, तो यह कर्मयोग ही है। यदि मनुष्य बहुत प्रयासों के साथ कर्म करता है तो सिर्फ़ कर्म होगा, योग नहीं। योग के लिए कर्म की ज़रूरत नहीं है। कर्म से पार जाना ही योग है। इसी संदर्भ में स्वामी विवेकानन्द दीपक का उदाहरण देते हुए कहते हैं कि जैसे दीपक

जलता है और प्रकाश देता है ये उसका कर्म है। लेकिन उसके साथ तेल, बाती एवं दीपक का विशेष आकार, इन सभी के सामूहिक गुणों के कारण ही दीपक अपना प्रकाश देता है। संस्कारों के कारण ही मनुष्य उत्तम या अनुत्तम दोनों प्रकार के कर्मों में स्वतः ही प्रवृत्त होता है। संस्कारों का शमन होने पर स्वयं कर्मों से छुटकारा मिल जाता है। इसे ही विवेक ज्ञान कहते हैं। इस प्रकार वास्तविक ज्ञान होने पर पर अनासक्त भाव से कर्म होने लगते हैं, जिसे निष्काम कर्म भी कहा जाता है। निष्काम कर्म के द्वारा ही आत्मज्ञान प्राप्त हो सकता है।

ॐ

5.4 राज योग

5.4.1 प्रस्तावना

राज योग का अर्थ होता है राजसी योग। यह योग के सभी विभिन्न मार्गों की चरम परिणति माना जाता है। वास्तव में स्वात्माराम ने अपने ग्रंथ हठयोग प्रदीपिका में कहा है कि हठयोग वह सोपान है, जिस से होकर मनुष्य राज योग तक पहुँचता है। यहाँ पर राज योग का अर्थ योग के किसी विशिष्ट प्रकार से नहीं है, बल्कि आत्मज्ञान की चरम अवस्था से है। यह स्वामी विवेकानंद के प्रयास का ही फल है कि राजयोग को महर्षि पतंजलि के योगसूत्र में वर्णित योग के रूप में पहचान मिली। पतंजलि का योग चित्त-केंद्रित है और उसमें ध्यान को ही सर्वोच्च अभ्यास माना गया है। योग के सभी स्वरूपों का अंतिम लक्ष्य स्वस्थ शरीर और स्वस्थ मन की प्राप्ति है, ताकि चित्त उच्चतर अवस्था तक उठकर उस उन्मनी या मनोन्मनी अवस्था में पहुँच जाए, जहाँ व्यक्ति को आत्मबोध की प्राप्ति होती है। महर्षि पतंजलि का राजयोग या अष्टांग योग मानसिक विकारों को मन में आने से रोकता है, ताकि आत्मा के वास्तविक स्वरूप को उसके शुद्धतम रूप में फिर से प्राप्त किया जा सके।

5.4.2 राजयोग का अर्थ एवं परिभाषाएँ

राजयोग शब्द अनेक उपनिषदों में प्राप्त होता है। कदाचित् भारतीय ऋषियों ने विभिन्न योग मार्गों में से इस मार्ग को सबसे श्रेष्ठ माना है, इसलिए इसका नाम राज योग के रूप में प्रयोग किया गया है। सभी प्रकार के योगों का लक्ष्य समाधि की अवस्था प्राप्त करना है जबकि राजयोग के साधक सीधे समाधि अवस्था से ही साधना प्रारम्भ करता है, इसलिये सभी योग मार्गों के साधनों में इसे श्रेष्ठ कहा जाता है। राजयोग अर्थात् जो सब योगों का राजा है। संसार में जितनी भी प्रकार की योग पद्धतियाँ हैं या मार्ग हैं उनमें सबसे उपयुक्त एवं महत्वपूर्ण राजयोग ही है। राजयोग आत्मानुशासन एवं अभ्यास का मार्ग है।

राजयोग की परिभाषा

- **योगशिखोपनिषद् के अनुसार**

रजो वसति जन्तूनां देवीतत्त्वं समावृतम्।
रजसो रेतसो योगाद्राजयोग इति स्मृतः।।

(यो.शि.उ.नि. १.१३७)

अर्थात् शक्ति (रजसो) और शिव (रेतसो) का मिलन ही राजयोग है। देवी का सार सभी जीवित प्राणियों में योनि स्राव (रजस) के रूप में छिपा हुआ है। इसलिए यह माना

जाता है कि राज-योग पुरुष वीर्य (रेतस) और महिला योनि स्राव (रजस) के एकीकरण से विकसित होता है।

- **हठप्रदीपिका के अनुसार**

हठप्रदीपिका में भी स्वामी स्वात्माराम ने हठयोग का अन्तिम लक्ष्य राजयोग की प्राप्ति ही बतलाया है। हठयोग को राजयोग का अभिन्न अंग माना गया है।

हठप्रदीपिका में स्वामी स्वात्माराम राजयोग और हठयोग की समरूपता को बताते हुए कहते हैं:-

हठं विना राजयोगो राजयोगं विना हठः।
न सिद्ध्यति ततो युग्ममानिष्पत्तेः समभ्यसेत्।।

(ह.प्र. २.७६)

अर्थात् हठयोग के बिना राजयोग और राजयोग के बिना हठयोग की सिद्धि नहीं हो सकती। अतः निष्पत्ति अर्थात् राजयोग की अवस्था प्राप्त होने तक इन दोनों का अभ्यास साधक को करते रहना चाहिये।

- हठप्रदीपिका में स्वामी स्वात्माराम ने हठयोग एवं राजयोग के बीच कोई अन्तर नहीं बताया है। वास्तव में हठयोग एवं राजयोग दोनों साथ-साथ चलते हैं। हठयोग शारीरिक पक्ष है तो राजयोग मानसिक पक्ष है। हठप्रदीपिका के पहले सूत्र में ही स्वात्माराम ने कहा है:-

श्री आदिनाथाय नमोऽस्तु तस्मै येनोपदिष्टा हठयोगविद्या।
विभ्राजते प्रोन्नतराजयोगमारोढुमिच्छोरधिरोहिणीव।।

(ह.प्र. १.१)

अर्थात् सबसे पहले आदिनाथ भगवान शिव को नमस्कार है जिन्होंने हठयोग विद्या की शिक्षा दी, जो राजयोग के उच्चतम शिखर पर आरुढ़ होने की इच्छा रखने वाले साधकों के लिए सीढ़ी के समान है।

- हठप्रदीपिका में स्वामी स्वात्माराम केवल और केवल राजयोग की प्राप्ति के लिए ही हठयोग विद्या का उपदेश देते हुए कहते हैं:-

प्रणम्य श्रीगुरुं नाथं स्वात्मारामेण योगिना।
केवलं राजयोगाय हठविद्योपदिश्यते।।

(ह.प्र.१.२)

अर्थात् श्रीनाथ गुरु को प्रणाम करके योगी स्वात्माराम केवल राजयोग की प्राप्ति के लिए हठविद्या का उपदेश करते हैं।

- हठप्रदीपिका के प्रथम अध्याय के अंतिम श्लोक में राजयोग की महिमा का

गुणगान करते स्वामी स्वात्माराम कहते हैं :-

पीठानि कुम्भकाश्चित्रा दिव्यानि करणानि च।
सर्वाण्यपि हठाभ्यासे राजयोगफलावधि।।

ह.प्र. १.६७

अर्थात् विभिन्न प्रकार के आसन, कुंभक, मुद्राएँ आदि विभिन्न हठयोग के अभ्यास राजयोग में सफल होने तक करना चाहिए।

5.4.3 स्वामी विवेकानन्द का राजयोग

१९वीं शताब्दी में स्वामी विवेकानन्द ने ही सबसे पहले 'राजयोग' का आधुनिक अर्थ में प्रयोग किया था। स्वामी विवेकानन्द ने राजयोग पर बहुत अच्छी पुस्तक लिखी है जिसका नाम "राजयोग" है।

स्वामी विवेकानन्द कहते हैं कि संसार के अन्य विज्ञानों की तरह ही राजयोग भी एक विज्ञान है। राजयोग का यही विज्ञान, मन का विश्लेषण तथा अतीन्द्रिय जगत के तथ्यों का संकलन करता है जिससे आध्यात्मिक जगत का निर्माण होता है। श्रद्धाभाव से योगाभ्यास करने पर मन के एक के बाद एक स्तर खुलते जाते हैं और प्रत्येक स्तर पर नये-नये अनुभव होते रहते हैं। साधक को कुछ अनुभूतियाँ, शक्तियाँ और सिद्धियाँ प्राप्त होती हैं लेकिन इन सभी के बाद भी योग साधक को मार्ग में नहीं रुकना चाहिए। केवल मोक्ष प्राप्त करना ही साधक का लक्ष्य होना चाहिए।

स्वामी विवेकानन्द

- **स्वामी विवेकानन्द के राजयोग के लक्ष्य की प्राप्ति के लिए साधक के लिए कुछ सुझाव**
- इन्द्रिय भोग-वासना का त्याग करना।
- केवल ईश्वर व सत्य को ही अपना लक्ष्य बनाये रखना।
- भगवतप्राप्ति की तीव्र आकांक्षा रखना।
- इन्द्रिय-निग्रह।
- मन को बहिर्मुखी न होने देना।
- मन को अन्तर्मुखी बनाना।
- मन को सदैव एक ही भाव में स्थिर रखना। ध्येय को ही सामने रखना
- और उसी ध्येय का मनन-चिन्तन करते रहना। ध्येय को कभी अपने से अलग नहीं करना।

- **स्वामी विवेकानन्द के योग साधक के लिए तीन नियम**
- **शारीरिक और मानसिक पवित्रता**

योग साधक को सभी प्रकार की मलिनता तथा मन को पतन की ओर धकेलने वाली सभी बातों का परित्याग करना चाहिए।

- **धैर्य**

साधक दृढ़ रहे और धैर्य रखे, अन्त में सिद्धि (सफलता) सुनिश्चित है।

- **लगन और परिश्रम**

सुख-दुःख, गर्मी-सर्दी, स्वास्थ्य-अस्वास्थ्य आदि सभी दशाओं में योग साधक को एक दिन भी अभ्यास नहीं छोड़ना चाहिए ताकि निरन्तरता बनी रहे।

5.4.4 राजयोगियों के प्रकार

राजयोगी चार प्रकार के होते हैं, जिसका वर्णन निम्नानुसार है:-

1. प्रथमकल्पिक योगी

प्रारम्भिक साधक, जो अभी सवितर्क सम्प्रज्ञात की सिद्धि में ही लगे हैं, जिनका ज्ञान अभी कल्पना तक ही सीमित है अथवा समाधि के क्षेत्र में नवागंतुक हैं इन्हें नौसिखिया योगी भी कहते हैं। इस प्रकार के योगी सामान्य आसन प्राणायाम, मुद्रा-बन्ध का निरन्तर लम्बे समय तक अभ्यास करके योगारुढ़ हो जाते हैं परन्तु इस अवस्था में राजयोगी को किसी प्रकार की सिद्धि की प्राप्ति नहीं होती है।

2. मधुभूमिक योगी

यह राजयोगी की दूसरी अवस्था होती है जिनको कुछ प्राप्त हो गया है व कुछ प्राप्त करना है। ऐसे साधकों की निवितर्क समाधि सिद्ध हो चुकी होती है। ऐसे योगी मधुभूमिक योगी कहे जाते हैं।

3. प्रज्ञा ज्योति योगी

यह राजयोगी की तीसरी अवस्था है। जिन राजयोगी साधकों ने मधुभूमिक अवस्था के बाद पंच महाभूतों (पृथ्वी, अग्नि, जल, वायु, आकाश) एवं सभी इन्द्रियों (कर्मेन्द्रियों एवं ज्ञानेन्द्रियों) पर विजय प्राप्त कर ली है, वे राजयोगी प्रज्ञा ज्योति योगी की श्रेणी में आते हैं।

4. अतिक्रांत भावनीय योगी

यह राजयोग साधक की चौथी तथा अन्तिम अवस्था है। वे योगी जिन्होंने राजयोग की तृतीय अवस्था को पार करके अणिमा, महिमा, गरिमा आदि अष्ट सिद्धियों को प्राप्त कर लिया हो तथा कैवल्य (मोक्ष) प्राप्ति की अवस्था बची हो, ऐसे योगी साधक अतिक्रांत भावनीय योगी कहलाते हैं। इस अवस्था में राजयोगी असम्प्रज्ञात समाधि की अवस्था को प्राप्त कर लेता है। उनका एक मात्र लक्ष्य कैवल्य सिद्धि ही है।

5.4.5 राजयोग साधना के साधकों की श्रेणियाँ

राजयोग की साधना के लिए तीन प्रकार के साधक माने गये हैं:-

1. उत्तम कोटि के साधक

वे साधक जिनका चित्त पूर्वजन्म की साधना से सिद्ध होता है किन्तु किसी कारणवश पिछले जन्म में वे अन्तिम लक्ष्य अर्थात् समाधि को पाने में असमर्थ रहे हों तो अगले जन्म में उनकी साधना वहीं से शुरू हो जाती है जिस अवस्था तक पिछले जन्म में पहुँचे थे। उत्तम कोटि के साधक केवल अभ्यास एवं वैराग्य के द्वारा ही समाधि को प्राप्त कर लेते हैं।

2. मध्यम कोटि के साधक

ये दूसरी श्रेणी के साधक हैं। ऐसे साधकों के लिए महर्षि पतंजलि ने क्रिया योग का वर्णन किया है। क्रिया योग में तीन साधनाएँ होती हैं- तप, स्वाध्याय और ईश्वरप्रणिधान। क्रियायोग के अभ्यास से साधक के पंचक्लेश दुर्बल पड़ जाते हैं और समाधि की अवस्था प्राप्त हो जाती है।

3. अधम कोटि के साधक

अधम अर्थात् निम्न श्रेणी के साधकों के लिए महर्षि पतंजलि ने अष्टांग योग का मार्ग बताया है। इस श्रेणी के साधक का चित्त मलिन, चंचल एवं वृत्तियों से घिरा रहता है, इसलिए साधक को चित्त शुद्धि के लिए प्रारम्भ से ही अष्टांग योग की साधना करना अनिवार्य होता है।

5.4.6 अष्टांग योग (आठ सोपान)

अष्टांग योग में वर्णित आठ साधनों को बहिरंग और अंतरंग साधनों के रूप में विभाजित किया है। प्रथम पाँच अंग यम, नियम, आसन, प्राणायाम तथा प्रत्याहार बहिरंग योग कहलाते हैं। अन्य तीन धारणा, ध्यान तथा समाधि को अंतरंग योग कहते हैं। बहिरंग साधन का तात्पर्य उन अभ्यासों से है जिनका लक्ष्य शरीर, समाज तथा अन्य विषयों के संदर्भ में होता है। अंतरंग साधनों का उद्देश्य एवं लक्ष्य आत्मचिन्तन होता है। महर्षि पतंजलि अष्टांग योग का वर्णन इस प्रकार से करते हैं:-

यमनियमासनप्राणायामप्रत्याहारधारणाध्यानसमाधयोऽष्टावङ्गानि।।

(पां.यो.सू.२.२९)

अर्थात् यम, नियम, आसन, प्राणायाम, प्रत्याहार, धारणा, ध्यान और समाधि योग के आठ अंग हैं।

5.4.7 महर्षि पतंजलि के अष्टांग योग के प्रत्येक अंग पर संक्षेप में विचार

१. यम- पाँच सामाजिक नैतिकता

यम पातंजल अष्टांग योग का प्रथम अंग है। महर्षि पतंजलि के अनुसार:-

अहिंसासत्यास्तेयब्रह्मचर्यापरिग्रहा यमाः।।

(पां.यो.सू. २.३०)

अहिंसा, सत्य, अस्तेय, ब्रहमचर्य और अपरिग्रह- ये पाँच यम बताये हैं। यम के इन अंगों का अर्थ और व्यावहारिक महत्व इस प्रकार है:-

१) अहिंसा (Non -Violence)

मन से, वचन से और कर्म से किसी भी प्राणी को कभी भी किसी प्रकार का दुःख न देना अहिंसा है। इसके अभ्यास से व्यापक प्रेम तथा भाईचारे की भावना का विकास होता है जो चित्त को शुद्ध करता है। घृणा की भावना का बहिष्कार भी अहिंसा का ही अंग है। इस प्रकार मात्र अहिंसा के माध्यम से ही चित्त की शुद्धता और भावनाओं को परिष्कृत किया सकता है।

२) सत्य (Truth)

यह अत्यन्त महत्वपूर्ण है क्योंकि सत्य पर ही अन्य यम तथा नियमों का पालन निर्भर है। सत्य के माध्यम से हम अपनी वाणी को संयमित व पवित्र बना सकते हैं।

३) अस्तेय (Non Stealing)

अस्तेय का तात्पर्य है दूसरे के धन, वस्तु या विचारों का अपने हित में प्रयोग न करना है अर्थात् दूसरों के वैभव-ऐश्वर्य को देखकर हमारे अंदर ईर्ष्या, द्वेष अथवा लोभ का भाव न आना। अस्तेय के माध्यम से हम इस प्रकार की मानसिक दुर्भावनाओं से दूर रहते हैं। अस्तेय से व्यक्तिगत चित्तशुद्धि के अतिरिक्त व्यापक सामाजिक तनाव भी कम होता है।

४) ब्रह्मचर्य (Celibacy /Continence)

ब्रह्मचर्य स्वधर्म से विरक्त न होने का बोधक है। यह मात्र मैथुन कर्म से विरक्त होना नहीं है। ब्रह्म अर्थात् ईश्वर को प्राप्त करने के लिए जो मार्ग अपनाया जाता है वह ब्रह्मचर्य है। सभी इन्द्रियों एवं मन को वश में रखते हुए ईश्वरीय साधना में लीन रहना ही ब्रह्मचर्य है।

५) अपरिग्रह (Non Coviting)

अपने स्वार्थ के लिए धन, सम्पत्ति और भोग सामग्री का संचय करना 'परिग्रह' है, इसके अभाव का नाम 'अपरिग्रह' है। अपरिग्रह अर्थात् आवश्यकता अनुसार ही भौतिक साधनों का संचय व उपयोग करना।

२. नियम- पाँच व्यक्तिगत नैतिकता

नियम पातंजल अष्टांग योग का द्वितीय अंग है। महर्षि पतन्जलि के अनुसार:-

शौचसंतोषतपः स्वाध्यायेश्वरप्रणिधानानि नियमाः।।

(पां.यो.सू. २.३२)

शौच, सन्तोष, तप, स्वाध्याय, ईश्वरप्रणिधान- ये पाँच नियम बताये हैं। नियम के इन अंगों का अर्थ और व्यावहारिक महत्व इस प्रकार है:-

१) शौच (Purity)

शौच का तात्पर्य है जीवन के शारीरिक या मानसिक क्रिया-कलाप के प्रत्येक क्षेत्र में शुद्धता का अभ्यास। शरीर, वस्त्र और आवास आदि के मल को दूर करना बाह्य शुद्धि है। वर्णाश्रम और योग्यतानुसार न्यायपूर्वक अन्न, धन आदि पवित्र व्यवहार करना भी बाह्य शुद्धि ही है। जप, तप और शुद्ध विचारों द्वारा तथा मैत्री आदि की भावना से अन्तःकरण के राग द्वेषादि मलों का नाश करना आभ्यन्तर शौच है।

२) सन्तोष (Contentment)

शौच के बाद सन्तोष दूसरा नियम है। कर्तव्य-कर्म का पालन करते हुए उसका जो परिणाम हो तथा प्रारब्ध के अनुसार स्वयं जो कुछ प्राप्त हो तथा जिस परिस्थिति में रहना पड़े, उसी से सन्तुष्ट रहना और अन्य किसी प्रकार की कामना न करना 'संतोष' है। संतोष के माध्यम से व्यक्ति के जीवन में शान्ति और सुख का आगमन होता है।

३) तप (Ardour/Austerity)

तप का शाब्दिक अर्थ है- तपाना, जलाना, चमकाना, कष्ट सहना अर्थात् जीवन में एक निश्चित ध्येय की प्राप्ति के लिए किसी भी स्थितियों में सतत एवं अथक प्रयत्न। इसमें पवित्रता, आत्मसंयम और कठिन तपस्या समाविष्ट है। तप के बिना चित्त परमात्मा तक नहीं पहुँच सकता है।

४) स्वाध्याय (Study of Self)

स्व का अर्थ है स्वयं और अध्याय का अर्थ है अध्ययन करना। इसलिए स्वाध्याय आत्मअध्ययन है। यह अपनी जीवन दशा का उचित मूल्यांकन एवं जीवन का सही दिशा निर्धारण है। स्वस्थ, प्रसन्न एवं शान्त जीवन बनाने के लिए पवित्र स्थान में दिव्य धार्मिक ग्रंथों का नियमित अध्ययन आवश्यक है। यह अध्ययन साधक को ध्यान

केन्द्रित करने में और जीवन की कठिन समस्याओं के सुलझाने में समर्थ बनाता है। यह अज्ञान को मिटाकर ज्ञान को सुलभ कराता है।

५) ईश्वर प्रणिधान (Dedicated to God)

ईश्वर प्रणिधान का तात्पर्य ईश्वर के प्रति पूर्ण भक्ति भावपूर्वक आत्म समर्पण सहित उपासना है। उसके नाम, रूप, लीला, धाम, गुण और प्रभाव आदि का श्रवण, कीर्तन और मनन करना, समस्त कर्मों को भगवान को समर्पण कर देना, अपने को भगवान के हाथ का यन्त्र बनाकर जिस प्रकार वह नचाए, वैसे ही नाचना, उसकी आज्ञा का पालन करना, उसी में अनन्य प्रेम करना- ये सभी ईश्वर-प्रणिधान के अंग हैं।

३. आसन

स्थिरसुखमासनम् ॥ (पां.यो.सू. २.४६)

साधक अपनी योग्यता के अनुसार जिस रीति से बिना हिले-डुले स्थिर भाव से सुखपूर्वक बिना किसी प्रकार की पीड़ा के बहुत समय तक बैठ सके वही आसन उसके लिये उपयुक्त है। प्रयत्न की शिथिलता और परमात्मा में मन लगाने- इन दो उपायों से आसन की सिद्धि होती है। आसन में सिद्धि हो जाने से शरीर पर द्वन्द्वों का प्रभाव नहीं पड़ता। अतः ये द्वंद चित्त को चंचल बनाकर साधन में विघ्न नहीं डाल सकते।

४. प्राणायाम

योगसूत्रकार महर्षि पतंजलि के अनुसार:-

तस्मिन् सति श्वासप्रश्वासयोर्गतिविच्छेदः प्राणायामः॥

(पां.यो.सू. २.४९)

अर्थात् उस आसन की सिद्धि होने के बाद श्वास और प्रश्वास की गति का स्थिर हो जाना प्राणायाम कहलाता है। प्राणायाम का अर्थ है- प्राण का विस्तार या ठहराव करना। प्राणायाम के तीन अंग हैं:-

- पूरक- श्वास को अंदर लेना
- कुंभक- श्वास को रोकना
- रेचक- श्वास को बाहर छोड़ना
- महर्षि पतंजलि के अनुसार

बाह्याभ्यन्तरस्तम्भवृत्तिर्देशकालसंख्याभिःपरिदृष्टो दीर्घसूक्ष्मः॥

(पां.यो.सू. २.५१)

प्राणायाम के तीनों भेदों बाह्य, आभ्यान्तर व स्तम्भवृत्ति की अवधि व आवृत्ति देश, काल और संख्या के अनुसार ज़्यादा लम्बी व सूक्ष्म होती है।

महर्षि पतंजलि के अनुसार चौथा प्राणायाम है:-

बाह्याभ्यन्तरविषयाक्षेपी चतुर्थः ॥

(पां.यो.सू. २.५१)

बाहर और भीतर के विषयों का त्याग कर देने से अपने आप होने वाला चौथा प्राणायाम है। महर्षि पतंजलि के अनुसार प्राणायाम के अभ्यास से दो लाभ प्राप्त होते हैं:-

- **पहला लाभ**

ततः क्षीयते प्रकाशावरणम् ॥

(पां.यो.सू. २.५२)

प्राणायाम का अभ्यास से पहला लाभ आत्मज्ञान रूपी प्रकाश पर रज और तम के गुणों का आवरण क्षीण हो जाता है

- **दूसरा लाभ**

धारणासु च योग्यता मनसः॥

(पां.यो.सू. २.५३)

प्राणायाम के अभ्यास से दूसरा लाभ मन में धारणा की योग्यता भी आ जाती है।

५. प्रत्याहार

वस्तुतः पतंजलि के अष्टांगयोग में प्रत्याहार अन्तरंग तथा बहिरंग अवस्थाओं में सेतु रूप है। महर्षि पतंजलि के अनुसार:-

स्वविषयासम्प्रयोगे चित्तस्वरूपानुकार इवेन्द्रियाणां प्रत्याहारः॥

(पां.यो.सू. २.५४)

इन्द्रियों की बाह्यवृत्तियों को सब ओर से समेटकर मन में विलीन करने के अभ्यास का नाम 'प्रत्याहार' है। जब साधनकाल में साधक इन्द्रियों के विषयों का त्याग करके चित्त को अपने ध्येय में लगाता है, उस समय इन्द्रियाँ अपने विषयों की ओर न जाकर चित्त में विलीन हो जाती हैं तब यह स्थिति प्रत्याहार सिद्ध होने की पहचान है।

पतंजलि मुनि पां.यो.सू. २.५५ में प्रत्याहार का फल बतलाकर कहते हैं कि "प्रत्याहार सिद्ध हो जाने पर योगी की इन्द्रियाँ सर्वथा उसके वश में हो जाती हैं, उनकी स्वतन्त्रता का सर्वथा अभाव हो जाता है"।

६. धारणा

पतंजलि विभूतिपाद में धारणा का स्वरूप बतलाते हैं।

देशबन्धश्चित्तस्य धारणा॥

(पां.यो.सू. ३.१)

बाहर या शरीर के भीतर कहीं भी किसी एक देश में चित्त को ठहराना धारणा कहलाता है। नाभिचक्र, हृदय-कमल आदि शरीर के भीतरी देश हैं और आकाश या सूर्य, चन्द्रमा आदि देवता या कोई भी मूर्ति या कोई भी पदार्थ बाहर के देश हैं, उनमें से किसी एक

देश में चित्त की वृत्ति को लगाने का नाम 'धारणा' है।

७. ध्यान

तत्र प्रत्ययैकतानता ध्यानम् ॥

(पां.यो.सू. ३.२)

जिस ध्येय वस्तु में चित्त को लगाया जाय, उसी में चित्त का एकाग्र हो जाना अर्थात् केवल ध्येयमात्र की, एक ही तरह की वृत्ति का प्रवाह चलना, उसके बीच में किसी भी दूसरी वृत्ति का न उठना 'ध्यान' है।

८. समाधि

तदेवार्थमात्रनिर्भासं स्वरूपशून्यमिव समाधिः ॥

(पां.यो.सू. ३.३)

ध्यान करते-करते जब चित्त ध्येयाकार में परिणत हो जाता है, उसके अपने स्वरूप का अभाव-सा हो जाता है, उसको ध्येय से भिन्न उपलब्धि नहीं होती, उस समय उस ध्यान का ही नाम 'समाधि' हो जाता है।

द्रष्टा, दृश्य और दर्शन की क्रिया तीनों एकरूप हो जाती हैं जिसे पंतजलि के अष्टांग योग का अंतिम सोपान समाधि कहा है। समाधि की अवस्था में मन की अन्तर्बाह्य वृत्तियाँ एकदम समाप्त हो जाती हैं और केवल चेतना शेष रहती है। समाधि से आत्मसाक्षात्कार होता है।

5.4.8 सारांश

पतंजलि के राज योग का चरम लक्ष्य कैवल्य है। यह ऐसी अवस्था है जहाँ मनुष्य अपने दुखों एवं पीड़ाओं से हमेशा के लिए मुक्त हो जाता है। राज योग मुख्य रूप से मन के प्रबंधन से संबंधित है। यह एकाग्रता, जागरूकता के लिए मार्ग प्रशस्त करते हुए पूर्ण जागृति (कैवल्य) प्रदान करता है। कैवल्य प्राप्त करने की प्रक्रिया में योग अभ्यास के दौरान अन्य लाभ भी दिखाई देते हैं, जिनमें शारीरिक एवं मानसिक लाभ मुख्य हैं। आसन या शारीरिक मुद्रा अष्टांग योग के आठ अंगों में से एक महत्वपूर्ण अंग है, जिसका उद्देश्य चित्त का नियंत्रण या 'चित्तवृत्ति निरोध है। राज योग में शारीरिक मुद्राओं की अपेक्षा मानसिक क्रियाओं पर विशेष बल दिया जाता है, जिससे अभ्यर्थी अपनी क्षमता बढ़ाकर ध्यान की अवस्था में दीर्घ समय तक बैठ सके।

ॐ

5.5 हठयोग (Hatha Yoga)

5.5.1 प्रस्तावना

हठ योग का स्रोत तंत्र है। अधिकतर हठ योग पद्धतियाँ शुद्धिकरण (शोधन क्रिया या षट् कर्म) से आरंभ होती हैं, जबकि पतंजलि का अष्टांग योग यम और नियम से आरम्भ होता है। हठयोग विभिन्न पद्धतियों का संयोजन है, जो व्यक्ति के विभिन्न पक्षों– शारीरिक, भावनात्मक, बौद्धिक, आध्यात्मिक इत्यादि के विकास में महत्वपूर्ण भूमिका निभाता है। यह एक वैज्ञानिक पद्धति है, जो योग की विभिन्न शाखाओं को एकीकृत करती है और व्यक्ति के जीवन में समरसता लाती है। योग विद्या के विभिन्न आयामों में हठयोग का विशेष स्थान है। कहा जाता है कि हठयोग के प्रणेता भगवान शिव थे। भगवान शिव ने सर्वप्रथम अपनी पत्नी पार्वती को हठयोग की शिक्षा दी।

5.5.2 हठयोग का अर्थ

सामान्यतः हठयोग का अर्थ बलपूर्वक और ज़ोर-ज़बरदस्ती से की जाने वाली क्रियाओं से लिया जाता है। हठयोग शब्द सुनते ही सबके मन में विचार आता है कि यह ऐसा योग है जिसमें बलपूर्वक शारीरिक एवं मानसिक क्रियाएँ की जाती हैं। वास्तव में ऐसा नहीं है, हठयोग का अर्थ बहुत गहरा है। हठयोग तो शरीर एवं मन का सन्तुलन करके राजयोग तक पहुँचने का एक विज्ञान है।

'ह' और 'ठ' दो भिन्न वर्ण के मिलन से 'हठ' शब्द की व्युत्पत्ति हुई है। 'ह' का अर्थ है सूर्य और 'ठ' चंद्र के अर्थ में प्रयुक्त होता है। ये सूर्य और चंद्र शरीर में विद्यमान नाड़ियों के नाम बताने के अर्थ में प्रयुक्त हैं, जिन्हें पिंगला एवं इड़ा भी कहा जाता है।

दो विपरीतधर्मी तत्व के संकेत के रूप में भी 'ह' और 'ठ' का प्रयोग मिलता है। 'ह' और 'ठ' को कई अन्य नामों से भी जाना जाता है।

'ह'- सूर्य, पिंगला, ग्रीष्म, पित्त, शिव, दिन, रजस, प्राणवायु, धनात्मक, गंगा और सिम्पेथेटिक (अनुकंपी) आदि।

'ठ'- चन्द्र, इड़ा, शीत, कफ, शक्ति, रात, तमस, अपानवायु, ऋणात्मक, यमुना और पैरासिम्पेथेटिक (परा अनुकंपी) आदि।

5.5.3 हठयोग की परिभाषा

- **सिद्ध सिद्धान्त पद्धति के अनुसार**

हकारः कीर्त्तितः सूर्यष्ठकारश्चन्द्र उच्यते।
सूर्याचन्द्रमसोर्योगाद् हठयोगो निगद्यते ॥

(सि.सि.प. १.६९)

अर्थात् 'हकार' को सूर्य स्वर, 'ठकार' को चन्द्र स्वर को कहा गया है। दोनों अर्थात् सूर्य एवम् चन्द्र स्वर के योग को ही हठयोग कहते हैं।

- **योग शिखोपनिषद् के अनुसार**

हकारेण तु सूर्यः स्यात्सकारेणेन्दुरुच्यते।
सूर्याचन्द्रमसोरैक्यं हठ इत्यभिधीयते ॥

(यो.शि.उ. १.१३३)

अर्थात् हकार का अभिप्राय सूर्य स्वर से लिया गया है। ठकार का अभिप्राय चन्द्र स्वर से लिया गया है। सूर्य एवं चन्द्र के ऐक्य को ही हठयोग कहा गया है।

5.5.4 हठयोग का इतिहास (Histroy of Hatha Yoga)

योग विद्या का उद्भव हज़ारों वर्ष प्राचीन है। परम्परा के अनुसार हठयोग के आदि प्रणेता भगवान शिव को माना जाता है। भगवान शिव ने ही सप्त ऋषियों को योग का ज्ञान दिया था। भगवान शिव को आदिनाथ, आदियोगी, आदिदेव, आदिगुरु भी कहा जाता है। हठयोग का ज्ञान सबसे पहले भगवान शिव ने माता पार्वती को दिया था। बताया जाता है कि उस समय मछली रूप में मत्स्येन्द्र नाथ ने भी योग के ज्ञान को सुना था। इसके बाद भगवान शिव प्रदत्त इस हठयोग के ज्ञान को नवनाथ ने सबसे अधिक प्रचलित किया था। नाथ सम्प्रदाय में गुरु गोरखनाथ का नाम प्रमुखता से लिया जाता है जिन्होंने हठयोग का ज्ञान गुरु मत्स्येन्द्रनाथ से प्राप्त करके आगे तक पहुँचाया। इसके बाद नाथ परम्परा के द्वारा हठयोग का ज्ञान सर्वसुलभ हो पाया। वह भारत भूमि ही है, जहाँ पर योग की विद्या पूरी तरह अभिव्यक्त हुई है।

हठप्रदीपिका के प्रथम सूत्र में ही स्वामी स्वात्माराम आदिनाथ भगवान शिव को नमस्कार करते हुए कहते हैं:-

श्री आदिनाथाय नमोऽस्तु तस्मै येनोपदिष्टा हठयोगविद्या।
विभ्राजते प्रोन्नतराजयोगमारोढुमिच्छोरधिरोहिणीव।।

(ह.प्र.१.१)

अर्थात् उन सर्वशक्तिमान् आदिनाथ को नमस्कार है, जिन्होंने हठयोग-विद्या की शिक्षा दी, जो राजयोग के उच्चतम शिखर पर चढ़ने की इच्छा रखने वाले अभ्यासियों के लिऐ सीढ़ी के समान है।

5.5.5 हठयोग के प्रमुख ग्रंथ (Major Texts of Hatha Yoga)

हठयोग के प्रमुख ग्रंथ निम्नानुसार हैं :-

शिव संहिता, गोरक्ष संहिता, गोरक्ष शतकम, सिद्धसिद्धान्त पद्धति, हठप्रदीपिका, हठतत्व कौमुदी, घेरंड संहिता, योगबीज, सिद्ध सिद्धान्त संग्रह, शिव संहिता, हठरत्नावली, गोरक्ष सिद्धान्त संग्रह आदि हठयोग पर लिखे गये सबसे अधिक प्रसिद्ध ग्रंथ हैं। उक्त में से हठयोग के चार प्रसिद्ध शास्त्रीय ग्रंथ हैं :- शिव संहिता, हठप्रदीपिका, हठरत्नावली और घेरंड संहिता।

5.5.6 हठयोग के प्रमुख ग्रंथों का परिचय (Introduction of Main Texts of Hatha Yoga)

<u>हठप्रदीपिका</u>

हठ प्रदीपिका हठयोग की एक शास्त्रीय नियमावली है। यह लगभग १५वीं शताब्दी में गोरखनाथ के शिष्य स्वामी स्वात्माराम द्वारा संस्कृत भाषा में लिखी गई है। इस ग्रंथ में चतुरंग योग का प्रतिपादन किया गया है। आसन, कुम्भक (प्राणायाम), मुद्रा एवं नादानुसंधान। यह अभ्यास अध्यात्म की ओर अग्रसर करते हैं। ग्रंथ के प्रत्येक अध्याय में चतुरंगयोग की शाखाओं का उल्लेख किया गया है:-

अध्याय 1. आसन:

इस अध्याय में १५ आसनों के नाम व विवरण हैं। यौगिक आहार की अवधारणा जैसे मिताहार तथा योग अभ्यास में बाधा पहुँचाने वाले छः कारक तथा अभ्यास को सरल बनाने वाले छः साधक तत्व इत्यादि का वर्णन किया गया है।

अध्याय 2. प्राणायाम:

इस अध्याय में आठ प्रकार के कुंभक (प्राणायाम) और उनकी विधियाँ एवं लाभों का

उल्लेख है। साथ ही शुद्धिकरण के छः अभ्यास, जो षट्कर्म कहलाते हैं, की विधि एवं लाभ भी निहित है।

अध्याय 3. मुद्राः

यह अध्याय मुद्रा के दस प्रकारों, उसकी विधियों और लाभों का उल्लेख करता है। इस अध्याय में कुण्डलिनी तथा उसे जागरित करने के अभ्यास का भी वर्णन है।

अध्याय 4. नादानुसंधानः

यह अध्याय नादानुसंधान की अवधारणा का उल्लेख करता है। नादानुसंधान के चार चरणों, समाधि, प्राण एवं चित्त में सम्बन्ध इत्यादि का भी उल्लेख इस अध्याय में है।

घेरण्ड संहिता

घेरण्ड संहिता १७वीं शताब्दी में लिखा गया था और यह हठयोग का एक बहुत प्रसिद्ध ग्रंथ माना जाता है। इसका आरंभ षट्क्रिया से होता है जिसे आन्तरिक अंगों के शुद्धिकरण के लिए किया जाता है। घेरण्ड द्वारा प्रतिपादित योग सप्तांग योग या घटस्थ योग कहलाता है।

घेरण्ड संहिता योग की एक नियमावली है जिसे घेरण्ड द्वारा चंडकपालि को सिखाया गया। घेरण्ड द्वारा प्रतिपादित सप्तांग योग इस प्रकार हैं:-

1. षट्कर्म (शुद्धिकरण) 2. आसन (सुदृढ़ता) 3. मुद्रा (स्थिरता)
4. प्रत्याहार (संतुष्टि) 5. प्राणायाम (हलकापन) 6. ध्यान (अनुभूति)
7. समाधि (मोक्ष)

5.5.7 हठयोग के उद्देश्य (Objectives of Hatha Yoga)

- हठयोग का अभ्यास राजयोग की प्राप्ति के लिये किया जाता है ये हठप्रदीपिका के पहले ही सूत्र में उल्लेखित है।
- हठयोग का लक्ष्य शरीर में विद्यमान दो प्रमुख ऊर्जाओं में सन्तुलन बनाना है। ये ऊर्जाएँ हैं: प्राणिक व मानसिक। इसे हम इस रूप में भी समझ सकते हैं कि 'ह' अर्थात् प्राणिक ऊर्जा और 'ठ' अर्थात् मानसिक ऊर्जा का संयोग है।
- भारतीय परम्परानुसार हठयोग का अत्यन्त महत्वपूर्ण लक्ष्य आत्मबोध या मोक्ष है अर्थात् सभी विपदाओं तथा पीड़ाओं से मुक्ति। इस लक्ष्य की प्राप्ति में शारीरिक अभ्यास महत्वपूर्ण भूमिका निभाता है।
- हठयोगाभ्यास का उद्देश्य प्राणायाम क्रिया के द्वारा कुण्डलिनी को जागरित करना है। पहले दो अभ्यास हैं: क्रिया (षट् कर्म) और आसन जो यह सुनिश्चित करते हैं

कि एक स्वस्थ शरीर में प्राण का अबाध प्रवाह हो, यह प्राणायाम का प्रथम चरण है।

- बंध और मुद्रा के साथ प्राणायाम का अभ्यास कुंडलिनी को जागृत कर आत्मबोध की ओर अग्रसर करता है।
- इस अत्यन्त महत्वपूर्ण लक्ष्य की पूर्ति हेतु हठयोग शरीर में शक्ति/ऊर्जा प्रणाली को सन्तुलित करता है, शरीर को स्वस्थ बनाता है, मस्तिष्क को भावनात्मक रूप से सुदृढ़ बनाता है, बुद्धि तीक्ष्ण करता है तथा आध्यात्मिक महत्वाकांक्षाओं को सन्तुष्ट करता है। षट् क्रिया शरीर का शुद्धिकरण (शोधन) करती है। आसन शरीर को सुदृढ़ एवं रोगमुक्त बनाता है। प्राणायाम का अभ्यास शरीर में स्फूर्ति लाता है, मुद्रा एवं बन्ध स्थिरता प्रदान करते हैं, जबकि ध्यान अध्यात्म का मार्ग प्रशस्त करता है।

5.5.8 हठयोग के बाधक एवं साधक तत्व

- **बाधक तत्व**

हठ प्रदीपिका के १५वें श्लोक में इसकी व्याख्या की गई है, जो इस प्रकार है:-

अत्याहार: प्रयासश्च प्रजल्पो नियमाग्रह:।
जनसङ्गश्चलौल्यंचषड्भिर्योगोविनश्यति।।

(ह.प्र.१.१५)

अर्थात् योग साधना काल में कुछ ऐसे अवगुण या कुछ बुरी आदतें ऐसी होती हैं, जो साधक को योगमार्ग में आगे बढ़ने से रोकती हैं। इन्हें योग में बाधक तत्व कहते हैं। हठप्रदीपिका के इस श्लोक में स्वामी स्वात्माराम ने छ (६) बाधक तत्व बताए हैं :

अत्याहार-- अत्यधिक भोजन करना
प्रयास -- अत्यधिक परिश्रम करना
प्रजल्प -- अत्यधिक बोलना
नियमाग्रह-- अत्यधिक नियम का आग्रह करना
जनसंग -- अत्यधिक (कई) लोगों से सम्पर्क करना
लौल्यं -- चंचलता, मन का अत्यधिक चंचल होना

- **साधक तत्व**

हठ प्रदीपिका के १६वें श्लोक में इसकी व्याख्या की गई है, जो इस प्रकार है:-

उत्साहात् साहसाद्धैर्यात्तत्त्वज्ञानाच्च निश्चयात्।
जनसङ्गपरित्यगात् षड्भिर्योग: प्रसिद्धयति।।

(ह.प्र.१.१६)

अर्थात् योग साधना काल में कुछ गुण या कुछ अच्छी आदतें ऐसी होती हैं जो साधक को योगमार्ग में आगे बढ़ने के लिए सहायता प्रदान करती हैं। ऐसे गुणों या अच्छी आदतों को योग में साधक तत्व कहते हैं अर्थात् जो साधक को योग मार्ग में अग्रसर करने में किसी भी प्रकार का लाभ पहुँचाए, उन्हें साधक तत्व कहते हैं। इस श्लोक में छः साधक तत्व बताए हैं–

उत्साह -- हिम्मत या हौसला
साहस -- अन्तर्दृष्टि का सामना करने का साहस तथा अनुभूति।
धैर्य -- सब्र करना या उतावलापन का न होना।
तत्व ज्ञान -- किसी भी वस्तु या पदार्थ का यथार्थ अर्थात् सही ज्ञान होना।
निश्चय -- किसी भी कार्य को करने के लिए संकल्पित होना।
जनसंग परित्याग-- अत्यधिक (कई) लोगों के सम्पर्क से बचना।

5.5.9 हठयोग में आहार (Diet in Hatha Yoga)

हठयोग साधना में आहार को विशेष महत्व दिया गया है। हठयोग साधना में पथ्य एवम् अपथ्य आहार, हितकर व अहितकर आहार, मिताहार आदि को विस्तार से बताया गया है।

- **हठप्रदीपिका के अनुसार**

सुस्निग्धमधुराहारश्चतुर्थांशविवर्जित:।
भुज्यते शिवसंप्रीत्यै मिताहार: स उच्यते।।

(ह.प्र.१.५८)

भावार्थ सुस्निग्ध तथा मधुर भोजन, भगवान को अर्पित कर, अपने पूर्ण आहार का चतुर्थांश कम खाया जाय उसे मिताहार कहते हैं।

भोजनमहितं विद्यात् पुनरप्युष्णीकृतं रुक्षम्।
अतिलवणमम्लयुक्तं कदशनं शाकोत्कटं वर्ज्यम्।।

(ह.प्र.१.६०)

भावार्थ दोबारा से गर्म किया हुआ, ज़्यादा रूखा अर्थात् सूखा भोजन, अधिक नमक वाला, अधिक खट्टा व दूषित अर्थात् ख़राब हुआ भोजन आदि त्यागने योग्य भोजन हैं। इसलिए इस प्रकार के भोजन को योग साधना के दौरान अहितकर या वर्जित कहा है।

पुष्टं सुमधुरं स्निग्धं गव्यं धातुप्रपोषणम्।
मनोऽभिलषितं योग्यं योगी भोजनमाचरेत्।।

(ह.प्र.१.६३)

भावार्थ योगी साधक को पुष्टिकारक (जो भोजन शरीर को मज़बूत करे), मधुर स्वाद वाला (जिसका स्वाद मीठा व मधुर हो), स्निग्ध (जो घी आदि से बना हुआ हो), गव्यम (गाय के घी व दूध से बने खाद्य पदार्थ), धातुओं को पुष्ट बनाने वाला भोजन व मन को अच्छा लगने वाले अनुकूल भोजन को ही ग्रहण करना चाहिए। इस प्रकार का आहार पथ्य व हितकारी होता है।

5.5.10 सारांश

प्राचीन काल में हठयोग का उद्देश्य केवल समाधिस्थ होना या मोक्ष प्राप्ति ही था। लेकिन समयानुसार हठयोग के प्रयोजन में बदलाव आ गया है। वर्तमान में हठयोग का चिकित्सीय दृष्टिकोण से अनेक शारीरिक, मानसिक एवं भावनात्मक रोगों का उपचार किया जा रहा है। हठयोग का मूल उद्देश्य राजयोग की प्राप्ति है। हठयोग की विभिन्न क्रियाओं के अभ्यास से समग्र स्वास्थ्य लाभ, आरोग्यता की प्राप्ति एवं सर्वांगीण विकास होता है। साधक की सुप्त आन्तरिक शक्तियों का जागरण भी हठयोग में होता है।

ॐ

5.6 मन्त्र योग

5.6.1 प्रस्तावना

योग के अनेक मार्ग हैं। उन्हीं मार्गों में से एक मार्ग है मन्त्र योग, जिसकी साधना द्वारा मोक्ष प्राप्त किया जा सकता है। मन्त्रयोग का वर्णन अनेक योगग्रंथों एवं उपनिषदों में उपलब्ध है। योग का यह मार्ग अत्यंत ही सरल और सुगम है। इसमें किसी विशेष ज्ञान अथवा तपस्या की आवश्यकता नहीं होती। इसके अंतर्गत मन्त्रों का विधिपूर्वक जप किया जाता है। मन्त्र का चुनाव तथा मन्त्रोच्चारण में विशेष नियमों और विधियों का अनुपालन ही मन्त्र योग की सफलता का रहस्य है। मन्त्रोंके प्रभाव से अभ्यासी का मन धीरे धीरे शान्त होता जाता है। उसमें चित्त की वृत्तियों का उपद्रव कम होता जाता है और वह अनायास ही ध्यान की ओर प्रवृत्त होता है। मन्त्रयोग उन व्यक्तियों के लिए अधिक सुगम है, जो स्वभावतः मानसिक क्रियाशीलता में रुचि रखते हैं।

5.6.2 मन्त्र का अर्थ (Meaning of Mantra)

मन्त्र में विशेष शब्दों का चयन होता है जिसके माध्यम से सामान्य साधक भी अनिष्ट बाधाओं को पार करके अपने इष्ट को प्राप्त कर सकता है। मन्त्र शब्द मन्+त्र से बना है, मन् अर्थात् मनन करना, त्र का अभिप्राय त्राण व बन्धन से मुक्ति है। अत: जिसके मनन से साधक को ब्रह्माण्ड की एकरूपता का ज्ञान होता है वह मन्त्र है। बाद में मनन भी रुक जाता है और मन का परब्रह्म में लय हो जाता है। परिणामत: साधक जन्म-मरण के बन्धन से सदा के लिए मुक्त हो जाता है। मन्त्र एक ऐसा साधन है जो मानव की सोयी हुई चेतना को व सुषुप्त शक्तियों को जगाकर उसे महान बना देता है।

5.6.3 मन्त्र की परिभाषा (Definition of Mantra)

मन्त्र-तंत्र को जानने, पहचानने एवं हृदयंगम करने के लिए हमारे ऋषियों एवं आचार्यों ने मन्त्र को परिभाषित किया है। सभी धर्मों, सभी सम्प्रदायों, उनके संस्थापकों, ऋषियों, आचार्यों एवं सद्गुरुओं ने अपने-अपने अनुसार मन्त्र की परिभाषा दी हैं।

मन्त्र दो शब्द 'मन' और 'त्र' का संयोजन है। मन दिमाग़ का प्रतिनिधित्व करता है और 'त्र' त्रयति से आता है, जिसका अर्थ है "रक्षा करना"। इस प्रकार, मन्त्र वही है, जो मन की रक्षा करता है:- **मननात् त्रायते इति मंत्रः।**

अर्थात् वह शक्ति जो विशेष मंत्रों के जप व मनन से मन को बंधन से मुक्त करे उसे ही मन्त्र कहते हैं।

मन्त्र विज्ञान ध्वनि के विद्युत रूपान्तर की साधना है, अनोखी विधि है। मन्त्र का सामान्य अर्थ ध्वनि कम्पन से लिया जाता है क्योंकि मन्त्र उच्चारण के दौरान ध्वनि उत्पन्न होती है। साथ ही शरीर के आन्तरिक अंगों में कम्पन होता है।

शास्त्रों में प्रतिपादित मन्त्र की प्रमुख परिभाषाएँ निम्नानुसार हैं :-

- **मन्त्रजपान्मनोलयो मन्त्रयोगः।**

अर्थात् जब साधक मन्त्र का जाप करते-करते अपने इष्टदेव के ध्यान में लीन होकर लयभाव को प्राप्त कर लेता है, तब उसी अवस्था को मन्त्रयोग के नाम से जाना जाता है।

- **मननात् तारयेत् यस्तु सः मन्त्रः परिकीर्तितः।**

अर्थात् यदि साधक अपने इष्टदेव का पूरे मनोयोग से स्मरण कर श्रद्धापूर्वक ध्यान कर के मन्त्रजाप करता है और वह इष्टदेव साधक को दर्शन देकर भवसागर से तार देता है तो वही मन्त्रयोग का स्वरूप कहलाता है, अर्थात् जिसके मनन करने से मुक्ति मिले वही मन्त्र कहलाता है।

- **मन्यते ज्ञायते आत्मादि येन।**

जिससे आत्मा और परमात्मा का ज्ञान (साक्षात्कार) हो, वही मन्त्र है।

- **शिव संहिता के अनुसार**

शिव संहिता में भी भगवान शिव माता पार्वती को कहते हैं:

मन्त्रयोगोहठश्चैवलययोगस्तृतीयकः।
चतुर्थो राजयोगः स्यात्स द्विधाभाववर्जितः।।

शि.सं ५.१५।।

अर्थात् मन्त्रयोग, हठयोग; तीसरा लययोग और चतुर्थ राजयोग, ये योग के चार प्रकार हैं। सबसे पहले मन्त्रयोग का वर्णन मिलता है क्योंकि मन्त्र सबसे सुगम साधना का

मार्ग है। मन्त्र की साधना कभी भी, कहीं भी रहते हुए साधक सरलता से कर सकते हैं। सामान्य से सामान्य व्यक्ति भी मन्त्रयोग साधना के द्वारा अपने इष्ट के साथ एकाकार हो सकता है।

- **श्रीरामचरितमानस के अनुसार**

श्रीरामचरितमानस में आता है कि मन्त्रजप भक्ति का पाँचवाँ सोपान है।

मन्त्र जाप मम दृढ़ बिस्वासा।
पंचम भजन सो बेद प्रकासा।।

(श्रीरा.च.मा. ३.३६)

अर्थात् मेरे नाम मन्त्र का जाप करना और मुझमें दृढ़ विश्वास रखना

- **महर्षि पतंजलि के अनुसार**

मन्त्र में जप का विशेष महत्व होता है। महर्षि पतंजलि ने भी योगसूत्र में कहा है:-

तस्य वाचकः प्रणवः।।

(पा.योगसूत्र १.२७)

अर्थात् उस ईश्वर का नाम प्रणव है।

तज्जपस्तदर्थभावनम्।।

(पा.योगसूत्र १.२८)

उस ओ३म्कार का जप, उसके अर्थस्वरूप परमेश्वर का चिन्तन करना चाहिये। इस तरह से ओ३म् का उच्चारण ही ईश्वर की सच्ची स्तुति है।

5.6.4 मन्त्र के घटक

मन्त्र का ठीक ढंग से स्पष्ट उच्चारण करने पर ही पूरा लाभ मिलता है। कोई भी गीत और भजन सुरताल के साथ गाने से ही चित्त प्रसन्न होता है एवं शान्ति की अनुभूति होती है। इसी प्रकार मन्त्रों के ठीक उच्चारण से हमारे इष्ट देव प्रसन्न होते है।

मन्त्र उच्चारण के तीन मुख्य घटक हैं:-

1. उच्चारण
2. लय
3. ताल

1. उच्चारण (Pronunciation)

मन्त्र का उच्चारण जितना स्पष्ट एवं सटीक होगा उतना ही शीघ्र साधक को लाभ मिलेगा। स्पष्ट उच्चारण से सांसों में तालबद्धता आती है, जिससे साधक को आध्यात्मिक लाभ मिलते हैं। मन्त्र संस्कृत के शब्दों में ही होते हैं। मंत्रों के उचित

उच्चारण से प्राणायाम का अभ्यास स्वतः हो जाता है।

2. लय (Intonation)

मन्त्रोच्चारण की लय का हमारी भावना, शरीर एवं मन पर प्रत्यक्ष प्रभाव पड़ता है। अलग-अलग मन्त्रों के उच्चारण से शरीर के अलग-अलग अंगों पर विशेष प्रभाव पड़ता है। मन्त्र उच्चारण से रोग भी ठीक होते हैं एवं आन्तरिक रूप से दिव्यता एवं पवित्रता भी आती है।

3. ताल (Rhythm)

मन्त्रों का उच्चारण एक ताल के साथ करने से साधक की मनोदशा, भावों, विचारों एवं शरीर व मन में एक स्पष्ट परिवर्तन नज़र आने लगता है। शरीर के आन्तरिक भाग में चेतना जागरित हो जाती है और अन्त में व्यक्ति परमात्मा के साथ अपने आपको एकाकार कर लेता है।

5.6.5 जप

जप किसी मन्त्र या देवता के नाम का बार-बार गुणगान करना है। जप का अभ्यास ध्यानपरक आसन में या दैनिक गतिविधियों के साथ किया जा सकता है। जप का अभ्यास मन को एकाग्र करता है। इसके द्वारा आसानी से चेतना की उच्च स्थिति तक पहुँचा जा सकता है। जप एकाग्रता में सहायक होता है। व्यस्त जीवन को देखते हुए, जप करना सबसे सुगम साधना है।

5.6.6 मन्त्र जप के प्रकार (Types of Mantra Chanting)

जप एक आध्यात्मिक व्यायाम के साथ-साथ एक वैज्ञानिक प्रक्रिया भी है। मन्त्र जप के अनेक प्रकार हैं, लेकिन चार मुख्य प्रकार हैं :-

1.बैखरी (Spoken)/वाचिक जप

यह वाणी के आधार पर मन्त्र जप का प्रथम प्रकार है। साधक के द्वारा प्रारम्भ में उच्च स्वर से जो जप किया जाता है वह बैखरी मन्त्र जप कहलाता है। यह वाचिक जप की भांति ही है। इस जप के दौरान मन्त्रों की ध्वनि सबको सुनाई देती है। इस जप को दूसरे लोग भी सरलता से सुन सकते हैं।

२. उपांशु जप (Whisper Chanting)/मध्यमा जप

इस जप में ओष्ठ हिलते हुए दिखाई देते हैं, लेकिन शब्द किसी को सुनाई नहीं देते हैं। इस जप को साधक स्वयं ही सुन सकता है। पास बैठे व्यक्ति को भी अनुभव नहीं होता है। साधक के अतिरिक्त दूसरा व्यक्ति मन्त्र को सुन भी नहीं सकता है। वाचिक जप की अपेक्षा उपांशु जप द्वारा सौ गुना अधिक लाभ होता है।

३. पश्यन्ति (Heart Chanting)/मानसिक जप

यह मन्त्र जप का तीसरा प्रकार है। इसमें हृदयपूर्वक जप होता है और जप के अर्थ में ही हमारा चित्त समाहित हो जाता है। इसे जप का प्राण कहते हैं। बाहर मन्त्र की ध्वनि सुनाई नहीं देती है। मनु महाराज कहते हैं यह जप वाचिक जप से हज़ार गुणा श्रेष्ठ है।

४. परा (Soundless Seed)/अजपा जप

यह वाणी के आधार पर मन्त्र जप का चौथा व अन्तिम प्रकार है। यह अजपा जप की तरह ही है। यह जप सबसे उच्च कोटि का है इसमें अपने आप ही अन्दर जप चलता रहता है। जब उपर्युक्त तीनों जपों में निपुणता प्राप्त हो जाती है तब चौथे प्रकार के जप में साधक को आनन्द की अनुभूति होने लग जाती है और बुद्धि परमात्मा में स्थिर हो जाती है। इसी जप के निरन्तर अभ्यास से साधक को कैवल्य (मोक्ष) की प्राप्ति हो जाती है।

5.6.7 कुछ महत्वपूर्ण वैदिक/पौराणिक मन्त्र

- **गायत्री मन्त्र**

ॐ भूर्भुवः सुवंः
तत्संवितुर्वरेण्यं
भर्गो देवस्यं धीमहि
धियो यो नंः प्रचोदयांत् ॥
ऋग्वेदः ०३.६२.१०

वैदिक मन्त्रों में सुख्यात तथा सर्वाधिक चर्चित मन्त्र श्रीगायत्री मन्त्र है जिसके मन्त्रद्रष्टा ऋषि विश्वामित्र बताये जाते हैं। गायत्री मन्त्र २४ मात्राओं के गायत्री छन्द में निबद्ध है। गायत्री मन्त्र ऋग्वेद के प्राचीनतम उपलब्ध दिव्य स्तोत्र में से एक है। यह एक रोचक तथ्य है कि श्री गायत्री मन्त्र का उल्लेख तीनों प्रमुख वेदों में है। गायत्री मन्त्र पवित्र

अर्थ की सही समझ से मन की नकारात्मक प्रवृत्तियों को दूर कर सकता है। इस मन्त्र को भौतिक लाभ के उद्देश्य के लिए नहीं लिखा गया है, बल्कि बुद्धि और विशुद्ध चेतना को जागरित करने के लिए लिखा गया है, अर्थात् यह अन्तर्रात्मा के प्रकाश का अनावरण करने की प्रार्थना है।

इस मन्त्र के आरम्भिक वाक्यांश 'ॐ भूर्भुवः स्वः' है। यह पदसमूह वस्तुतः श्रीगायत्री मन्त्र का अनिवार्य भाग नहीं है। किन्तु व्यवहार में लोग उपर्युक्त स्वरूप में ही इस मन्त्र को जानते आ रहे हैं। आरम्भ के ये तीन शब्द 'भूः', 'भुवः' एवं 'स्वः' व्याहृतियाँ कही जाती हैं और शाब्दिक दृष्टि से ये क्रमशः पृथ्वीलोक, अंतरिक्षलोक तथा स्वर्गलोक को इंगित करते हैं। वैदिक मान्यतानुसार पृथ्वीलोक तथा स्वर्गलोक के मध्य में अंतरिक्षलोक है।

ॐ भूर्भुवः स्वः
तत् सवितुर्वरेण्यं।
भर्गो देवस्य धीमहि।
धियो यो नः प्रचोदयात् ॥

(ऋग्वेद मंडल ३. सूक्त ६२. मन्त्र (ऋचा) १०) एवम् यजुर्वेद संहिता अध्याय ३,२२ व ३० मन्त्र ३५, ९, व २ तथा सामवेद मन्त्र १४६२ मन्त्र अध्याय १३ खंड ४ सूक्त ३) अर्थात् हम सविता देव के उस श्रेष्ठ तेज का ध्यान करते हैं, जिन्होंने हमारी बुद्धि को प्रेरित किया. (We meditate on savita dev's superior brightness, which inspired our intellect.)

अर्थात् उस प्राणस्वरूप, दुःखनाशक, सुखस्वरूप, श्रेष्ठ, तेजस्वी, पापनाशक, देवस्वरूप परमात्मा को हम अपनी अन्तरात्मा में धारण करें। वह परमात्मा हमारी बुद्धि को सन्मार्ग में प्रेरित करे।

- **महामृत्युञ्जय मन्त्र**

ओ३म् त्र्यम्बकं यजामहे सुगन्धिं पुष्टिवर्धनम्।
उर्वारुकमिव बन्धनान्मृत्योर्मुक्षीय माऽमृतात्।।

(ऋग्वेद मंडल ७.सूक्त ५९.मन्त्र १२)

हम सुगंधि वाले एवं पुष्टि बढ़ाने वाले त्र्यंबक का यज्ञ करते हैं. हे रुद्र देव! जैसेफल, शाखा के बंधन से मुक्त हो जाता है, उसी प्रकार हमें मृत्युबंधन से मुक्त करो, अमृत से नहीं. (We perform the yajna of the aromat|c and confirmatory trimbyak. O Rudra Dev! Just as the plum breaks from the stalk, so also free us from the bondage of death, not from the un-death.)

यह ऋग्वेद ७.५९.१२ का मन्त्र है, इसमें भक्त ईश्वर से प्रार्थना करता है कि- हे ईश्वर!

आप निराकार, सर्वव्यापक, तीनों लोकों के स्वामी, सर्वज्ञ और सब जगत को पुष्टि प्रदान करने वाले हो, सबके पालनहार हो। जिस प्रकार खरबूजा सुगन्धि व रस से पक कर बेल रुपी बन्धन से स्वत: ही अलग हो जाता है उसी प्रकार हम भी आपकी भक्ति द्वारा ज्ञान बल व आनन्द में परिपक्व होकर इस संसार रुपी बन्धन से छूट कर मोक्ष को प्राप्त हो जाएँ।

गायत्री मन्त्र की तरह यह मन्त्र भी परमात्मा की स्तुति प्रार्थना व उपासना का मन्त्र है।

5.6.8 सारांश

अतः कहा जा सकता है कि मन्त्र योग साधना बहुत सरल है क्योंकि मन्त्र योग साधना पूरी तरह से आध्यात्मिक प्रक्रिया है। इसे बच्चे, युवा, वृद्ध, बीमार कोई भी व्यक्ति, कहीं पर भी, किसी भी परिस्थिति में करके लाभान्वित हो सकता है अर्थात् अपने परम लक्ष्य को प्राप्त कर सकता है।

ॐ

5.7 जैन धर्म में योग और योग अभ्यास के तत्व

२४वें तीर्थंकर महावीर

5.7.1 प्रस्तावना

भारत भूमि के आँचल में अनेक धर्म, दर्शन और विविध विचारधाराओं के सुगंधित पुष्प पल्लवित होते रहे हैं, जिसकी महक से अशांत, आकुल-व्याकुल और आतुर विश्व के लोगों को जीवन जीने का माध्यम मिला है। इसी क्रम में भारतीय संस्कृति के उन्नयन में जैन धर्म की भी विशेष भूमिका रही है। जैन दर्शन एक प्राचीन भारतीय दर्शन है। इसमें अहिंसा पर अधिक बल दिया गया है। छठी शताब्दी ई. पू. बौद्ध दर्शन एवं जैन दर्शन दोनों का स्वतन्त्र समानान्तर विकास हुआ। दोनों ही दर्शनों में जीवन के विज्ञान को विस्तार से समझाया गया है। भारतीय दर्शन में जैनदर्शन का एक विशिष्ट स्थान है। इसे नास्तिक दर्शन माना जाता है। जैन दर्शन में मोक्ष के लिये एक निश्चित साधना मार्ग का वर्णन किया गया है, जिसमें योग के अंगों को मुख्य रूप से स्थान दिया गया है।

5.7.2 जैन' शब्द की व्युत्पत्ति

'जैन' शब्द की व्युत्पत्ति 'जिन' शब्द से मानी गयी है, जिसका अर्थ होता है- विजेता अर्थात् जिसने सभी प्रकार की इच्छाओं, कामनाओं, इन्द्रियों एवं मन पर नियन्त्रण कर सांसारिक बंधनों से मुक्ति प्राप्त कर ली हो। इसी सिद्धान्त को मानने वाले या जिनों के उपदेशों का अनुसरण करने वाले 'जैन' कहलाए और इस मत के सिद्धान्त जैन दर्शन

या धर्म के रूप में प्रसिद्ध हुए।

5.7.3 जैन धर्म के तीर्थंकर

जैन धर्म के अनुसार चौबीस तीर्थंकर हुए जिन्होंने परम्परागत रूप से इस धर्म की शिक्षाओं को आगे बढ़ाया। तीर्थंकर शब्द का अर्थ- महापुरुष या जैन धर्म के ईश्वर हैं। जैन धर्म के प्रथम तीर्थंकर ऋषभदेव थे और अन्तिम चौबीसवें तीर्थंकर महावीर थे। जैन धर्म को पुष्पित एवं पल्लवित करने का श्रेय महावीर को ही जाता है। पार्श्वनाथ तेइसवें तीर्थंकर माने जाते हैं।

5.7.4 जैन धर्म के सम्प्रदाय

जैन धर्म में दो सम्प्रदाय हैं- दिगम्बर और श्वेताम्बर। जो श्वेत वस्त्रों को धारण करते हैं वे श्वेताम्बर सम्प्रदाय से सम्बन्धित हैं तथा जो नग्न अवस्था में रहते हैं वे दिगम्बर कहलाते हैं। दिगम्बर सम्प्रदाय के अनुयायी कठोर नियमों का पालन करते हैं जबकि श्वेताम्बर सम्प्रदाय के अनुयायियों को सामान्य नियमों का ही पालन करना पड़ता है।

5.7.5 जैन धर्म में योग

वास्तव में जैन परम्परा का आधार प्राचीन भारतीय वैदिक संस्कृति ही है। जैन परम्परा साधना और संयम से जीवन जीने का मार्ग प्रशस्त करती है। अनेक जैनाचार्यों ने अपने तपोबल से योग विद्या को पीढ़ी दर पीढ़ी आगे बढ़ाया। श्रमण मुनि एवं निवृत्ति मार्गी जैन मत की परम्परा का मूल योग ही रहा है। अनेक जैनाचार्यों ने योग मार्ग पर चलकर निर्वाण प्राप्त किया था। स्वामी महावीर का पूरा जीवन ही योगमय था। ध्यानयोग साधना के द्वारा ही स्वामी महावीर को आत्मज्ञान प्राप्त हुआ था। इसमें सभी जिनेश्वरों को योगी माना गया है और योग की बहुत ही स्पष्ट परिभाषा दी गई है।

- **जैनाचार्य कुन्दकुन्द के अनुसार**

आत्मप्रयत्नसापेक्ष विशिष्टा या मनोगतिः।
तस्या ब्रह्मणि संयोगो योग इत्यभिधीयते।।

(नियमसारः परमभक्तअधिकार १०.१३७)

अर्थात् आत्मा के प्रयत्न के समान विशेष मन की जो गति है, उसका ब्रह्मा के साथ संयोग होना ही योग है।

- **आचार्य हरिभद्र सूरि के अनुसार**

मोक्खेण जोयणाओ सव्वो वि धम्म ववहारो जोगो।

(योगिविंशका १)

अर्थात् जिन-जिन साधनों से आत्मा की शुद्धि और मोक्ष होता है, उन सभी साधनों को योग कहते हैं अर्थात् मोक्ष से जोड़ने वाले सभी व्यवहार योग है।

5.7.6 जैन धर्म में मोक्ष प्राप्ति के साधन

जैन धर्म की साधना पद्धति में मोक्ष प्राप्ति के तीन मुख्य साधन बताए गए हैं , जो अधोलिखित हैं:-

1. सम्यक् दर्शन (Right Faith)
2. सम्यक् ज्ञान (Right Knowledge)
3. सम्यक् चरित्र (Right Conduct)

सम्यग्दर्शन ज्ञानचरित्राणि मोक्षमार्गः ॥

(तत्त्वार्थसूत्र १.१)

सम्यक् दर्शन, सम्यक् ज्ञान व सम्यक् चरित्र से ही मोक्ष की प्राप्ति हो सकती है। जैन धर्म के अनुसार ये तीनों मार्ग ही मिलकर मोक्षमार्ग का निर्माण करते हैं। जैन धर्म में इन्हें **त्रिरत्न/रत्नत्रय** के नाम से जाना जाता है। जैसे एक कुम्भाकार (Potter) चक्र, दण्ड, मिट्टी आदि साधनों के परस्पर सहयोग से घट (pall) का निर्माण करता है, उसी प्रकार सम्यक् दर्शन, सम्यक् ज्ञान और सम्यक्
चरित्र के समन्वय से ही मोक्ष को प्राप्त किया जा सकता है। इन तीनों अंगों को महर्षि पतंजलि के अष्टांग योग की तरह **'रत्नत्रयी जैन योग'** कहा जाता है।

1. सम्यक् दर्शन (Right Faith)

तत्वार्थश्रद्धानं सम्यग्दर्शनम् ॥

(तत्त्वार्थसूत्र १.२)

किसी भी कार्य को करने के लिये या किसी भी वस्तु की प्राप्ति के लिये उन पर अटल श्रद्धा का होना अनिवार्य है। सम्यक् दर्शन का अर्थ है जैन धर्म के उपदेष्टाओं के प्रति श्रद्धा एवं उनके वचनों की सत्यता पर विश्वास एवं श्रद्धा, किन्तु यह श्रद्धा एवं विश्वास अंधविश्वास से बहुत दूर है। इसलिये योग के लिये जो-जो आवश्यक है, उन पर तथा जो योगी हुए हैं, उन पर पूर्ण श्रद्धा को जैन दर्शन में **'सम्यक दर्शन'** नाम दिया गया है। जैन दर्शन में सम्यक् दर्शन को त्रिरत्नों में पहला स्थान दिया गया है क्योंकि इसके अभाव में सम्यक् ज्ञान सम्भव नहीं है और सम्यक् ज्ञान के अभाव में सम्यक् चरित्र सम्भव नहीं है।

2. सम्यक् ज्ञान (Right Knowledge)

केवल विश्वास और श्रद्धा से ही कुछ नहीं होता, विश्वास के साथ-साथ जिस मार्ग पर

हम चलते हैं उसके सभी साधनों को सभी रहस्यों को स्वतः से जानना भी आवश्यक है। इसी को जैन धर्म में **'सम्यक ज्ञान'** कहते हैं। जैन दर्शन में ज्ञान को आत्मा का गुण कहा है। बंधन के नाश के लिए सम्यक् ज्ञान अत्यन्त आवश्यक है। सम्यक् ज्ञान जीव और अजीव तत्व की वास्तविक प्रकृति का ज्ञान है।

3. सम्यक् चरित्र (Right Conduct)

सम्यक् चरित्र का तात्पर्य है ऐसे कार्यों से विरक्त होना जो मोक्ष प्राप्ति में बाधक हैं तथा ऐसे कार्यों की ओर प्रवृत्त होना जो मोक्ष प्राप्ति में सहायक हैं। वस्तुत: इस तीसरे रत्न के बिना शेष दो रत्न ज्ञान और श्रद्धा की उपलब्धि व्यर्थ है।

श्रद्धा और ज्ञान तब तक फलीभूत नहीं हो सकते जब तक साधक का चरित्र शुद्ध नहीं होता और जब तक मन में राग, द्वेष, मोह आदि दुर्गुण बने रहेंगे तब तक अध्यात्म के मार्ग पर चलना बहुत कठिन है। साधक का आचार-विचार, व्यवहार आदि सभी शुद्ध होना चाहिए। इसी को जैन धर्म में **'सम्यक् चरित्र'** का नाम दिया है। जैन दर्शन में सम्यक् चरित्र अर्थात् उचित आचरण कैसा होता है, इस पर पंचमहाव्रत के अन्तर्गत प्रकाश डाला गया है।

5.7.7 जैन धर्म में पंचमहाव्रत (यम) (The Five Mahavratas- Yam)

जैन धर्म की साधना पद्धति में अष्टांग योग की तरह सभी अंगों का अलग-अलग वर्णन नहीं किया गया है। जैन धर्म की साधना पद्धति स्वतन्त्र है। जिस प्रकार अष्टांग योग में यम-नियम का पालन योग साधक के लिए अनिवार्य है, उसी प्रकार जैन धर्म में भी 'पंचमहाव्रत' का अनुष्ठान कठोरता के साथ पालन करने का विधान बताया गया है। तत्वार्थसूत्र में पाँच महाव्रतों का उल्लेख किया गया है:-

हिंसाऽनृतस्तेयाब्रह्मपरिग्रहेभ्यो विरतिर्व्रतम् ॥

तत्त्वार्थसूत्र ७.१॥

अर्थात् हिंसा, असत्य, चोरी, मैथुन, ब्रह्मचर्य एवं अपरिग्रह के पालन से मन, वचन और काया का निवृत (बुद्धिपूर्वक) होना ही व्रत है।

1. अहिंसाव्रत (Non-Violence)

अहिंसा जैन धर्म का सर्वाधिक महत्वपूर्ण आधारभूत नैतिक गुण है। अहिंसा का शाब्दिक अर्थ है- अवध अर्थात् किसी भी जीव की हिंसा न करना। मन, वचन और काया से किसी भी प्रकार के पशु-पक्षी, जानवर, मनुष्य अथवा स्थावर प्राणियों को कष्ट न पहुँचाना ही अहिंसा है।

2. सत्यव्रत (Truth)

सभी कालों में सर्वदा प्रिय, परिणाम में सुखद व कल्याणकारी वचन बोलना सत्य महाव्रत है। मुख्यतः सत्य हमारे वचन की पवित्रता से सम्बन्धित है। सत्य का अर्थ है- जो वस्तु जिस रूप में विद्यमान है, उसे उसी रूप में कहना। इस तरह सत्य में मिथ्यावचन का त्याग सम्मिलित है। सत्य वचन हितकारी और प्रिय भी होना चाहिए। जैन धर्म में सत्य बोलने वाला सत्यव्रती कहलाता है। जैन-धर्म में असत्य बंधनकारी माना गया है जबकि सत्य मुक्त करने वाला है। अतः मोक्ष प्राप्ति हेतु सत्य को व्रत के रूप में ग्रहण करना आवश्यक है।

3. अस्तेय (Non-Stealing)

अस्तेय व्रत लेने का अर्थ है किसी दूसरे की सम्पत्ति को बिना उसकी आज्ञा अथवा इच्छा के ग्रहण न करने की प्रतिज्ञा करना। जैन धर्म में स्तेय कर्म को हिंसक माना गया है। केवल चोरी न करना ही अस्तेय नहीं है, यहाँ अस्तेय का व्यापक अर्थ में प्रयोग किया गया है। यहाँ पराई वस्तु को चुपचाप ग्रहण करने की इच्छा मात्र भी स्तेय माना गया है। आचार्य कुंदकुंद के अनुसार जो पुरुष ग्राम में, नगर में या वन में पराई वस्तु को देखकर उसे ग्रहण करने के भाव का त्याग करता है, वही वास्तव में इस तीसरे व्रत का व्रती होता है।

4. ब्रह्मचर्यव्रत (Celibacy)

ब्रह्मचर्यपालन का अर्थ है समस्त वासनाओं का परित्याग करना। इसके पालन से समस्त इन्द्रियाँ नियन्त्रण में रहती हैं, जिससे जीव आसक्ति, मोह आदि कुप्रवृत्तियों से बचता है। ब्रह्मचर्य का पालन करने वाला साधक चिरकाल तक शेषकर्म को दूर करके, क्रम से विशुद्ध होता हुआ, शुद्ध होकर शीघ्र ही सिद्ध गति को प्राप्त कर लेता है।

5. अपरिग्रहव्रत (Non-Attachment/(Renunciation)

परिग्रह शब्द का अर्थ है किसी भी वस्तु या धनादि का संग्रह करना, अतः अपरिग्रह का अर्थ है किसी भी वस्तु या धनादि का संग्रह न करना। यह व्रत हमारी आसक्ति एवं लोभ को रोकता है। जैन धर्म में अपरिग्रह का केवल वस्तुओं के संचय मात्र का त्याग ही नहीं है, अपरिग्रह में वस्तुओं एवं पारिवारिक जनों के प्रति ममत्व की भावना का त्याग भी है। सच्चा अपरिग्रह तो वह है जिसके पास कुछ भी नहीं है और जो किसी वस्तु की मन से इच्छा भी नहीं करता।

उपर्युक्त अहिंसादि पंचमहाव्रत को योग सम्प्रदायों में यम की संज्ञा दी गई है। पतंजलि योग दर्शन में महर्षि पतंजलि ने यम को सार्वभौमिक महाव्रत कहा है।

5.7.8 जैन धर्म में नियम (Niyam in Jain Dharma)

योग दर्शन में नियम से तात्पर्य सदाचार के पालन से है। मनुष्य को कर्तव्य परायण बनाने एवं जीवन को सुव्यवस्थित करने हेतु योग दर्शन में नियमों का विधान किया गया है। ये पाँच हैं- शौच (पवित्रता), संतोष, तप, स्वाध्याय एवं ईश्वर प्रणिधान आदि। जैन धर्म में उक्त उद्देश्यों के अन्तर्गत आठ मूल गुण, बारह उत्तर गुण, छह कर्तव्य एवं दस धर्मों के पालन का निर्देश है जो निम्नानुसार हैं।,।

- **आठ मूलगुण :-**

गृहस्थों के लिए जैनाचार्यों के द्वारा आठ मूलगुण का निर्धारण किया गया है। विभिन्न आचार्यों ने अलग-अलग आठ मूलगुण निर्धारित किये हैं। रत्नकरण्ड, श्रावकाचार में मद्य, माँस, मधु, हिंसा, असत्य, चोरी, कुषील एवं परिगृह का त्याग ये आठ मूल गुण बताएं है।

- **बारह उत्तर गुण:-**

उत्तरगुण बारह प्रकार के बतलाए हैं, पाँच अणुव्रत, तीन गुणव्रत और चार शिक्षाव्रत।

- **महावीर के अनुसार पाँच अणुव्रत :-**

अहिंसाणुव्रत, सत्याणुव्रत, अस्तेययाणुव्रत, ब्रह्मचर्याणुव्रत और अपरिग्रहाणुव्रत।

- **तीन गुणव्रत :-**

दिग्व्रत, देशव्रत और अनर्थदंडव्रत ये तीन गुणव्रत हैं। कोई कोई आचार्य भोगोपभोग परिमाण व्रत को भी गुणव्रत कहते हैं।

- **चार शिक्षाव्रत :-**

देशावकाशिक, सामायिक, प्रोषधोपवास और अतिथि संविभाग-व्रत

- **छह कर्त्तव्य :-**

देव पूजन, गुरू की उपासना, दत्ति, स्वाध्याय, संयम, तप, और दान ये छह गृहस्थों के छह कर्त्तव्य (आर्य कर्म) कहलाते हैं।

- **दस धर्म**

दिगंबर समाज के जैन ग्रन्थ, तत्त्वार्थ सूत्र में १० धर्मों का वर्णन है। यह १० धर्म है :- उत्तम क्षमा, उत्तम मार्दव, उत्तम आर्जव, उत्तम शौच, उत्तम सत्य, उत्तम संयम, उत्तम तप, उत्तम त्याग, उत्तम आकिंचन्य और उत्तम ब्रह्मचर्य गृहस्थों के लिए जैनाचार्यों ने आठ मूल गुण का निर्धारण किया गया है। हरिवंश पुराण में गृहस्थों को मद्य, माँस, मधु, जुआ, रात्रि भोजन, परस्त्रीगमन व वेश्यागमन से विरक्त होना नियम कहा है।

5.7.9 जैन धर्म में आसन (Asanas in Jain Dharma)

जैन परम्परा में मन की स्थिरता के लिए विभिन्न प्रकार के आसनों का अभ्यास किया जाता रहा है। जिस भी आसन में मन स्थिर हो जाए वही आसन करने का विधान जैन

योग में बतलाया गया है। आसन तपस्या का एक प्रकार है। जैन परम्परा में कायक्लेश के अन्तर्गत आसनों का समावेश किया जाता है। इसके कई प्रकार हैं - पद्मासन, खड्गासन व कायोत्सर्ग आदि। आसनों का दूसरा नाम स्थानयोग भी रहा है। श्री शुभचन्द्राचार्य के अनुसार योगी साधक काष्ठ के टुकड़े पर या शिलातल पर स्थिर होकर ध्यान के लिए पर्यंकासन, अर्द्धपर्यंकासन, वज्रासन, सुखासन, कमलासन और कायोत्सर्ग में से किसी भी ध्यानात्मक आसन में बैठने का अभ्यास करें।

5.7.10 जैन धर्म में प्राणायाम (Pranayam in Jain Dharma)

श्वास और उच्छवास को साधने की क्रिया को प्राणायाम कहा जाता है। दूसरे शब्दों में कहें तो प्राणायाम पवन को साधने की क्रिया है। ध्यान की सिद्धि और मन को एकाग्र करने लिए प्राणायाम किया जाता है। शरीरस्थ पवन जब वश में हो जाता है तो मन भी अधीन हो जाता है। प्राणायाम की महता का वर्णन करते हुए शुभन्दाचार्य ने कहा है कि- पवनों के साधनरूप प्राणायाम के द्वारा इन्द्रियों को जीतने वाले साधकों के सैकड़ों जन्मों के संचित किए गए तीव्र पाप भी दो घड़ी के अन्दर ही लय हो जाते हैं।

5.7.11 जैन धर्म में प्रत्याहार (Pratyahar in Jain Dharma)

इन्द्रियों को उनके विषयों से हटाने का नाम प्रत्याहार है अर्थात् भौतिक सुखों का त्याग करना। जैन धर्म में गृहस्थ के लिए त्याग के लिए ग्यारह सोपानों/प्रतिमाओं का प्रावधान किया है जिससे वह स्वयं को मुक्ति के मार्ग में स्थापित कर सके। इन ग्यारह सोपानों से गृहस्थ अपने चरित्र का विकास करता है। ग्यारह प्रतिमाओं के नाम निम्न प्रकार से हैं :-

१. दर्शन प्रतिमा
२. व्रत प्रतिमा
३. सामायिक प्रतिमा
४. प्रोषधोपवास प्रतिमा
५. सचित्त-त्याग प्रतिमा
६. रात्रि भुक्ति त्याग प्रतिमा
७. ब्रह्मचर्य प्रतिमा
८. आरम्भ त्याग प्रतिमा
९. परिग्रह त्याग प्रतिमा
१०. अनुमति त्याग प्रतिमा
११. उद्दिष्ट आहार त्याग प्रतिमा

5.7.12 जैन धर्म में धारणा (Dharana in Jain Dharma)

चित्त को एक स्थान विशेष पर केन्द्रित करना धारणा है। धारण-ध्यान परस्पर अंतर्संबंधित है। ध्यान के अन्तर्गत ही धारणा एक प्रक्रिया है। ध्यान के आलम्बन के प्रशस्त विषयों में परमात्मा या ईश्वर का स्थान सर्वोपरि है। जैन दार्शनिकों ने धारणा को भी ध्यान के आलम्बन के रूप में परमात्मा को ध्येय के रूप में स्वीकार किया है।

जैन दर्शन में आत्मा और परमात्मा भिन्न नहीं है। आत्मा की शुद्ध दशा ही परमात्मा है। इसलिए जैन दर्शन में ध्याता और ध्येय अभिन्न है।

5.7.13 जैन धर्म में ध्यान (Dhyan in Jain Dharma)

ध्यान की जो परिभाषा योगदर्शन में दी गयी है, उसी को जैन दर्शन भी स्वीकार करता है। जैन दर्शन में भी ध्याता, ध्यान और ध्येय रूपी तीनों अंगो को ध्यान की अवस्था में स्वीकार किया गया है। जैन दर्शन में ध्यान को आर्त, रौद्र, धर्म तथा शुक्ल चार प्रक्रार का स्वीकार किया गया है। ये चारों योगदर्शन में वर्णित संप्रज्ञात समाधि के भेदों के अनुभव रूप हैं। जैसे योग दर्शन के अनुसार ध्यान से ही समाधि की सिद्धि होती है, वैसे ही जैन धर्म के अनुसार भी ध्यान मोक्ष या मुक्ति का कारण है। योग एवं जैन दोनों ही दर्शनों के अनुसार ध्यान पर एकाएक नहीं पहुँचा जा सकता बल्कि इसकी पात्रता प्राप्त करने के लिए योग दर्शन में यम, नियम, आसन, प्राणयाम एवं प्रत्याहार एवं जैन दर्शन में अणुव्रत, महाव्रत, तप, दस धर्म आदि का आचरण अपेक्षित है।

5.7.14 जैन धर्म में प्रेक्षाध्यान (Preksha Meditation)

जैन परम्परा में प्रेक्षाध्यान का विशेष महत्व है। प्रेक्षा का अर्थ है गहराई में उतर कर देखना या पूरी तरह से अपने अन्दर लीन हो जाना। स्वयं की गहराई में जाकर स्वयं को खोजना और ईश्वर के साथ अपने आप को जोड़ना या एकाकार करना ही प्रेक्षाध्यान है। आचार्य महाप्रज्ञ के अनुसार प्रेक्षाध्यान आत्म शुद्धि की सहज प्रक्रिया है। आत्मविश्वास, सहिष्णुता, धैर्य एवं भावनात्मक सन्तुलन के विकास के लिए प्रेक्षाध्यान का अभ्यास किया जाता है। आचार्य तुलसी ने प्रेक्षाध्यान के पाँच महत्वपूर्ण सूत्र बताये हैं, जो निम्नलिखित हैं:-

१. भावक क्रिया (Concentration of Mind): मन की एकाग्रता का प्रयास करना।
२. श्रुति क्रिया (Aware to Listen): सुनने-समझने के लिए जागरूक करना।
३. मैत्री भाव (Friendly Behavlour): सभी प्राणियों के प्रति मैत्री भावना रखना।
४. भोजन संयम (Diet Control): जीने के लिए खाएँ, खाने के लिए न जियें।
५. वाणी संयम (Disciplining the tongue): दिव्य, पवित्र व सकारात्मक शब्द बोले।

उपर्युक्त पाँचों सूत्र साधना की दृष्टि से तो महत्वपूर्ण हैं ही, सामान्य जीवन शैली में भी बहुत उपयोगी हैं। प्रेक्षाध्यान के आठ मुख्य चरण हैं। ये आठों चरण स्वयं में 'अष्टांग योग' ही हैं। इन आठ चरणों में आसन, प्राणायाम, मुद्रा-बन्ध, ध्यान, मन्त्र आदि का समावेश होता है।

5.7.15 सारांश

भारतीय दर्शन में जैन दर्शन का एक विशिष्ट स्थान है। इसे नास्तिक दर्शन माना जाता है। जैनदर्शन में मोक्ष के लिये एक निश्चित साधना मार्ग का वर्णन किया गया है, जिसमें योग के अंगों को मुख्य रूप से स्थान दिया गया है। योग शब्द युज् धातु से बना है। यह धातु मुख्य रूप से दो अर्थों में प्रयुक्त की गयी है। एक का अर्थ मिलन या संयोग तथा उत्तरी धातु का अर्थ समाधि से लिया गया। इनमें से प्रथम अर्थ मिलन या संयोग को जैन आचार्यों ने योग के रूप में स्वीकार किया है।

5.8 बौद्ध धर्म में योग और योग अभ्यास के तत्व

गौतम बुद्ध

5.8.1 प्रस्तावना

बौद्ध-दर्शन भारत का एक अत्यन्त प्राचीन दर्शन है। इसकी गिनती भारतीय दर्शन के नास्तिक दर्शन में होती है। बौद्ध दर्शन के प्रवर्तक गौतम बुद्ध हैं। इनका वास्तविक नाम 'सिद्धार्थ' था। इनका जन्म 563 ई० पू० में लुम्बिनी में हुआ था।

बौद्ध दार्शनिक मोक्ष को निर्वाण के नाम से पुकारते हैं। इस निर्वाण की प्राप्ति के लिये इसमें साधना मार्ग का भी वर्णन किया गया है। बौद्ध दर्शन के अनुसार जीवन दुःखमय है। महात्मा बुद्ध कहते हैं 'सर्वम् दुःखम्' अर्थात् सभी कुछ दुःखमय है। यदि हम विचार कर देखें तो संसार की प्रत्येक वस्तु चाहे वह कितनी ही प्रिय दिखाई दे उसके मूल में दुःख ही है। इस दुःख को दूर करने के लिये महात्मा बुद्ध ने निश्चित साधना पद्धति का निर्माण किया जिसमें योगांगों को महत्वपूर्ण स्थान प्रदान किया है। बौद्ध मत में माना गया है कि मानसिक साधना के लिए शरीर का स्वरूप जानना बहुत आवश्यक है क्योंकि उसी से से ज्ञान की प्राप्ति संभव है।

5.8.2 बुद्ध के चार आर्य सत्य

बुद्ध की शिक्षाओं में **'चार आर्य सत्य'** सबसे प्रभावशाली एवं प्रमुख हैं। ये चार आर्य सत्य गौतम बुद्ध के व्यावहारिक दर्शन को प्रकट करने वाले विचार हैं। बुद्ध के सभी उपदेशों का सार इन्हीं चार आर्य सत्यों में सम्मिलित है। महात्मा बुद्ध ने सांसारिक मनुष्यों का दुःख दूर करने के लिए कठोर तप की अनुभूति और उपलब्धि के सारभूत रहस्य चार आर्य सत्यों के माध्यम से अपने शिष्यों को बताया था। यहाँ आर्य शब्द का अर्थ है 'श्रेष्ठ' अथवा 'अलौकिक' है। चूँकि बुद्ध द्वारा प्रतिपादित ये सत्य श्रेष्ठ

एवं अलौकिक हैं, इसलिए इन्हें आर्य सत्य कहा गया है। चार आर्य सत्यों के ज्ञान एवं आचरण से न केवल इस जीवन के दुःख दूर होते हैं वरन् इससे जीवन-मरण का अनुक्रम ही रुक जाता है और निर्वाण की प्राप्ति होती है। ये चार आर्य सत्य निम्नलिखित हैं:-

1. प्रथम आर्य सत्य: सर्वम् दुःखम् (सब ओर दुःख है)

यह बुद्ध का प्रथम आर्य सत्य है। यह संसार दुःखमय है। सब कुछ दुःखमय है। जीवन में अनेक प्रकार के दुःख सताते हैं। रोग, चिन्ता, असन्तोष, प्रतिस्पर्धा, शोक, बुढ़ापा, मृत्यु, निराशा इत्यादि सांसारिक दुःख है, जो सभी मनुष्यों के जीवन में अवश्य आते हैं। विश्व की जिन अनुभूतियों में सुख मान बैठे हैं वे वास्तव में दुःखमय ही है।

2. द्वितीय आर्य सत्य: दुःख समुदयः (दुःख के कारण हैं)

'दुःख समुदयः' अर्थात् दुःख के कारण होते हैं। यह बौद्ध दर्शन का द्वितीय आर्य सत्य है। यहाँ 'समुदयः' का मतलब 'कारण' है। बुद्ध कहते हैं- हे भिक्षुओ, तृष्णा या वासना ही दुःख का मूल कारण है, यह प्रबल तृष्णा ही है जिसके कारण बार-बार जन्म होता है और उसी के साथ इन्द्रिय सुख आते हैं, जिसकी पूर्ति जहाँ-तहाँ से की जाती है।

3. तृतीय आर्य सत्य: दुःख निरोध (दुःख का नाश हो सकता है)

इस तीसरे आर्य सत्य 'दुःख निरोध' में बुद्ध हमें आश्वस्त करते हैं कि दुःख का निरोध सम्भव है अर्थात् दुःख का अन्त हो सकता है। वस्तुतः यही तो बुद्ध के सम्पूर्ण चिन्तन-मनन का उद्देश्य था। बुद्ध कहते है- जो भयंकर तृष्णा को जीत लेता है, उससे दुःख कमल पत्र से जल की बूँदों के समान दूर हो जाते हैं। इस दुःख हीन, परम शान्त मुक्ति की अवस्था को ही बौद्ध दर्शन में निर्वाण कहा गया है।

4. चतुर्थ आर्य सत्य: दुःख निरोधगामिनी प्रतिपद् (दुःखनिरोध का मार्ग)

यह चौथा आर्य सत्य है। तृतीय आर्य सत्य में बुद्ध ने बताया है कि दुःखों का निरोध सम्भव है। बुद्ध ने चतुर्थ आर्य सत्य में 'अष्टांगिक मार्ग' की चर्चा की है, जिसे दुःख निरोध का मार्ग कहा जाता है। इसी मार्ग पर चलकर स्वयं महात्मा बुद्ध ने निर्वाण प्राप्त किया था। यह मार्ग गृहस्थ एवं संन्यासी दोनों के लिए समान है। बुद्ध का है यह चतुर्थ आर्य सत्य सर्वव्यापी है।

5.8.3 बुद्ध के अष्टांग पथ (Eight Fold Path)

पातंजल योग के अष्टांग योग की भाँति बौद्ध साधना में भी निर्वाण के लिये अष्टांग मार्ग का वर्णन किया गया है। अपने चतुर्थ आर्य सत्य '**दुःख निरोधगामिनी प्रतिपद्**' में बुद्ध यही व्यावहारिक प्रतिपद् (मार्ग) बतलाते हैं। इस मार्ग के आठ अंग हैं, इसलिए इसे अष्टांग पथ कहा जाता है। बौद्ध साधना के ये आठ मार्ग निम्नलिखित हैं:-

1. सम्यक् दृष्टि (Right View)

यह अष्टांगिक मार्ग का प्रथम अंग है। वस्तुओं के वास्तविक स्वरूप का ज्ञान ही सम्यक् दृष्टि है। अविद्या के कारण मिथ्या दृष्टि का उदय होता है। मिथ्या दृष्टि की प्रबलता के कारण अवास्तविक वस्तु को वास्तविक समझ लिया जाता है। मिथ्या दृष्टि के कारण ही मनुष्य नश्वर विश्व, दुःखमय अनुभूतियों को सुखमय समझ बैठता है। बुद्ध के चारों आर्य सत्य के वास्तविक ज्ञान को भी सम्यक् दृष्टि कहा गया है।

2. सम्यक् संकल्प (Right Resolve)

यह अष्टांगिक मार्ग का दूसरा अंग है। सम्यक् दृष्टि ही सबसे पहले सम्यक् संकल्प लेती है। वास्तव में बुद्ध के चारों आर्य सत्य को जीवन में उतारने का जो दृढ़ निश्चय है वही सम्यक् संकल्प है। जो अशुभ, असत्य, अनैतिक और अव्यावहारिक है, उसे न करने का संकल्प लेना ही सम्यक् संकल्प है।

3. सम्यक् वाक् (Right Speech)

यह अष्टांगिक मार्ग का तीसरा अंग है। सत्य, प्रिय एवं मधुर वचनों का प्रयोग ही 'सम्यक् वाक्' है। जैसा देखा, जैसा सुना और जैसा अनुभव किया वैसा ही दूसरों के सामने प्रकट करना सत्य है।

4. सम्यक् कर्मान्त (Right Action)

यह अष्टांगिक मार्ग का चौथा अंग है। सम्यक् कर्मान्त अर्थात् बुरे कर्मों का त्याग करना। महात्मा बुद्ध ने तीन प्रमुख बुरे कर्म बतलाये हैं:-

1. हिंसा 2. स्तेय 3. इन्द्रिय भोग। हिंसा अर्थात् किसी भी प्राणी को मन, कर्म व वचन से हानि पहुँचाना। स्तेय अर्थात् चोरी करना। इन्द्रिय भोग अर्थात् सभी इन्द्रियों का क्षणिक सुख में लिप्त रहना। अत: निर्वाण-पथ के पथिक को अपने कर्मों के प्रति विशेष रूप से सजग होना चाहिए। उसे हिंसा, चोरी तथा इन्द्रिय भोग से बचना चाहिए।

5. सम्यक् आजीव (Right Earning)

यह अष्टांगिक मार्ग का पाँचवा अंग है। सम्यक् आजीव का अर्थ है ईमानदारी एवं न्यायपूर्ण रीति से, बिना किसी को कष्ट पहुँचाते हुए जीविकोपार्जन करना। अशुभ, अनैतिक उपायों से जीविका चलाना पाप है। महात्मा बुद्ध ने सम्यक् कर्मान्त को एवं सम्यक् आजीविका को अलग सीढ़ी माना है। सम्यक् कर्मान्त को सार्थक करने के लिए सम्यक् आजीविका का पालन करना अति आवश्यक है।

6. सम्यक् व्यायाम (Right Efforts)

यह अष्टांगिक मार्ग का छठा अंग है। सम्यक् व्यायाम से यहाँ तात्पर्य समुचित शारीरिक व्यायाम से नहीं है, जिससे शरीर चुस्त रहता है, यहाँ व्यायाम से तात्पर्य मानसिक व्यायाम से है। सम्यक् व्यायाम उन क्रियाओं को कहते हैं जिनसे अशुभ व नकारात्मक मनः स्थिति का निवारण होता है और शुभ सकारात्मक मनः स्थिति का उदय होता है। मन, इन्द्रियों पर नियंत्रण एवं अच्छे शुभ सकारात्मक भावों को मन में कायम रखने का प्रयास ही सम्यक् व्यायाम है।

7. सम्यक् स्मृति (Right Memory)

यह अष्टांगिक मार्ग का सातवाँ चरण है। यहाँ सम्यक् स्मृति का तात्पर्य तेज स्मृति से नहीं है वरन् बुद्ध द्वारा प्रतिपादित चार आर्य सत्य आदि का सतत् स्मरण रखना है। सम्यक् स्मृति का अर्थ है वस्तुओं के वास्तविक स्वरूप के सम्बन्ध में जागरूक रहना। सम्यक् स्मृति में शरीर, मन, चित्त, संवेदना आदि की वास्तविकता का सतत् स्मरण भी सम्मिलित है अर्थात् ये सभी क्षणिक एवं दुःखदायी है। यह मैं हूँ, यह मेरा शरीर है, यह सिर्फ़ भ्रम है। इस प्रकार नाशवान वस्तुओं की स्मृति ही सम्यक् स्मृति है।

8. सम्यक् समाधि (Right Concentration)

सम्यक् समाधि अष्टांग पथ का आठवाँ, अन्तिम एवं सर्वाधिक महत्वपूर्ण सोपान है क्योंकि यही हमें अष्टांग पथ के लक्ष्य निर्वाण के पूर्ण क़रीब ले जाता है। प्रारम्भ के सात सोपान तो अशुभ चित्वृत्तियों का निरोध करके हमें इस अन्तिम सोपान (सम्यक् समाधि) के योग्य बनाते हैं। महात्मा बुद्ध कहते हैं कि साधक को उक्त आठों अंगों का पालन करना आवश्यक है। इनके पालन करने से अन्त:करण की शुद्धि होती है और ज्ञान का उदय होता है।

5.8.4 बौद्ध धर्म में योग और योग अभ्यास के तत्व

महर्षि पतंजलि के अष्टांग योग की भाँति ही बौद्ध दर्शन में भी आर्य अष्टांगिक मार्ग का वर्णन मिलता है। इसी आर्य अष्टांगिक मार्ग में यम-नियम का वर्णन भी आता है। महर्षि पतंजलि ने अष्टांग योग में यम नियम के पाँच-पाँच भाग को विस्तार से समझाया है, जबकि बुद्ध के अष्टांगिक मार्ग के सभी आठ अंगों सम्यक् दृष्टि, सम्यक् संकल्प, सम्यक् वाक्, सम्यक् कर्मान्त, सम्यक् आजीविका, सम्यक् व्यायाम, सम्यक् स्मृति, सम्यक् समाधि में यम-नियम के स्वरूप को समाहित किया है। इन आठ अंगों के पालन से अशुद्धियों का नाश होता है और विवेक ख्याति प्राप्त होती है।

यम–नियम

महर्षि पतंजलि की योग साधना में यम-नियम का विशेष स्थान है। बौद्ध साधना में भी यम-नियमों का पालन आवश्यक माना गया है।

- **यम**

महात्मा बुद्ध ने साधना के लिये कुछ यम को आवश्यक माना है, वे इस प्रकार हैं:- अहिंसा, अपरिग्रह, ब्रह्मचर्य, सत्य, धर्म में श्रद्धा, दोपहर बाद भोजन का निषेध, विलासिता के साधनों से विरक्ति, सुगन्धित द्रव्यों का निषेध, सुखप्रद शय्या तथा आसन का त्याग तथा सोने चाँदी जैसी मूल्यवान् धातु को अस्वीकार करना आदि। ये सभी यम मोक्ष मार्ग पर चलने वाले साधकों के लिये अनिवार्य रूप से पालन करने योग्य हैं।

- **नियम (पंचशील सिद्धान्त)**

महर्षि पतंजलि के नियम की तरह ही महात्मा बुद्ध ने अपने अनुयायी को पंचशील सिद्धान्तों का उपदेश दिया था। बौद्ध उपासकों के लिए पंचशील सिद्धान्तों का पालन करना अनिवार्य था। पंचशील अर्थात् सदाचार है। ये सदाचार व्यक्ति को धैर्य व संयम के साथ-साथ आचरणयुक्त जीवन जीने का संदेश देते हैं। पंचशील बौद्ध धर्म की आचार संहिता (Code of Conduct) है। ये पाली भाषा में दिए गए हैं। पंचशील सिद्धान्त अधोलिखित हैं:-

1. हिंसा न करना (Refrain from hurting any living beings)

अर्थात् मैं जीव हत्या से विरत (दूर) रहूँगा, यह व्रत लेता हूँ।

2. चोरी न करना (Refrain from stealing other's properties)
अर्थात् जो वस्तु मुझे नहीं दी गई है, उन्हें प्राप्त करने से मैं विरत रहूँगा, यह व्रत धारण करता हूँ।

3. व्यभिचार न करना (Refrain from sexual misconduct)
अर्थात् रति क्रिया (काम) आदि मिथ्याचार करने से मैं विरत रहूँगा अर्थात् ब्रह्मचर्य का पालन करुँगा, यह व्रत धारण करता हूँ।

4. झूठ न बोलना (Refrain from using false speech)
अर्थात् झूठ बोलने से मैं अपने को विरत रखूँगा, यह व्रत धारण करता हूँ।

5. नशा न करना (Refrain from consuming any types ofIntoxicants)
अर्थात् मादक पदार्थों से मैं दूर रहूँगा, यह व्रत धारण करता हूँ।

आसन – प्राणायाम

- **आसन**

यम-नियम के पश्चात् आसन का वर्णन आता है जो शरीर की स्थिर एवं सुखपूर्वक स्थिति है। ध्यान साधना के दौरान किसी आसन में अवश्य बैठना पड़ता है। भगवान बुद्ध की सभी मूर्तियाँ पद्मासन व ध्यानावस्था में पाई जाती हैं।

- **प्राणायाम**

बौद्धिक ग्रंथो में श्वास-प्रश्वास की क्रियाओं का भी वर्णन मिलता है, जो एक प्रकार में विभिन्न प्रकार के प्राणायामों की विधियाँ ही हैं। महात्मा बुद्ध 'आनापान सति' के अन्तर्गत प्राणायाम का ही उपदेश देते हैं। बौद्धिक ग्रन्थों में पंचशील व्रत लेने के बाद मन को एकाग्र करना सिखाया जाता है जिसे आनापान कहते हैं। आनापान के लिए विपश्यनाचार्य से आनापान सिखाने की याचना करने की औपचारिकता करनी पड़ती है। आनापान पाली शब्द है जो आन+अपान से बना है। 'आन' अर्थात् आने वाला श्वास 'अपान' अर्थात् जाने वाला श्वास। श्वास के आने-जाने को अपने ही अनुभव से अपने ही नासिका के दोनों द्वारों पर देखना सिखाया जाता है। 'विपश्यना' ध्यान साधना' के दौरान केवली प्राणायाम स्वतः ही हो जाता है। वैसे महात्मा बुद्ध

ने 'प्राणायाम' शब्द के साथ प्राणायाम (कुंभक) का स्वतंत्र रूप में कहीं भी उल्लेख नहीं किया है।

- **विपश्यना ध्यान**

योग की अनात्म, अनित्य, अशुचि तथा दुःख की भावनाएँ आदि बौद्ध विपश्यना साधना के ही समानान्तर हैं। महात्मा बुद्ध के अनुसार एकान्त में ध्यान करना ही अनासक्त होना है, जो आध्यात्मिक शान्ति प्राप्त करने का एकमात्र साधन है। बौद्ध साधना में ध्यान का विशेष महत्व है। बौद्ध धर्म की 'विपश्यना' ध्यान साधना आज पूरे विश्व में प्रसिद्ध है। बार-बार विपश्यना करने से अनित्य का बोध निरन्तर बना रहता है। अनित्य का अनुभव स्वयं अपने तथा अपने चारों ओर उपस्थित विश्व के भीतर एक गहरी अंतर्दृष्टि है। विपश्यना साधना द्वारा शील सदाचार के पालन और करुणा, मैत्री, मुदिता और समता जैसे उच्च मानवीय गुणों को विकसित करके हम शान्ति और सुख का जीवन जी सकते हैं।

- **समाधि**

बोधिचर्यावतार में समाधि के विषय में कहा गया है :-

चित्तैकाग्रतालक्षणः समाधिः।।

(बोधिचर्यावतार ८.४)

अर्थात् कुशल चित्त की एकाग्रता ही समाधि है।

महात्मा बुद्ध ने समाधि की चार अवस्थाएँ बताई हैं। ये चार अवस्थाएँ निम्नलिखित हैं:-

(अ) प्रथम अवस्था- इस अवस्था में साधक चार आर्य सत्यों पर तर्क-वितर्कपूर्वक विचार-मनन करता है। इस अवस्था में साधक को अनेक प्रकार के संशय होते हैं जिनका निराकरण साधक स्वयं करता है।

(ब) द्वितीय अवस्था- इस अवस्था में साधक के मन में चार आर्य सत्यों के प्रति श्रद्धा का भाव उदय होता है, साथ ही संशय दूर हो जाते हैं। इस अवस्था में साधक आनन्द और शान्ति का अनुभव करता है।

(स) तृतीय अवस्था- इस अवस्था में साधक के मन में आनन्द एवं शान्ति की चेतना के प्रति उपेक्षा या उदासीनता का भाव आता है। परन्तु शारीरिक सुख का ज्ञान सतत बना रहता है।

(द) चतुर्थ अवस्था- इस अवस्था में साधक की चित्तवृत्तियों का पूर्ण निरोध हो जाता है। यह अवस्था सुख-दुःख से परे की अवस्था है। इस अवस्था में साधक को निर्वाण/मोक्ष की प्राप्ति हो जाती है।

- **त्रिशिक्षा (शील, समाधि, प्रज्ञा)**

बौद्ध दर्शन में निर्वाण-पथ के पथिक के लिए त्रिशिक्षा की साधना भी महत्वपूर्ण मानी गई है। यह त्रिशिक्षा है- शील, समाधि और प्रज्ञा। यही विशुद्धि का मार्ग है। इसी से तृष्णा को पूर्णतः जीता जा सकता है।
बुद्ध कहते हैं, **"जो मनुष्य शील में प्रतिष्ठित है, समाधि ओर प्रज्ञा की भावना रखता है, वही भिक्षु तृष्णा का नाश कर सकता है।"** किन्तु ये शील, समाधि और प्रज्ञा है क्या? बौद्ध दर्शन के अनुसार, **"सर्व पाप से विरति शील है। शुभ में चिन्तन की एकाग्रता समाधि है तथा इष्ट और अनिष्ट में समभाव का आवाह्न प्रज्ञा है।"** महात्मा बुद्ध ने आर्य आष्टांगिक मार्ग को प्रज्ञा (Knowledge), शील (Conduct) और समाधि (Total Absorptlon/Salvatlon) इन तीन विशेष अंगों में विभाजित किया है। सम्यक् दृष्टि और सम्यक् संकल्प प्रज्ञा के अन्तर्गत आते हैं। सम्यक् वाक्; सम्यक् कर्मान्त, सम्यक् आजीविका और सम्यक् व्यायाम शील के अन्तर्गत आते हैं। सम्यक् स्मृति और सम्यक् समाधि समाधि के अन्तर्गत आते हैं।

5.8.5 सारांश

बौद्ध धर्म की सबसे अच्छी विशेषता यह है कि किसी भी जाति, धर्म का व्यक्ति बुद्ध बन सकता है। बुद्ध का अर्थ होता है जगा हुआ, ज्ञानी; खिला हुआ, विद्वान या ज्ञान सम्पन्न व्यक्ति। पोप बनने के लिए व्यक्ति का ईसाई धर्म में जन्म आवश्यक है लेकिन बुद्ध बनने के लिए व्यक्ति स्वतंत्र है। जिस प्रकार बुद्ध बनने के लिए जाति, धर्म का कोई संबंध नहीं होता उसी प्रकार योग का भी किसी जाति, धर्म से सम्बन्ध नहीं है। बुद्ध और योग के समन्वय से ही मोक्ष की प्राप्ति हो सकती है।

ॐ

5.9 सन्दर्भ ग्रंथ

- हठ प्रदीपिका - स्वामी दिगम्बरजी, कैवल्यधाम, लोनावाला
- मोरारजी देसाई राष्ट्रीय योग संस्थान, नई दिल्ली के प्रकाशन
- इंदिरा गाँधी राष्ट्रीय मुक्त विश्वविद्यालय, नई दिल्ली के प्रकाशन
- उत्तराखंड मुक्त विश्वविद्यालय के प्रकाशन
- प्रमाणीकरण की आधिकारिक मार्गदर्शिका- आयुष मंत्रालय, भारत सरकार
- संस्कृत साहित्य परिचय - राष्ट्रीय शैक्षिक अनुसंधान और प्रशिक्षण परिषद
- इतिहास पुराणों का परिचय – महात्मा गाँधी चित्रकूट ग्रामोदय विश्वविद्यालय
- उच्च शिक्षा विभाग, मध्य प्रदेश शासन के प्रकाशन
- इंटरनेशनल जर्नल ऑफ़ एडवांस्ड रिसर्च इन साइंस, कम्युनिकेशन एंड टेक्नोलॉजी में प्रकाशित रिसर्च पेपर
- योगासार – डॉ. सोमवीर आर्य व डॉ. धर्मबीर यादव
- भारत के महान योगी - विश्वनाथ मुखर्जी
- भारत के संत महात्मा - रामलाल
- योगियों का जीवन परिचय – डॉ. सोमवीर आर्य व डॉ. धर्मबीर यादव
- योग विज्ञान - विज्ञानंद सरस्वती, निकेतन ट्रस्ट, मुनि की रेती, ऋषिकेश
- भारतीय दर्शन – शोभा निगम
- भारतीय दर्शन - आचार्य बलदेव उपाध्याय
- घेरंड संहिता - योग पब्लिकेशन ट्रस्ट, मुंगेर, बिहार
- योग महाविज्ञान – कुमार कामाख्या
- सम्पूर्ण योग विद्या – राजीव जैन त्रिलोक
- योग विज्ञान के मूलतत्व – डॉ, मोहनलाल चढ़ार, डॉ. नीलम श्रीवास्तव, डॉ. श्याम सुन्दर पाल, डॉ. संदीप ठाकरे
- Indian Philosophy - Dutta and Chaterjee
- गूगल
- यू-ट्यूब

www.ingramcontent.com/pod-product-compliance
Lightning Source LLC
LaVergne TN
LVHW060436051026
849518LV00002B/485

* 9 7 8 8 1 1 9 5 6 2 5 1 0 *